삼성이 철학하는 이유

삼성이 철학하는 이유

인류의 미래를 더 나은 방향으로 이끌 유일한 열쇠

채주락 지음

"구글, 애플, 테슬라는 이미 알고 있다?!"

'삼성전자의 철학자' 채주락이 말하는 인간과 우주의 본질

송북스

프롤로그

인간과 우주에 대한 이해가
바탕이 되지 않는다면

    나는 삼성전자에서 30년 넘게 전자제품을 개발하는 엔지니어와 일부 제품의 사업을 운영하는 책임자로서의 삶을 살았다. 그 시간 동안 직장인으로서 생계를 유지할 수 있었을 뿐 아니라 운 좋게도 인간과 우주에 대한 본질을 고민하고 이해할 수 있는 기회를 얻게 되었다. 엔지니어로서의 업무와 인간과 우주의 본질이라니, 얼핏 생각하면 연관이 잘 되지 않겠지만 전자제품 개발업무 수행과 연동하여 무(無), 정신, 기억, 인간의 미래 등과 관련된 항목들에 대한 깊이 있는 고민을 할 수 있었다.

    많은 사람들이 우주는 나와 별 상관없는 딴 세상 이야기라 단정하고, 진리와 본질은 다른 곳에서 다른 방식으로 찾으려고 한다. 하지만 단언컨대 우주는 우리 일상생활과 가장 밀접하게 연결되어 있는 분야다. 우리가 일상적으로 사용하는 스마트폰, 컴퓨터, 반도체 등도 다른 모든 것들과 마찬가지로 우주에서 만들어진 원자로 구성되어 있다. 우리의 생활을 풍요롭게 만드는 첨단기기 역시 인간과 우주의 본질에 다가가는 과정에서 발견된 일종의 부산물이다. 때문에 우주와 인간의 본질를 알아가는 과정에서 우리는 실체적 본질을 찾을 수 있다.

삼성전자 VD 사업부에서 선행개발 팀장을 맡았을 때, 기술적 역량은 큰 문제가 되지 않는다고 생각했다. 부족한 기술은 시간과 자본, 그리고 인력을 투입하면 얼마든지 확보할 수 있다. 진짜 중요한 것은 인간과 우주의 본질에 대한 이해와 미래를 보는 관점이다.

과거에는 기술적 트렌드와 경쟁사의 동향에만 초점을 맞춘 전략으로 선도업체를 따라가기에 급급했던 시절이 있었다. 당시에는 세계 굴지의 기업에서 이름 난 전문가를 영입해서 노하우를 습득한다면 그 분야의 미래를 선도할 수 있다고 여기는 이들이 많았다. 물론 빠른 기술 확보를 통한 사업화를 위해서는 여전히 효과적인 전략이긴 하다.

하지만 나는 어느 순간부터 시대를 선도하려면 무엇보다 인간에 대한 이해가 바탕이 되어야 함을 느끼게 되었다. 그리고 본질을 알려면 인간의 등장에서부터 종말까지의 전 과정을 이해할 수 있어야 한다고 생각한다.

이것이 바로 사는 동안 내내 '인간과 우주의 본질'에 대해 치열하게 고민했던 미숙하고 평범한 내가 감히 『삼성이 철학하는 이유』라는 제목의 책을 쓰게 된 이유이다. 더 정확하게는 '삼성이 철학해야 하는 이유'가 맞다. 아니 더 정확하게는 '우리 모두가 철학해야 하는 이유'가 되어야 할 것이다.

회사 복도에서 마주친 어느 노신사가 던진 화두

삶이란 무엇일까?

스무 살 무렵 이 질문에 천착(穿鑿)했고, 오랜 시간이 지난 지금도 어떻게 살아야 할지 질문을 계속하고 있다.

오랜 고민 끝에 개인의 삶은 인간이라는 종(種) 전체의 삶과 연동되어 있을 거라는 생각이 들었다. 만약 인류 전체의 삶의 목적이 무엇인지 알아낸다면, 그것을 기반으로 내 삶의 목적을 정할 수 있겠다는 결론에 도달했다.

'어떻게 살아야 잘 살 수 있을까?'에서 출발한 질문이 '인간은 왜 사는가?', '인간 삶의 목적은 무엇인가?'로 바뀌는 순간, 밑도 끝도 없는 불안과 두려움은 사라졌다. 그리고 그 답을 찾아내는 것이 내 삶의 새로운 도전이자 목표가 되었다.

그 후 인간 삶의 목적이 무엇인가에 대해 하루 24시간을 생각하고 또 생각했다. 아침에 눈을 뜨는 순간부터 잠이 들 때까지, 인간 삶의 목적과 관련한 다양한 소재들을 머릿속에 떠올렸다.

어쩌면 쉽게 결론이 나지 않을 수도 있겠다는 예감을 했다. 그렇다면 평생 삶의 목표로 삼아서 '삶의 목적'에 대한 진지한 고민을 내 삶의 동반자라 여기기로 했다. 그쯤 되니 고민하는 것도 즐거웠다.

신입사원 시절, 나는 회사 복도에서 우연히 낯익은 노신사와 얼굴을 마주쳤다. 대부분 젊은 사람들 위주였던 사무실에 노인의 등장은 매우 의외였다.

그 분은 말로만 듣던 삼성의 창업주 이병철 선대 회장이었다. 평소 상상해온 근엄하고 꼿꼿한 그룹 회장이라기보다는 그저 평범한 노신사 같은 모습을 한 그를 보고 엉겁결에 인사를 했다. 당시 그는 무언가 골똘히 생각하는 듯했는데, 이 모습은 수 십 년 세월이 흐른 지금까지도 내 머릿속에 선명하게 남아 있다. 그리고 바로 그 해 11월 이병철 회장의 타계 소식이 전해졌다.

그로부터 꽤 오랜 시간이 흐른 어느 날, 아주 특별한 책이 나왔다는 소식을 언론을 통해 알게 되었다. 고(故) 이병철 회장이 물은 24가지 실문에 대해 가톨릭 사제 자동엽 신부가 답변한 『잊혀진 실문』이었다. 이 회장은 죽음을 6개월 남짓 앞둔 시점에서 인간과 인간의 삶을 둘러싼 본질적 문제에 대한 24가지 질문을 직접 작성했다고 한다. 그리고 이를 평소 친분이 있던 가톨릭 사제에게 전달해 답변을 듣고자 했지만, 안타깝게도 그 전에 세상을 떠났다고 한다. 그렇게 잊힐 뻔 했던 이 회장의 질문에 대해 차동엽 신부가 뒤늦은 답변을 했고, 20년 만에 책으로 발간된 것이었다.

그가 남긴 질문의 범위는 매우 광범위했다. 인간의 본질과 이 세상이 돌아가는 이치(理致), 지구와 인간의 시작과 종말에 대해 알고 싶었던 것 같다. 원하는 것은 다 가진 것 같았어도 마지막까지 충족하지 못한 것은 결국 인간과 우주에 대한 근본적인 의문 아니었을까.

어쩌면 인간과 인간을 둘러싼 이 세상에 대한 미처 풀지 못한 의문을 가득 품은 듯 생각에 잠긴 그를 만났던 것이 내 나름대로는 특별한 운명처럼 여겨진다.

우리나라를 대표하는 걸출한 기업가에 대해 평범한 내가 감히 어떤 평가를 한다는 것은 가당치 않은 일이다. 하지만 인간과 인간의 삶 그리고 우리를 둘러싼 이 세상과 우주의 본질에 대한 고민은 나도 그도 주어진 분량 만큼, 할 수 있는 만큼 했다는 것이 중요하다고 생각한다.

죽음을 앞둔 천재 기업가와 두려움 많았던 사회 초년병의 머릿속은 어쩌면 같은 문제로 복잡했을지도 모를 일이지 않겠는가.

만약 이 회장에게 다시 한 번의 삶이 더 주어진다면, 분명 죽음을 앞두고 했던 질문들에 대한 답을 알아내는 것을 삶의 중요한 목표로 삼았을 것이다.

그리고 인간의 본질과 인류의 미래에 대해 스스로 내린 나름의 결론을 삼성의 사업에 접목했을 것이다. 인간 본질과 인류의 미래에 대한 이해는 짐 콜린스(Jim Collins)가 말했던 '좋은 기업을 넘어 위대한 기업'이 되기 위한 조건 중 하나이기 때문이다.

구글, 애플, 테슬라와 삼성의 차이

어떤 평가가 존재하건 간에 현재 우리나라를 대표하는 선두 기업은 삼성이다. 외부의 이미지는 매우 조직적이며 계획적인 기업이라고 보여진다. 한편에선 인간미가 느껴지지 않는다고 부정적으로 바라보기도 하고, 또 그런 조직 문화가 성공을 이끌었다고 긍정적으로 평가하기도 한다.

현재의 삼성전자는 짐 콜린스의 판단 기준을 적용하더라도 이미 위대한 세계적 기업의 반열에 올랐다고 볼 수 있다. 그럼에도 미국의 구글, 애플, 테슬라 등과 비교하면 뭔가 아쉽고, 부족한 측면과 한계가 보이는 것도 사실이다.

이들이 삼성과 다른 점은 무엇일까? 아마도 인간 본질에 대한 이해를 바탕으로 인류 전체를 생각한다는 점일 것이다. 한마디로 기업과 인류의 미래를 따로 놓는 것이 아니라 같은 선상에서 동시에 생각한다는 것이다.

첨단과학 기술은 그야말로 눈부신 속도로 발전에 발전을 거듭하고 있다. 인류의 오랜 꿈이었던 생명 연장은 머지않아 현실이 될 것이고, 그저 즐거운 상상의 영역이라 여기던 보고, 듣고, 말하고, 느끼고, 사고하는 AI 로봇은 이미 기술적으로 인간의 한계를 넘어서려 하고 있다. 그렇게 인류에게는 앞으로 향해 나아갈 일만 있을 줄 알았는데, 지난 1년 우리는 아무도 예상하지 못했던 코로나19(COVID-19)의 팬데믹(Pandemic)으로 인간 본질의 출발인 생존의 문제를 새삼 생각하게 되었다.

생존은 이 책을 관통하는 주제이기도 하다. 생존 자원의 불균형을 야기하는 가장 큰 원인은 인간의 탐욕과 과욕이다. 발달된 기술은 이제 전 세계 구석구석 모든 인류의 삶을 연결시키고 드디어 우주를 상업적인 사업의 장으로 끌어 들이고 있다. 과학기술의 발달이 놀라운 속도로 가속화되고 있고, 아이러니하게도 바로 이것이 인류의 생존을 위협하게 되는 요소다.

20세기 말과 21세기 초는 아날로그에서 디지털 시대로 패러다임이 전환되는 시기였다. 나는 그 중심에서 아날로그와 디지털 제품을 동시에 개발하면서 미래 전자제품의 발전 방향을 깊이 있게 생각하게 되었다. 그리고 2010년 경에는 초보적 단계의 AI 기술을 연구개발할 기회가 있었다. 그때 당시 나 스스로 조심스럽게 예측했던 인류의 미래에 대한 암울한 상상들이 더 이상 상상만은 아닌 시대가 도래할 것 같다. 그 어떤 기술이나 행위도 자연(우주)이 제공한 힘의 질서를 벗어나서는 안 된다. 기술이 인간의 본질을 파괴한다면 그것은 축복이 아닌 재앙이 될 것이다. 그럼에도 인간의 무한한 욕심은 궤도 위에 오른 이상 그 진행을 쉽게 멈추지 못할 것이다. 그러므로 지금이야말로 인간 본질에 대한 이해와 인류의 생존 가능성을 위한 중요한 변곡점이라 할 수 있다.

인간과 인간을 둘러싼 세상 만물 즉 우주의 본질에 대한 이해는 기업뿐만 아니라 인류의 미래를 좀 더 나은 방향으로 이끌어갈 유일한 열쇠다.

  이 중차대한 문제들에 대해서 그저 머릿속으로만 생각하면서 깊이 명상하거나 기도하는 식의 개인적인 결론에 그치는 것에서 벗어날 때가 되었다. 기후 변화와 같은 지구환경 및 인간 본질에 대한 무지와 무책임한 행동, 탐욕과 과욕이 인류의 생존에 중요한 영향을 줄 수 있다. 사회적으로 뛰어난 혹은 권력이나 명성을 가진 몇몇 리더들에게만 전 인류의 미래를 맡겨 둘 수 없다. 평범한 우리가 나서야 할 때다. 우리는 1/N의 지구 주인으로서 인류 집단지성을 형성하고, 그 힘으로 지구와 인류의 생존을 지켜 나가야 한다.

  개인의 과욕과 자기집단만의 욕망이 절대선이라는 생각이 인류 종말의 원인이다. 지금이라도 인류의 안전하고 지속적인 생존을 위해서 종교, 철학, 과학 그리고 평범한 우리가 힘을 합쳐야 한다. 우주와 인간의 본질에 대해서 깊이 고민하고 철학하는 것만이 살 길이다.

  이 책의 마지막에서 인간 삶의 목적에 대해 재정의했다. 나처럼 평범하지민 나보다는 현명할 이 책의 독자들과 '고통 없는 생존, 지속적인 평안한 기쁨, 인간과 우주에 대한 깨달음'이라는 삶의 목적을 함께 나누고 싶다.

2021년 새로운 봄의 한가운데에서.
채주락

차례

프롤로그　인간과 우주에 대한 이해가 바탕이 되지 않는다면 /4

1부. 미래 인류를 위해 우리는 지금 무엇을 해야 하는가

1장. 우주의 실체에 대한 관심이 가져온 미래

고(故) 이병철 회장 생의 마지막 질문 /23
최첨단을 추구하기 전 먼저 알아야 할 것들 /28
미래 인류를 위해 새로운 질문을 해야 할 시점 /35
138억 년 전부터 준비된 '지구 생물 존재의 원리' /41
두려움과 불안의 근원에 주목해야 하는 이유 /46
우주가 전하는 메시지 /50
우주에 다가가려는 노력에서 나온 부산물, 첨단과학 /55

2장. 1/N의 지구 주인인 우리가 힘을 합친다면

저마다의 욕망만을 추구하는 그 끝은? /65
'저는 로봇 아무개입니다' /69
결국 문제는 이것이다 /75
모두가 개인의 행복만을 추구한다면 /79
평범한 우리나 호킹, 머스크, 게이츠나 /84
인류지성의 시대가 열렸다 /88

2부. 평범한 우리도 인간과 우주의 본질에 접근하게 만드는 철학적 질문들

1장. 우주
- 일론 머스크는 왜 그런 생각을 할까?

우주가 우리 삶에 큰 영향을 미치게 될, 곧 다가올 그날 /103
우주와 떨어져 독립할 수 있는 존재는 없다 /106
결국 다 한덩어리다 /109
무한에 가깝지만 무한하지는 않은 우주 /115
우주는 물질이자 에너지이다 /124
인간이 우주의 힘을 거스르거나 변형할 수 있을까? /128
고작 4.9%를 알고 있다 /134
태양은 어떻게 120억 년 동안 빛나고 있을까 /138
지구, 별, 우주 그리고 인간의 종말 /142

2장. 인간의 존재, 삶, 죽음, 무(無)
- 인생의 방향 키를 누가 쥐게 할 것인가?

나는 누구인가 /153
인간이란 종(種)을 어떻게 정의할 것인가 /159
철학, 종교, 과학의 합으로 접근한 무(無)에 대하여 /164
무(無)와 본질의 관계 /172
인류에게 인간의 죽음은 축복이다 /175
죽음의 두려움과 아쉬움에서 벗어나려면 /182
나는 어떻게 두려움에서 벗어나게 되었나 /189

3장. 행복, 불안, 화
- 지금 내가 느끼는 감정들은 어디에서 비롯되었을까?

행복에 대한 나의 태도 /197
본질적인 기쁨을 얻기 위해서는 /202
두렵고 불안한 순간이 더 많은 이유 /205
욕망, 화, 분노와 생존의 뿌리 /212
이 모든 것은 살아남으려는 안간힘이었다 /217
화를 만드는 습관을 바꾸는 가장 간단한 방법 /224

4장. 사회, 선, 죄, 돈, 그리고 욕망
- 어느 선에서 멈추고 조절할 것인가?

미래 어느 시점에서 인간과 AI를 구분하게 될 기준 /233
선하고자 하는 그 마음과 의지만은 /238
사회를 유지하는 데 기여하느냐 마느냐 /243
기준이 변하지 않는 선이 존재할까? /248
인류의 지속적 생존을 위한 선의 기준 /252
욕망은 어떻게 탄생하는가 /255
이제는 지혜로운 선택을 해야 할 때다 /261
인간 욕망의 상한선과 하한선 /266

5장. 깨달음, 생각, 실체와 본질
- 나 하나로부터 인류 전체를 위한 첫 걸음을 내디딜 수 있을까?

인간의 본질과 우주 만물의 이치를 깨닫는다는 의미 /277
알고자 하는 강렬한 열망 /281
인생에서 지속적 기쁨을 얻는 유일한 방법 /284
인류 전체의 깨달음으로 확장되지 않는다면 /290
기억을 만드는 과정에 추가된 인간의 자유의지 /295
정신을 형이상학적 대상으로 접근하려는 오류 /300
왜 지금 내가 인류 전체의 행복을 생각해야 하는가 /307

6장. 삶의 목적과 의미
- 어차피 태어난 인생, 무엇을 추구하며 살 것인가?

삶을 고귀하게 만드는 조건 같은 것은 없다 /315
지속적 기쁨을 얻는 최상의 방법 /320
삶의 목적이 수정되어야 하는 이유 /324
인간 삶의 1단계 목적 : 고통 없는 생존 /327
인간 삶의 2단계 목적 : 지속적인 평안한 기쁨 /332
인간 삶의 3단계 목적 : 인간과 우주에 대한 깨달음 /335

에필로그   삶을 의미 있게 만드는 최후의 보루 /338

1부

미래 인류를 위해
우리는 지금 무엇을 해야 하는가

★★★

아주 먼 과거로부터 현재에 이르기까지 인간 세상에서 가장 중요한 것은 먹고사는 문제였다. 비교적 최근까지도 인류가 먹고사는 데 필요한 생존 자원은 절대 양이 부족했다. 인류는 이를 해결하고자 부족이나 국가 간 전쟁을 통해 한정된 자원을 확보해왔다. 현재는 총량적 차원에서 생존 자원은 충분하지만 계층, 집단, 국가 간 자원의 편차와 불균형이 심각한 문제가 되고 있다.

생존 자원의 불균형을 야기하는 가장 큰 원인은 인간의 탐욕과 과욕이다. 개인 또는 집단의 이기적 생존 본능으로 인간의 탐욕과 과욕은 날이 갈수록 커지고 있으며, 생존 자원을 확보하기 위한 경쟁은 더욱 치열해지고 있다. 그 결정적 동기는 인간의 수명 연장에 있다.

과거에 비해 두 배에 가깝게 수명이 늘어난 인류는 획기적으로 늘어난 여명(餘命)을 풍요롭게 유지해줄 생존 자원으로서의 '돈'을 확보하는 것을 절대 선(善)인 것처럼 여긴다. 그래서 시종일관 돈을 좇으며 이미 가진 것을 더욱 굳건히 지키려는 욕망을 탐욕과 과욕으로 변질시켜 키우고 있다. 이것이 계층, 집단, 국가 간 빈부 격차를 가속화하는 악순환의 고리를 만든다.

그런 의미에서 걱정스러운 것은 인간의 수명 연장에 기여할 수 있는 과학기술의 발달이 더욱 놀라운 속도로 가속화되고 있다는 것이다.

자동화, 정보화, 집적화 등 과학기술의 발달로 일자리는 급격히 감소했고, 현재도 급격히 감소하고 있는 추세이며, 앞으로도 지속적으로 감소할 전망이다. 이러한 변화는 누구나 피부로 느끼고 있지만 어느 누구도 그 원인이 딱히 무엇이라고 단언할 수 없고, 그렇기 때문에 뚜렷한 대책을 세우기도 어렵다. 일자리에서조차 인간을 소외시키는 이러한 변화는 도대체 어디에서 시작된 것일까? 어디에서부터 잘못된 것인지 감조차 잡히지 않는다.

이런 인류사의 흐름이 평범한 우리에게는 어떤 의미일까? 어쩌면 대부분의 사람들은 미래, 인간 소외, 인류 종말과 같은 말들은 현실의 삶이 여유로운 자들의 한가한 담론이라 느낄 것이다. 그래서 인류의 발전과 사회의 진화가 가져온 자연스럽고도 불가피한 변화의 일환이라 서둘러 결론 내리는 것이 마음이라도 편할지 모른다. 치열한 현실 때문에 철학적 관점에서 논하는 탐욕과 과욕의 원인과 대책에는 관심을 가질 여력이 없기 때문이다.

그러나 머지않은 미래에는 이런 것들이 평범한 우리의 현실에, 일상에, 삶에 철저히 영향을 미치게 될 것이다.

그것이 바로 더 늦기 전에 철학과 종교가 나서서 구체적으로 개입하고, 미래 사회의 올바른 방향을 제시해야만 하는 이유다.

1장

우주의 실체에 대한 관심이 가져온 미래

고(故) 이병철 회장 생의 마지막 질문

사람이 한평생 살면서 인생에서 가장 이루고 싶은 것은 무엇일까? 얼른 생각나는 몇 가지가 있을 것이다. 살아가기에 불편하지 않을 만큼 충분한 돈을 벌고, 큰 병 없이 건강한 가운데 화목한 가정을 이루어 행복하게 사는 것. 아마도 대부분의 사람들이 이런 인생을 원할 것이다. 일부 사람들은 사회적으로 존경받고 명예나 인기, 권력을 희망하기도 한다. 물론 이 모든 것을 갖기는 어렵겠지만 대체로 이런 것들을 추구한다. 그런데 정말 그런 삶이 있을까?

한평생을 살면서 사람들이 원하는 이런 것들을 모두 가지거나 성취했을 것 같은 한 사람이 있다. 한국 사람이라면 누구나 알 만한 이름,

바로 고(故) 이병철 회장이다. 대한민국을 넘어 세계적 기업의 반열에 오른 삼성의 창업주다.

그는 죽음을 6개월 남짓 앞둔 시점에서 인간과 인간의 삶을 둘러싼 본질적 문제에 대한 질문 24개를 직접 작성했다고 한다. 그리고 이를 평소 친분이 있던 가톨릭 사제에게 전달해 답변을 듣고자 했지만 안타깝게도 그 전에 세상을 떠났다고 한다. 그렇게 잊힐 뻔했던 이 회장의 24개 질문에 대해 차동엽 신부가 뒤늦은 답변을 했고, 그 질문과 답변을 묶어 『잊혀진 질문』이라는 책이 발간되었다. 그가 세상을 떠난 지 20년 만의 일이다.

그 책에 의하면 종교, 신, 인간, 영혼, 죄, 죽음, 고통, 불행, 창조, 진화, 무병장수, 히틀러, 공산주의, 민주주의, 예수, 성경, 신부, 천주교, 교황, 범죄, 시련, 부자, 천국, 지옥, 기업주, 지구 종말 등 이 회장이 남긴 질문의 범위는 매우 광범위했다. 요컨대 그는 인간의 본질과 이 세상이 돌아가는 이치, 지구와 인간의 시작과 종말에 대해 알고 싶었던 것 같다. 원하는 것은 다 가졌을 것만 같은 그였지만 충족하지 못한 것은 결국 인간과 우주에 대한 근본적인 의문을 푸는 것이었다.

'어떻게 살아야 하는가' 질문하는 바로 그 순간

대부분의 사람들이 간절히 원하는 부에 관한 한 이 회장은 엄청난 성공을 거두었다. 그렇다면 그는 삶의 목적을 완벽히 실현했다고 볼 수 있을까? 애석하게도 현실에서 그가 성취한 막대한 부나 명예도 결국 삶의 목적이나 목표 전부는 아니었던가 보다.

우리는 도대체 어떤 삶의 목표를 가지고 살아야 하는가? 죽음을 맞이하는 순간 내가 살아온 삶에 대해서 후회하지 않으려면 어떻게 살아야 할 것인가?

나 역시 스무 살 무렵부터 이러한 의문을 갖고 이 문제에 대해 깊이 생각하기 시작했지만 쉽게 답을 찾을 수 없었다. 나에게 주어진 삶을 어떻게 살아야 할지 도무지 알 수 없었고, 모든 것이 불확실하기만 한 미래와 내가 살아야 할 세상이 두려웠다. 누구로부터 속시원한 답을 배울 수도 없었다. 관련된 지식을 쌓기 위해 많은 책을 찾아 읽고 생각했지만, 그럴수록 고민은 깊어만 갔다. 그런데 어느 순간 두려움이 질문으로 바뀌었다. 질문을 하는 순간 두려움과 불안은 사라졌고, 질문이 새로운 목표가 되었다.

우리는 일정 기간의 학교 교육을 마치고 취업을 하면서 본격적인 사회생활을 시작한다. 그리고 이 순간부터 대부분의 사람들은 경제적 성취를 삶에서 가장 중요한 목표로 여긴다. 나 역시 경제적 목적, 즉 생존을 위해 직장생활을 시작했지만 지난 30여 년의 직장생활을 통해 경제적인 것뿐만 아니라 인간과 우주의 본질에 대한 중요한 고민의 소재거리를 제공받을 수 있었다.

인간과 우주의 본질에 대해 깊이 고민하던 나는 대학을 졸업한 후 삼성전자에 입사하게 되었다. 입사할 당시 '무(無)'라는 화두에 대해서 많은 고민을 했는데, 삶의 목적, 선, 욕망, 신, 정신 등의 주제와 달리 관련한 소재거리를 찾거나 고민하는 자체도 힘들었다. 그야말로 무였기 때문이다. 고민하는 것조차 한계에 부딪혔을 때 우연히 담당 업무 안에서 관련성을 발견했다.

전자제품 개발에 필요한 계측기 중에 안테나를 통해서 들어오는 공간의 정보를 수 헤르쯔(Hz) 저주파수부터 고주파수인 기가 헤르쯔 정보까지 파형으로 볼 수 있는 장비가 있다. 안테나를 통해 들어오는 허공 신호를 이 장비에 연결하면 아무것도 없는 것 같은 눈 앞의 공간에 있는 수많은 정보들이 화면에 파형으로 나타난다. TV, 라디오, 무전기, 위성신호 등이다. 요즘은 스마트폰 및 WiFi 신호까지 볼 수 있다.

그동안 정신적인 것이라고만 생각해왔던 무를 기술적 측면에서 생각할 수 있는 계기가 업무를 통해 만들어졌다. 무는 아무것도 없는 것이 아니라 물리적 실체를 가진 것이라는 결론을 내리게 된 출발이었다.

오감의 한계, 무와 본질과의 관계 등 새로운 질문이 꼬리를 물고 쏟아졌다. 모든 것을 눈으로 볼 수 없고 귀로 들을 수 없는 인간의 한계를 체감할 수 있었다. 머리로 생각만 하는 것으로는 본질에 접근할 수 없다는 확신 또한 가지게 되었다. 영상 정보와 음성 정보 그리고 공간의 정보를 지속적으로 다루는 가운데 뇌의 활동인 정신에 대해서도 다시 생각하게 되었다. 그동안 머릿속으로만 끊임없이 생각했던 본질과 정신의 능력에 대한 한계를 현실적으로 인정해야 했다.

인간의 기억은 왜 정확한 동영상 정보로 기록되지 않는가? 동일한 형식의 정보를 보는 것과 듣는 것으로 구분해서 받아들이는 이유는 무엇일까? 결국 정신 활동의 목적이 형이상학적인 것에 있지 않다는 결론을 내릴 수밖에 없었다.

이런 과정에서 자연스럽게 정신 활동의 결과물인 기억도 정보라는 생각을 하게 되었다. 이에 대해서는 2부 5장에서 다시 한번 자세히 다룰 예정이다. 오랫동안 영상 정보와 음성 정보를 다루면서 인간 정신과 초기 인류의 생존 과정이 밀접한 관련이 있다는 결론에 도달할 수 있었다. 기억의 분석을 넘어서 '나라는 존재는 무엇인가'에 대한 고민을 다시금 하게 됐다. 또한 공간의 연장선상에 있는 우주와 관련된 많은 주제들에 대해 흥미를 가지고 공부할 수 있게 되었다. 머리로만 생각하던 무의 본질에 대한 생각들이 직장생활 중에 담당하게 된 기술적 업무와 연결되고 확장되자 무한한 상상력을 발휘할 수 있게 된 것이다. 결국 정신, 기억, 기술의 분석 과정에서 AI 시대는 필연적으로 도래할 수밖에 없는 미래라는 사실도 인지하게 되었다.

AI 시대를 예견하고 업무와 관련된 기술 개발을 결정하는 데에는 인간, 우주, 기술에 대한 주제들을 고민하며 축적된 결론이 바탕이 되었다. 인간과 우주의 본질에 대한 다양한 질문과 고민의 과정 속에서 도달한 자연스러운 결론이었다.

 # 결국 인간은 우주환경을 기반으로 살아가는 인류사의 과정에서 존재하게 된다. 그래서 우리는 살아가는 동안 인간과 우주의 본질에 주목할 수밖에 없다.

최첨단을 추구하기 전 먼저 알아야 할 것들

삼성전자에 입사해서 처음 담당하게 된 업무는 지금은 역사 속으로 사라진 브라운관 TV를 개발하는 것이었다. 브라운관 TV에 들어가는 가장 핵심적인 부품은 전자총이다. 이 전자총은 전자를 약 2만 볼트의 고압으로 가속해서 사람의 눈에 그림이 보이도록 하는 역할을 한다.

전자총의 원리는 우주의 비밀을 풀기 위한 양성자 가속기의 원리와 유사하다.

물리학자인 이강영 교수의 저서 『LHC, 현대물리학의 최전선』에는 스위스 제네바의 CERN(Conseil Européenne pour la Recherche Nucléaire, 유럽입자물리연구소) 지하 100m 지점에 27km 원형으로 설치한 LHC(대형 강입자 충돌기)에 대한 자세한 이야기가 나오는데, 이것이 브라운관 TV 속 전자총 원리와 비슷하다.

  LHC는 빅뱅의 순간을 알기 위해 양성자를 양방향으로 가속시켜 충돌하도록 한다. 거의 빛의 속도에 도달할 때(99.9999991%) 양성자를 서로 충돌시켜 깨진 입자들을 분석한다. 이런 실험을 통해 얻은 중요한 결과물이 물질에 질량을 부여하는 힉스 입자(Higgs particle)의 발견이다. 과거 브라운관 TV의 전자총은 가속 거리가 짧은 선형 가속기에 해당한다. 또한 양성자가 아니라 전자를 가속시켜 방송국에서 보낸 정보를 눈으로 볼 수 있게 재배열한다.

  브라운관 TV에서 신호가 없을 때 많은 잡음 알갱이가 튀는 것을 볼 수 있다. 이 잡음 중에 일부분이 빅뱅 후 38만 년 만에 우주공간으로 탈출한 최초의 빛인 우주배경복사이다. 우주배경복사는 우주 전체에 균일하게 퍼져 있는 빛이다. 태양과 같은 별 주변에서는 거리에 반비례하는 빛의 밝기를 느낄 수 있다. 따라서 별로부터 나오는 빛은 우주배경복사가 될 수 없다. 브라운관 TV에서 신호가 없을 때 잡히는 잡음들에 섞여 있는 우주배경복사는 우주 전체에 일률적으로 분포되어 있다.

  빅뱅 후 38만 년까지는 엄청난 밀도의 많은 물질 때문에 빛이 우주공간으로 탈출할 수 없었다. 우주가 지속적으로 팽창하면서 빅뱅 후 38만 년 시점에서 우주공간 온도가 3,000K로 낮아졌다. 이 온도에서 원자핵이 전자를 포획해서 물질의 기본 단위인 원자가 최초로 형성되기 시작했다. 그 전에는 우주공간의 높은 온도 때문에 원자핵과 전자가 결합되지 못하고 떨어져 각자 격렬한 운동을 했다. 전자가 원자핵에 묶이면서 빈 공간이 생겨나자 드디어 빛이 우주공간으로 탈출하기 시작했다. 이때 우주공간을 향해 일률적으로 탈출한 빛이 우주배경복사가 되었다. 이 우주배경복사의 빛이 빅뱅 후 138억 년이 지난 지금까지 우주 전체에 약간의 열기를 제공해서 우주의 온도를 결정하고 있다.

'태초의 빛'을 어떻게 보게 되었나

성경에 '태초에 하나님이 천지를 창조하시니라(창세기 1장 1절)'와 '하나님이 이르시되 빛이 있으라 하시니 빛이 있었고(창세기 1장 3절)'라는 구절이 있다. 이 '태초의 빛'이 현재 우리 주위와 전 우주공간에 일률적으로 존재하는 우주배경복사인 것이다. 빅뱅 후 초기 사건을 138억 년 뒤의 우리가 브라운관 TV의 잡음을 통해 무심히 보고 있었던 것이다.

회사 업무를 통해 인간 정신과 기술적 연결 고리를 찾게 되면서 관심을 우주로 확장할 수 있었다. 인간, 우주, 철학, 종교의 접점에서 좀 더 폭넓은 사고를 할 수 있게 된 것이다.

21세기에 들어서면서 세상은 아날로그에서 디지털로 바뀌게 된다. 2000년부터 약 10년 동안 전자제품 및 방송 환경이 디지털로 바뀌면서 세상은 그야말로 천지개벽했다. 기술뿐 아니라 인간 정신도 아날로그에서 디지털로 바뀌게 된다.

이 10년을 전후로 기술적으로는 디지털 방송, 디지털 TV와 휴대전화기가 등장했다. 우주의 가속팽창, 물질에 질량을 부여하는 신의 입자(힉스 입자) 발견 등 우주 비밀에 더 다가가는 획기적 사건도 있었다. 이 변화의 소용돌이 속에서 욕망, 선, 사회, 정신, 기억, 오감의 한계, 정보, 영상, 음성, 공간, 우주를 종합적으로 생각하게 되었다.

결론적으로 미래에는 전자기기들이 더 이상 수동적인 기능만을 수행하지 않을 것이라는 예상을 할 수 있었다. 전자제품이 스스로 생각하고 인간과 대화하며 교감하게 될 것이라는 생각을 하게 된 것이다.

이러한 판단을 하게 된 근거는 두 가지다.

첫째, 타인과의 교감을 원하는 인간은 자신이 사용하는 전자기기와도 궁극적으로 소통하기를 원할 것이다. 둘째, 그러므로 엔지니어들이 생각하고 교감하는 AI 기술을 개발해내게 될 것이다.

나는 이 두 가지 근거에 대한 확신이 있었다. 과연 2010년 전후로 세계의 많은 대학과 연구소 그리고 관련 업계에서 AI 기술을 적극적으로 검토했다. 이런 추세가 지속될 것이기 때문에 AI 시대의 도래는 어렵지 않게 예상할 수 있었다.

그 시기에 나는 직장에서 선행개발 팀장을 맡게 되었는데, 보직을 맡는 즉시 나의 생각을 실천에 옮겼다. AI의 출발은 인간의 말을 알아듣고 반응하는 것이기 때문에 이러한 기술을 개발하기 위한 조직을 만들기로 했다. 2011년의 일이다. 현재 관점으로 생각하면 당연한 일이지만 그때만 하더라도 그 필요성을 인지하는 사회적 분위기가 아니었다. 그래서 팀원들에게 반드시 AI 시대가 올 것이라는 교육부터 해야만 했다. 그리고 수 십 명을 투입해 기술 개발에 들어갔다. 시대의 변화에 발맞춰 인간의 음성 언어로 된 정보를 알아듣고 그에 맞는 기능을 수행하는 TV 제품 개발을 주도적으로 추진할 수 있었다.

그 후 2014년에는 선행기술 검토용으로 스스로 움직이는 프로토타입(Prototype, 본격적인 상품화 전 핵심 기능만 넣어 제작한 시제품) 로봇 개발을 진행했다. 부르면 가까이 다가와서 간단한 문장의 대화를 나누며 TV 프로그램을 보여주거나 음악을 들려주는 기능을 수행하는 매우 단순한 로봇이었다. 당시 팀원들을 교육하면서 금세기 내로 AI 로봇이 인간의 능력을 넘어서게 될 것이라는 예측을 했다. 당시 업계와 연구 단체는 AI와 관련한 연구 개발과 사업화에 주목하며 방향을 전환하고 있었다. 그 즈음에는 인간의 능력을 능가하는 AI 로봇의 등장이 현실이 될 것이라는 판단을 하는 사람들이 많아졌다.

로봇이 인간의 능력을 넘어설 수 있게 된다면, 인간의 생존까지도 위협할 수 있다. 이는 충분히 가능한 시나리오다. 하지만 그러한 로봇을 만든 사람들의 의도와는 상관없이 인간의 생존을 위협할 가능성이 있다면 처음부터 만들지 않는 것이 최선인지도 모른다.

하지만 인간은 상업적 측면에서라도 반드시, 언젠가는 그런 로봇을 만들어낼 것이다. 누군가 반드시 만들게 될 것이라면 우리가 먼저 만들어야 한다고 팀원들에게 여러 차례 강조하고 관련 교육도 실시

했다. 지금도 그 생각에는 변화가 없다. 전 세계의 대학, 업계, 연구기관들이 AI 연구 개발에 참여하고 있는 만큼 누군가, 어디선가 곧 상상 그 이상의 결과물을 만들어낼 것이다.

당시 음성 언어를 알아듣고 기능을 수행하는 로봇 기술을 개발하면서 아쉬웠던 점이 있다. 기술적 역량은 오히려 큰 문제가 되지 않았다. 부족한 기술은 시간과 자본을 투입하면 얼마든지 확보할 수 있기 때문이다. 문제는 인간과 우주의 본질에 대한 이해와 미래를 보는 관점이었다. 미래를 준비하자고 하면서 기술적 트렌드와 경쟁사만 바라본다면 선도적으로 대응할 수 있는 방법을 찾을 수 없다. 세계 굴지의 기업에서 이름 난 AI 전문가를 영입해, 이른바 그들의 '노하우'를 습득하기만 하면 자동적으로 그 분야에서 미래를 선도할 수 있을 것이라는 기대를 하는 사람들도 많았다. 지금도 크게 다르지 않을 것이다.

시대를 선도하려면, 미래를 예측하고 무엇보다 인간에 대한 이해가 바탕이 되어야 한다. 인간의 본질을 알려면 인간의 등장에서부터 종말까지의 전 과정을 이해할 수 있어야 한다. 어떤 혁신을 주도하는 전문가들도 이런 부분까지 우리에게 알려주지 않는다. 물론 누군가 알려준다고 해서 알게 될 일도 아니다.

대부분의 사람들은 인간과 우주의 본질을 고민하는 것에 대해 현실성 없고 쓸데없는 생각이라는 반응을 보였지만 절대 그렇지 않다. 이런 고민이 있어야 최첨단을 추구하는 전자 회사가 나아가야 할 방향도 찾을 수 있다.

결국 그들이 넥스트 인간이 될 미래의 AI 로봇을 만드는 주체가 될 것이기 때문이다. 이런 관점에서 보면 인간의 본질과 별 상관이 없을 것 같은 전자 회사에서의 업무가 나에게 인문학, 기술, 철학, 종교를 융합할 수 있는 장을 제공했다.

 # 직장에서의 업무가 인간과 우주에 대한 종합적인 이해라는 삶의 목표를 달성하는 데 결정적 도움을 주었다. 개인적으로 큰 행운이었다. 누군가 그 행운을 지금도 누리고 있기를 간절히 바란다.

미래 인류를 위해 새로운 질문을 해야 할 시점

인간을 포함한 모든 동식물의 행위는 결국 생존을 위한 것이다. 생존은 모든 생명체가 지닌 본능이다. 인간이 다른 동물들과 구별되는 단 하나의 특별한 점을 가졌다면, 그것은 인간만이 정신을 가지고 생각하며 질문하는 존재라는 것이다.

인간이 생각을 하고 질문을 하는 이유는 호기심 때문이다. 이 호기심 또한 인간의 본능이다. 이 호기심으로 인해 인류 문명 시작 단계의 그리스 초기 철학자들은 다음 두 가지 질문을 했다.

인간이란 무엇이며 어떻게 살아야 하는가?

우주는 어떻게 구성되었고, 어떻게 운행되고 있는가?

이 두 가지 질문에 대한 답을 찾기 위해 고민하고 탐구해온 과정이 바로 인류사다. 사실 이 질문에 대한 정답은 그리 중요하지 않다. 심지어 우리들 중 그 누구도 아직 그 답을 찾지 못했다. 그럼에도 인간과 우주란 무엇이며, 그 안에서 인간으로서 어떻게 살아야 하는지를 궁금하게 여기고 질문하는 것만으로도 인간은 특별하고 위대하다. 이러한 질문을 할 수 있어 인간은 독립적이고 주체적인 존재인 것이다.

인간이 욕망을 채우기 위해서는

인류는 영장류에서 분기되어 나온 시점부터 생존을 위한 환경 구축과 자원 확보를 위해 노력했다. 안전한 생존을 위해 사회와 국가를 구성하고 전 인류가 나서서 농업혁명, 산업혁명을 일으켰다. 때로는 전쟁을 일으켜 남의 것을 빼앗아 자신의 생존을 위한 자원을 확보하기도 했다. 생존을 위해 남의 목숨까지도 빼앗았다. 전쟁 과정에서 같은 인간을 억압하고 속박해서 노예로 삼는 행위도 서슴지 않았다. 사랑과 영원한 행복을 추구해야 할 종교까지 이러한 반 인류적 노예제도를 관습으로 인정했던 시절이 그리 멀지 않은 과거다.

이제는 과거와 같이 무력으로 전쟁을 일으키지는 않는다 하더라도 다양한 수단으로 생존 자원을 확보하기 위해 또 다른 형태의 전쟁을 한다. 그 전쟁은 점점 더 치열해지고 있다. 이 치열한 과정 중에도 인간은 스스로의 존엄과 삶의 목적 그리고 자연과 우주의 본질까지 알기를 바란다. 본능은 절대 사라지지 않기 때문이다.

인간은 여타의 동물들과는 완전히 다른 종으로 대우받기 위해 생물학적 존재가 아닌 영적 존재라고 주장한다. 이것을 여러 가지 논리로 만들어 스스로를 교육하고 위로했다. 무엇보다 형이상학적인 행복을 삶의 목적이라고 규정하고, 물질과 육체가 아닌 정신적 행복이 중요하다고 주장한다. 하지만 정작 현실의 삶에서는 정신적인 행복보다 물질적, 육체적 욕망을 따르며 그 무한한 욕망을 채우기 위해 무슨 일이든 한다. 정신이 만든 이상(理想)에 눈감고, 이상에 위배되는 많은 것들은 전통적 관습에 책임을 떠넘겼다. 그러면서도 종교와 철학에서는 끊임없이 이상적 사랑과 영원한 행복과 진리를 찾는다. 그러다가 자기의 영원한 행복을 위해 가족까지 버리고 출가(出家)를 하기도 한다. 지극히 개인적이며 이기적인 행위지만 자기의 영원한 행복을 위해 감행한다.

인류에게 축적된 지식과 탐구를 위한 도구가 거의 없었던 과거, 우주 만물의 본질을 알기 위한 유일한 방법은 그저 오랫동안 깊이 명상하고 그 명상의 끝에서 스스로 결론을 내리는 것뿐이었다. 이렇게 내려진 불완전한 결론을 불완전한 언어로 다른 사람에게 전달함으로써 교육이 이루어졌다. 이로 인해 인간은 상당히 오랜 기간 동안 실체가 없는 형이상학적인 것을 중점적으로 추구할 수밖에 없었다. 더욱이 자연과학에는 무지했기 때문에 정신적인 것 혹은 영적 행위만이 인간다운 모습이라고 주장할 수밖에 없었다. 인간의 이런 사유(思惟)가 이상과 현실의 간극을 키우기도 했지만 다른 한편으로는 인간의 자존감과 자유의식을 높이는 긍정적인 역할도 했다고 생각한다.

답을 찾기 위한 노력이 미래의 인류사가 된다

다양한 방면에서 축적된 지식을 소유하게 되고, 자연과 우주에 대한 이해의 수준이 현격히 높아진 현재, 인류는 새로운 전환점에 서 있다. 실체적 본질과 지속적인 행복을 좇는 전통적 방법은 한계를 보이고 있다. 이상과 현실의 거리가 점점 멀어지고 있기 때문이다. 과거에 내린 결론과 현재까지 본질을 찾기 위해 인간이 추구해온 방식을 재점검해볼 시점에 도달했다. 이제 인간과 우주에 대한 새로운 접근과 해석이 필요하다. 인류사와 함께 해온 두 가지 질문, '인간이란 무엇이며, 어떻게 살 것인가? 우주 만물은 어떻게 구성되었고, 어떻게 운행되고 있는가?'를 다시 생각해볼 때가 되었다.

인간은 세대를 이어 우주 만물을 탐구하고 연구해서 지식을 축적해왔다. 그 지식을 기반으로 이제는 빅뱅 후 1초 전 우주환경부터 현재, 미래의 수 천조 년 후의 우주 종말까지 대략적으로 설명할 수 있게 되었다. 하지만 우주의 본질에 대해서는 여전히 많은 부분이 미지(未知)의 분야로 남아 있다. 미래 세대에까지 남겨질 이 숙제를 인류는 아마도 종말을 맞이할 때까지 풀어야 할 것이다.

인간에게 가장 중요한 것은 인류의 영원한 생존이다. 몇 백만 년 전 초기 인류 사회에서나 현재의 우리에게나, 미래 인류에게도 생존은 변함없이 중요한 문제다. 동식물에게도 생존이 가장 중요하다. 지속적 인류의 생존을 위해 과학기술, 철학, 종교도 발전시켜야 하고 우주도 개척해야 한다.

수 백만 년 전 초기 인류로부터 현재까지 생존을 위한 자원 확보에 전 인류가 동원되어 왔다. 그런 인류의 노력에 축적된 지식과 과학기술이 더해져 머지않아 생존 자원의 확보는 어렵지 않은 일이 될 것 같다. 과거처럼 전 인류가 동원되지 않더라도 기본적인 의식주는 해결할 수 있는 시대가 실현될 것이다.

그러면 지금까지와는 전혀 다른 새로운 문제가 출현할 것이다. 인간의 수명이 수 백 년으로 늘어난다면 권력과 부의 편중은 심화될 것이고, 이로 인해 더 많은 인간들의 존엄이 위협받을 수 있기 때문이다.

현재의 인류가 미래 인류를 위해 새로운 질문을 해야 할 시점이 온 것이다. 그 질문들은 고대 그리스 철학자들의 질문처럼 미래 인류의 숙제로 남을 것이나.

지금의 속도로 발전한다 해도 그리 머지않은 미래에는 AI가 사회의 한 구성원으로서 역할을 담당하게 될 것이다. 여기에 인간 또한 영생에 도전을 하게 된다면 어떻게 될까? 진정한 인간의 범위는 무엇이며 인간의 존엄은 어떻게 정의해야 하는가? 지구의 주인 자리를 과연 인간이 유지할 수 있을까? 우리는 어떻게 해야 할까?

지금까지 우리는 우주의 구성과 운행에 대한 질문을 하고, 그 답을 찾아왔다. 그렇다면 지금 우리가 아는 우주 이외에 또 다른 우주가 있을까? 빅뱅 이전의 세상은 무엇일까?

 # 이제 우리는 새로운 질문을 던지고, 미래 인류는 그 질문에 대한 답을 찾기 위해 노력해야 할 것이다. 그것이 미래의 인류사가 될 것이다.

138억 년 전부터 준비된 '지구 생물 존재의 원리'

인간과 우주 본질에 대한 답을 찾는 것은 쉽지 않다. 과학은 정확하지만 모든 것을 설명할 수는 없다. 심지어 너무 어렵기까지 하다. 철학은 거의 모든 것을 포함할 수는 있지만 그만큼 범위가 넓다. 이 또한 어렵다. 형이상학적인 논리로 결론을 내리는 경우가 많기 때문이다. 종교는 인과관계를 설명하지 않으며 비논리적이어서 모든 사람들의 공감을 얻지는 못한다. 그 무엇으로도 현실의 문제를 속 시원히 정의할 수 없어 머리는 더욱 복잡하고 혼란스러워질 것이다.

결국 세상과 인간 그리고 우주의 본질을 이해하려면 경계를 넘나들며 스스로 고민하고 결론을 내릴 수밖에 없다.

다행스럽게도 인간은 지적 욕망이 매우 큰 존재이다. 여기에도 호기심이라는 본능이 작동한다. 그래서 거의 모든 분야에 대해 알기를 원한다. 다만 인간의 한계로 인해 부정확한 이해에 그치고 마는 경우가 생각보다 많을 뿐이다. 인간이 현실에서 벗어나 이상적이고 고귀한 것을 추구하려 드는 것도 사실 이 한계 때문이다.

인간의 근원을 이해하기 위하여

인간은 정신과 육체로 이루어져 있다. 정신적 행위와 활동은 인간의 특성이기는 하지만 정신만이 인간의 본질이라고 할 수 없다. 그럼에도 철학과 종교에서는 정신에 그 비중을 과하게 부여한다. 이로 인해 인간의 본질을 형이상학적인 관점에서 생각하고 이해하려는 경향을 보인다. 인간 스스로 육체를 소홀히 생각하게 된 이유는 육체를 나약한 개인에 국한된 물질로만 해석하기 때문이다. 이는 인간의 무지가 낳은 오류이다. 인간의 정신과 육체를 제대로 이해하는 것은 인간의 본질을 이해하기 위해 반드시 필요한 전제 조건이다.

인간의 본질을 욕망으로 가득한 인간 세상에 제한해 생각하는 것에서 벗어나 우주로 그 범위를 확장해야 한다. 정신과 육체에 대한 제대로 된 이해는 인간을 넘어서 넥스트 인간까지 생각할 수 있도록 유도할 것이다. 철학, 종교를 통해 생각하고 고민하더라도 인간의 본질에 접근하기 위한 결론은 반드시 스스로 내려야 한다.

우주는 에너지 그 자체이다. 인간을 포함한 우주 만물은 빅뱅 당시의 에너지로부터 분배 받아 물질의 형태를 띤다. 모든 물질은 우주의 네 가지 힘인 중력, 강력, 약력, 전자기력에 의해 에너지가 재구성된 결과물이다. 에너지의 근원은 무(無) 또는 무한히 작은 점이나 무한히 작은 흔들리는 끈이라고도 한다. 우주 빅뱅 전에는 공간이 존재하지 않았기 때문에 우주 에너지의 존재 방식을 알 수는 없다. 어떤 식으로 존재했든 그 에너지의 근원은 더욱 알 수 없다. 즉 인간의 본질은 우주 에너지이지만 우주 에너지의 근원과 본질은 알 수 없다.

인간은 물질을 기반으로 한 정신적 존재이다. 물질인 육체가 만든 정신이 육체를 통해 발현된 자유의지를 갖고 주체적인 삶을 살게 만든다.

물질이 곧 에너지이다. 아인슈타인(Albert Einstein)의 특수상대성이론에서 나온 방정식($E=mc^2$)을 모두 이해할 수는 없을지라도 어쨌거나 그 덕에 이제 우리는 물질과 에너지가 동일하다는 정도는 상식으로 알고 있다. 앞으로 종종 등장할 엄청나게 큰 숫자와 복잡한 곱셈식을 대강 눈으로만 보더라도, '물질 = 에너지' 라는 사실 하나만은 반드시 기억하고 가자.

모든 에너지는 빅뱅 당시에 무 또는 무한히 작은 한 점에서 탄생했다. 그 에너지가 빅뱅 후 1초 전에 물질과 우주의 네 가지 힘으로 분기되어 현재의 우주가 되었다. 무슨 소리인가 싶겠지만 결국 인간의 육체를 만들기 위해 온 우주가 무려 138억 년 전부터 준비를 했다는 말이다. 그러므로 인간의 근원은 빅뱅 당시 물질로 만들어진 원소의 재구성으로 탄생한 138억 살이나 된 존재다.

우주 만물은 인간의 관점으로 무라고 할 수 있는 곳에서 출현한 존재들이다. 알 수 없는 영원한 무엇으로부터 실체를 드러낸 신비한 존재다. 인간을 제외한 모든 물질은 우주가 제공한 에너지와 네 가지 힘에 순응한다. 960억 광년의 관측 가능한 우주 내에서 인간이 아는 범위 내에서는 그렇다. 인간은 현재까지 우주 에너지와 우주의 힘을 분석하고 활용할 줄 아는 유일한 존재로 알려져 있다. 그것을 가능하게 한 근원은 다름 아닌 정신이다.

인간은 우주가 138억 년 동안이나 사전 준비를 해 만들어낸 특별한 육체를 활용하여 생존을 위한 정신 활동을 하는 존재이다. 그러므로 인간의 정신과 육체를 분리하면 둘 다 아무런 의미가 없어진다. 육체와 정신 모두 중요하다. 순서를 따지자면 의외로 육체가 정신보다 먼저다. 반대로 정신이 먼저라면 우주의 모든 기반이 무너진다.

다시 한번 말하지만 이런 인간의 육체를 만들기 위해 우주는 온 힘을 다해 138억 년 전부터 달려왔다. 우주가 빅뱅으로 탄생하기 전부터 준비해왔다고 표현하는 것이 더 정확하다. 육체 즉 물질은 결코 하찮게 생각할 것이 아니다.

일부 과학자들은 인간 탄생의 가능성이 확률로 설명되지 않자 '인류 원리(Anthropic principle)'라는 용어를 사용하기 시작했다. 인류 원리란 말 그대로 '인간이라는 지적 생명체의 존재 자체가 어떤 물리계의 특성을 설명한다는 원리'이다. 인간이 존재하기 위한 조건에 대한 결론을 먼저 내려놓고, 나머지는 무조건 여기에 맞추어 설명하는 것이다. 과학자들이 주장한 인류 원리는 오히려 신의 섭리에 가깝다. 그것이 인류 원리든 신의 섭리든 다행스럽게도 지구환경은 수 천조 분의 1보다 낮은 인간 생존의 조건을 전부 만족한다. 그래서 현재 인간이 생존하고 있는 것이다. 인간만이 아니라 지구상의 모든 생물이 존재하는 이유는 확률적으로 도저히 설명이 안 된다. 그만큼 존귀한 존재들이다. 그런 의미에서 '지구 생물 존재의 원리'가 더 적절한 표현인 것 같다.

빅뱅과 빅뱅 전의 연결 고리는 인류가 종말을 맞이할 때까지 풀기 위해 노력해야 할 숙제다. 어쩌면 그 숙제는 인류가 종말을 맞이할 때까지 풀지 못할 수도 있다. 그러면 인간 본질의 근원은 영원한 미스터리로 남을 것이다.

육체가 만들어낸 정신이 육체를 관리함으로써 귀하고 의미 있는 존재로 만들어 가는 것이 바로 인간이다. 불가능에 가까운 확률로 존재하게 된 모든 인간은 때문에 자기의 생명을 소중히 여기고 잘 다루어야 한다.

 # 이제 우리는 더욱 당당한 자신감을 가져야 한다. 내 삶의 주체로서, 138억 년 전부터 준비된 존재 자체의 귀함을 온몸으로 느끼면서 말이다.

두려움과 불안의 근원에 주목해야 하는 이유

　인간에 대해 가장 긴 시간 동안 심도 깊게 고민하고 결론을 내리려 노력한 집단은 역시 종교다. 불교는 석가모니 부처가 두려움과 불안에서 비롯된 번뇌 때문에 출가를 결심하면서 출발했다. 불교의 두려움과 불안은 기독교에서 말하는 선(善)과 죄의 문제에 빗대어 생각해 볼 수 있다.
　철학적 관점에서 보면 두려움과 불안이 선과 죄보다 원초적이고 본질적이다. 두려움과 불안은 생존과 관련된 것으로 사회가 구성되기 전 최초의 인간부터 느낀 감정이다. 반면에 선과 죄는 사회가 구성된 다음 그 구성원으로서의 인간이 정의한 것으로, 탄생 시기로 볼 때 두려움과 불안보다 훨씬 늦다. 그래서 이 두려움과 불안의 근원을 살펴보는 것은 인간의 본질을 이해하는 데 가장 기본적인 방향을 제시한다.

두려움과 불안은 인간만이 아니라 모든 동물이 가지고 있는 것으로 우주환경 좁게는 지구환경과 연관이 있다. 우주의 모든 환경은 인간이 살아가기에 적합하지 않고 때로는 생존을 위협하기도 한다. 우주와 지구의 환경 조건은 인간이 출현하기 훨씬 전에 이미 존재했다. 그 후 오랜 시간이 흘러 인간이 그 환경을 비집고 들어와서 생활하고 있는 것이다. 당연히 인간의 모든 삶이 이 열악한 환경의 영향을 받을 수밖에 없다. 이는 특정 지역에 한정된 문제가 아니라 지구 및 우주 전체적으로 봤을 때 그러하다.

그 다음에 인간이 등장했다

관측 가능한 범위 내에서 우주환경은 인간이 살기에 완전히 불가능한 조건을 가시고 있다. 공기, 물, 육지, 중력, 햇빛, 음식 등 모든 물리적 조건은 생물의 생존에 전혀 적합하지 않다. 우주공간의 평균 온도는 -271°C, 물질의 밀도는 m^3 당 수소원자 5개, 즉 그 어떤 생명체도 생존할 수 없을 만큼 춥고 중력도 없다. 이런 환경에서는 움직일 수도, 멈춰 서 있을 수도, 숨을 쉴 수도 없다. 뿐만 아니라 거의 모든 조건에서 생명체의 생존이 불가능하다. 생물이 생존할 수 없는 우주환경이 먼저 형성되었고, 지구가 만들어졌으며, 그 다음에 인간이 등장했다. 뒤늦게 등장한 인간은 그야말로 기적적으로 생존하게 되었다.

현재까지 인간은 인간이 관측한 가능한 우주환경 내에서 자신들이 생존할 수 있는 또 다른 행성을 찾아내지 못했다. 우연히 지구는 생명체의 생존이 가능한 골디락스 지대(Goldilocks zone)에 있다. 골디락스 지대란 우주의 수많은 행성 중에서 생물이 살기에 적합한 환경을 지닌 행성의 영역을 말한다. 적당한 온도, 물, 대기 등이 존재해야 하고, 기타 생물이 살 수 있는 조건들이 갖춰져야 한다. 행성과 별이 생존 가능한 거리에 위치해야 하고, 나이 등 조건이 맞아야 한다. 중력도 너무 크지도 작지도 않은 적당한 크기여야 한다. 중력 이외의 우주의 힘인 강력, 약력, 전자기력의 세기도 현재의 크기에서 벗어나면 안 된다. 빅뱅 후 일어난 우주 급팽창, 우주 물질의 구성 비율 등 수많은 현상들이 한 치의 오차 없이 동일해야 한다.

이런 우주환경적 조건들을 대입해서 인간이 생존할 수 있는 확률을 계산해 보면 $1/10^{120}$ 정도라고 한다. 가끔 해외 토픽에서나 봄직한 수천억 원 복권 당첨 확률도 $1/10^{120}$ 이라는 확률에 비하면 아무것도 아니다. 이런 복권에 수 십조 번 이상 당첨될 확률보다 낮은 것이 우주 공간에서 인간이 생존할 수 있는 확률이니 말이다. 우주환경이라고 해서 인간과 동떨어진 별개의 이야기가 아니다. 우주환경이 지구환경을 통해서 인간의 생존에 결정적 영향을 미치기 때문이다.

대부분의 사람들은 이런 우주환경과 현재 우리 인류가 생존해 살아가고 있는 것을 별개의 사건으로 인식한다. 더욱이 인간의 본질은 정신적 혹은 영적인 영역이라고 선을 긋고 있다. 이것이 인간의 본질을 제대로 이해하고 판단하는 데 결정적인 방해 요소로 작용한다.

우주의 열악한 환경은 지구환경에도 그대로 연결된다. 그런 지구환경은 초기 인류에게 두려움과 불안을 느끼게 하는 근원이 되었다.

 # 초기 인류가 느낀 두려움은 유전자에 각인되어 현재의 인류에게 그대로 전달되었다. 두려움과 불안이 인간 삶 전체를 지배하는 이유이다.

우주가 전하는 메시지

　대부분의 사람들은 우주와 우리의 일상은 큰 관련이 없다고 생각한다. 극히 일부 전문가들 혹은 과학자들이 학문적으로 연구하는 분야라고 생각하거나 다소 엉뚱한 사람들이 막연한 호기심을 갖고 동경하는 환상의 분야라고 여기곤 한다.
　그러다 보니 인간의 본질에 대해 많은 생각을 하고 깊은 명상을 했다 하더라도 그 범위를 우주까지로는 확대하지 못하는 것이다. 우주에 대해서는 비교적 최근에 와서야 의미 있는 지식들이 축적되기 시작했고, 그것을 이해하는 것도 쉽지 않다. 그래서 우주는 더욱 더 실생활과 거리가 멀고 비현실적인 것이라는 생각을 하게 된다.

그러나 우주 만물 중에 독립적으로 존재할 수 있는 것은 아무것도 없다. 인간은 물론이고, 우주 그 자체도 마찬가지다. 우주 만물 중에 비현실적이라고 생각되는 무엇이 있다면 그것에 대해서 반드시 연관 관계를 찾고, 어떤 형태로든 결론을 내려야 한다. 인류가 끊임없이 추구해온 실체적 진실을 알기 위해서 반드시 필요한 과정이다.

인간의 호기심이 향하는 종착지

인간의 삶은 크게 생존과 호기심이라는 두 개의 축으로 전개된다. 생존은 모든 살아있는 동식물에게 가장 중요한 요소이며, 호기심은 인간을 인간답게 하는 요소다.

인간은 안전한 생존을 위해 정신을 가동시키고, 사회를 만들었다. 생존에 부정적인 영향을 미치는 죽음, 지구, 우주, 사회환경으로부터 두려움과 불안을 느낀다. 사회의 지속적 유지를 위해 선과 죄를 정의하고, 비교적 안전한 사회 안에서 생존 자원을 얻고 욕망을 채운다. 육체적 생존에 유리한 상황에서는 기쁨을 느낀다. 그래서 생존을 위한 욕망이 충족되면 가장 큰 기쁨을 느끼게 된다.

그러나 한편으로는 인간과 인간의 근원인 우주(자연)의 본질을 알기를 원한다. 인간 삶에 두 번째로 큰 영향을 미치는 지적 호기심이 작동하기 때문이다. 그래서 철학, 과학, 종교를 탄생시켰고, 본질을 알기 위해 무(無)로 접근한다. 과학을 통하여 지구와 우주를 탐구하고 연구한다.

　지구와 우주환경은 호기심뿐 아니라 생존에도 직접적 영향을 미친다. 그 어떤 생명체의 생존도 허용하지 않는 우주공간을 한낱 미미한 생명체에 불과한 인간의 입장에서 본다면, 매우 비효율적이다. 그러나 실제로 우주는 한 치의 빈틈도 없이 정밀하며 그 정밀함이 지구와 인간에게 지대한 영향을 미친다. 그러므로 우주는 인간의 본질과 깊은 관련이 있는 생존 그리고 생존에 대한 두려움과 불안의 근원이기도 하다.

　인간은 인생에서 끊임없이 즐거운 상황이 펼쳐지기를 희망하고, 그 즐거운 상황을 통해 기쁨을 얻기 위해 노력한다. 인간이 기쁨을 얻기 위해 하는 가장 일반적인 행위는 생존을 위한 '돈'을 버는 것이다. 돈을 버는 것으로 생존을 보장받는다고 여기고, 짧은 순간이나마 두려움과 불안을 잊는다.

　인간의 다른 특성인 지적 호기심을 충족하는 과정을 통해서도 기쁨을 느낄 수 있다. 그래서 생존을 위해 필요한 돈을 버는 일 이외에도 다양한 취미를 갖고, 그 취미를 향유하는 데에 많은 시간을 쓰는 것이다.

　인간의 호기심이 향하는 종착지 역시 우주다. 인류사나 문명사의 최종 목표는 우주의 구성과 운행 원리를 아는 것이다. 우리가 학창 시절을 통해 배운 여러 과목들 역시 우주를 알아가는 과정의 일부다. 그러므로 우주에 대한 탐구와 이해는 인간이 생존만큼이나 기쁨을 느낄 수 있는 중요 수단이다.

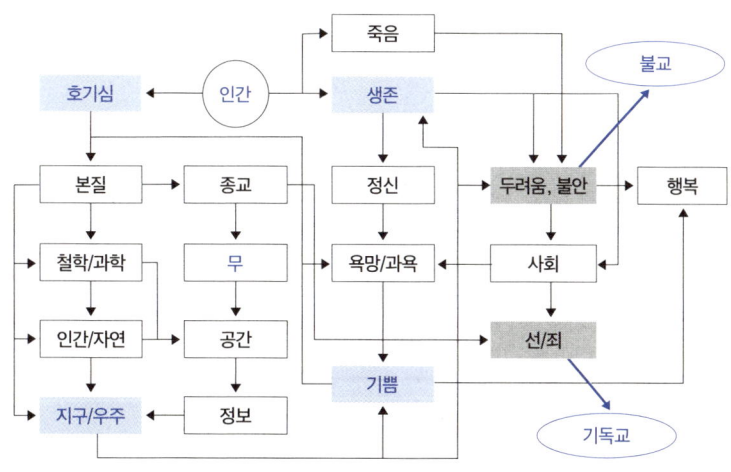

인간 삶, 생존, 호기심과 우주와의 상관관계

　호기심의 뿌리가 되는 우주를 알지 못하면 기쁨의 한 축을 놓치게 된다. 그러면 생존과 직접적으로 관련된 기쁨만 느끼게 된다. 오로지 '돈'만을 좇는 수많은 현대인들의 모습이기도 하다.
　물론 생존을 위한 자원을 얻는 기쁨만으로도 충분히 살아갈 수 있다고 믿는 사람들도 있을 것이다. 하지만 삶의 목적 실현이라는 차원에서 본다면 한없이 부족하다.
　수 백만 년에 걸친 전 인류의 축적된 노력으로 이제 곧 생존 자원 확보에 큰 어려움을 느끼지 않아도 될 시기가 도래할 것이다. 그때는 인간의 삶을 기쁘게 할 요소로 지적 호기심의 비중은 더욱 커질 것이고, 지금이 바로 그 변곡점이다.

지금의 아이들이 이 세상의 주역이 될 즈음이면 우주가 일상의 중심 소재로 등장할 것이다.

 # 우주를 이해하면 삶의 본질적 기쁨을 느낄 수 있을 것이다. 인간을 포함한 자연 만물의 근원이 바로 우주이기 때문이다.

우주에 다가가려는 노력에서 나온 부산물, 첨단과학

    이제 우주에 대한 이해는 선택이 아니라 필수다. 물론 학문적으로 탐구하고 연구하는 것은 과학자들의 몫이다. 일반인들은 물질적 욕망이 차지하고 있는 지리를 조금이나마 비우고 우주가 들어갈 약간의 빈 자리를 마련하면 된다.

    삶의 목적은 생존을 위한 물질적 욕망과 인간과 우주의 본질을 탐구하는 호기심의 충족이라는 두 가지 축으로 이루어져 있다. 만약 물질적 욕망만 채운다면 우주의 본질을 탐구하고자 하는 호기심의 축이 비게 된다. 그래서 엄청난 부를 이룬 사람들도 결국 또 다른 삶의 의미를 찾으려 하는 것이다.

현재 모든 자연과학 분야 학문들의 최종 목표는 자연과 우주를 이해하는 것이다. 특히 수학, 물리, 천문우주는 우주 본질에 접근하기 위한 학문 분야다. 물리(物理)는 글자 그대로 만물의 이치를 알기 위한 학문이다. 물리에서 다루는 대부분의 이론은 빅뱅 후 1초 전에 일어난 사건들이다.

소립자인 쿼크(Quark)와 전자, 쿼크들의 조합인 양성자와 중성자는 빅뱅 후 1초 전에 생성되었고, 물질을 이루는 기본이다. 양성자와 중성자들의 조합이 원자핵이다. 이들 기본 물질들이 형성되고 운동하는 데 영향을 미치는 우주의 네 가지 힘인 중력, 강력, 약력, 전자기력도 빅뱅 후 1초 전에 출현했다.

물질의 기본 단위인 원자들은 원자핵과 전자들의 결합으로 빅뱅 후 38만 년 후부터 우주공간에서 만들어지기 시작했다. 처음 만들어진 것은 수소원자로 양성자 한 개와 전자 한 개로 구성된 가장 단순한 구조다.

가장 형성되기 쉬우니까 가장 많이 존재하는 개념이다. 우주에 존재하는 원자들은 92가지다. 이들은 고온인 우주공간이나 별 중심부에서 수소원자들의 결합으로 만들어졌다. 여기까지가 물리의 영역이다.

그리고 이렇게 우주에서 만들어진 92가지의 기본 원자들을 가지고 인간이 실험실에서 인간 생활에 유용한 물질을 만들고 연구하는 학문이 화학이다. 정리하면 물리는 원자 단위를, 화학은 분자 단위를 다루는 학문이다.

아날로그적이면서 디지털적인 세상

우리가 살면서 접할 수 있는 세상 만물은 모두 분자 단위의 물질이다. 하지만 이 물질들의 본질은 눈에 보이지 않는다. 본질을 거슬러 올라가면 빅뱅 후 1초 전 사건들의 보이지 않는 미시세계로부터 출발한다. 자연과학뿐 아니라 철학과 종교에서 본질과 진리에 대한 깨달음을 얻고자 하는 최종 목표도 인간을 포함한 우주의 본질을 이해하기 위한 것이다. 인간과 인간 세상을 넘어 무엇이 가장 중요한 것인지 생각해보면 명확해질 것이다. 첨단과학 분야의 대부분은 우주를 연구하는 과정에서 나온 결과물과 응용의 산물이다.

2000년을 전후로 전자업계는 디지털 세상으로 먼저 진입하기 위한 경쟁을 하고 있었다. 디지털 세상에서 디지털 TV와 스마트폰이 등장해서 소통의 시대를 열었다. 1980년대 후반부터 직장생활을 했던 나는 15년 이상 아날로그 전자제품 개발을 하는 엔지니어로서의 삶을 살았다. 태어나서부터 그때까지 온몸에 밴 아날로그적 사고와 지식에서 벗어나는 것이 매우 힘들었던 기억이 있다. 그 당시 나는 우주 만물의 구조가 아날로그 형식인지 디지털 형식인지 매우 궁금했다. 지금까지도 생각하고 있지만 결론을 내리는 것이 쉽지 않다. 우주 만물은 인간의 시각으로 보면 아날로그 형식으로 만들어진 것처럼 보인다. 하지만 물질의 구조와 우주 힘의 구성으로 보면 디지털 형식으로도 보인다.

소립자, 원자, 우주의 네 가지 힘들의 조합에 결정적 영향을 끼치는 것이 우주공간의 온도이며, 온도에 영향을 미치는 것은 우주 팽창에 따른 우주공간의 크기다. 온도라고 하면 아날로그적으로 춥고 더운 정도를 생각하기 쉽지만, 실제 온도는 물질 입자의 운동 결과로 디지털 속성을 가진다. 물론 모든 것의 출발은 에너지다. 이렇게 보면 우주는 철저히 디지털 형식으로 구성된 것처럼 보인다. 관측 결과 원자 단위에서는 연속적 변화가 아닌 불연속적 변화인 양자화(量子化) 현상이 나타나기 때문에 우주는 디지털 세상처럼 느껴진다. 어떤 인과관계 없이 갑자기 어떤 물질이나 결과물을 나타내는 양자화라는 것은 마술처럼 보일 수 있다.

빛은 입자이면서 동시에 파동의 성질을 가지고 있다. 입자는 디지털 형식이고, 파동은 아날로그 성질을 말한다. 빛은 디지털이면서 동시에 아날로그라고 할 수 있다. 우주의 네 가지 힘을 통합적으로 설명하려는 시도를 아인슈타인부터 계속하고 있지만 인류는 아직까지 답을 찾지 못했다. 아인슈타인의 상대성이론과 양자역학의 융합적 결론을 내리지 못했기 때문이다. 상대성이론은 아날로그적 성질에 기반하고 있고, 양자역학은 디지털적 성질에 기반하고 있다. 그래서 두 이론을 아직까지 통합하지 못하고 있다. 그런데 물질의 최소 단위를 입자가 아닌 끈으로 보고 해석한다면 통합의 가능성이 보인다고 한다. 물질의 최소 단위를 디지털이 아닌 아날로그로 보면 우주의 힘을 통합하는 것이 가능해진다는 이야기이다. 여전히 이해하기 어렵다.

빅뱅 이전이라는 말은 우리 우주에서는 성립하지 않는 말이다. 하지만 상상해볼 수는 있다. 빅뱅 이전을 무한히 작은 점 또는 무한히 작은 끈이 양자 요동을 하고 있었다고 하기도 하고 무라고 이야기하기도 한다. 무한히 작은 점이라면 디지털이고, 무한히 작은 끈이라면 아날로그다. 끈 이론의 출발인 끈 자체는 아날로그 형식이지만 요동을 하는 과정은 디지털 속성인 양자화 성질이 나타난다. 이처럼 우주의 미시세계는 디지털과 아날로그 속성을 동시에 가지는 것처럼 보인다.

하지만 138억 년 동안 팽창하면서 커진 현재의 우주를 거시적 관점에서 보면 모든 물질이 별도로 독립된 디지털 세상처럼 보인다. 반면 물리적 관점으로 물질의 기본 입자와 우주의 힘과의 연관관계를 풀어서 보면 우주 만물 중 어떤 것도 독립적으로 존재하지 않는 한 덩어리이다. 이때는 아날로그 개념이다. 거시세계 관점으로 보더라도 우주는 여전히 아날로그이면서 디지털 속성을 동시에 가지는 것 같다.

실생활에서도 인간들은 아날로그 제품을 먼저 만들고 사용하다가 최근에서야 디지털 기술의 제품들인 컴퓨터, 디지털 TV, 스마트폰 등을 만들어 사용하기 시작했다. 그런 다음 폭발적인 과학기술의 발전을 이루게 되었다. 물론 디지털 전자제품들도 우주처럼 많은 아날로그 부품들의 조합이다. 이처럼 우주 만물은 아날로그와 디지털 속성을 동시에 지니고 있는 것 같다.

빅뱅 후 38만 년 후 우주공간 온도는 원자핵과 전자가 결합할 수 있는 3,000℃ 정도로 낮아진다. 이때 수소와 헬륨원자가 원자핵과 전자의 결합으로 생성되었다. 초기 원시 별들은 이 두 가지 원자가 뭉치고 중앙부에서 핵융합을 하면서 나머지 무거운 원자들을 만들게 된다. 별이 생명을 다해 폭발하는 순간 가장 무거운 우라늄과 같은 일부 원자가 생성된다. 별이 폭발하는 순간은 매우 큰 밝기를 나타내는데, 이를 초신성(超新星, Supernova)이라고 한다. 이때 지구와 인간을 구성하는 모든 원자들이 우주로 흩어져 나오게 된다.

우리가 일상적으로 사용하고 있는 스마트폰, 컴퓨터, TV, 반도체도 다른 모든 것들과 마찬가지로 우주에서 만들어진 원자로 구성되어 있다. 물론 지구와 인간의 육체도 원자들로 구성된 것이다. 미래의 인류나 지금의 우리는 알 수 없는 우주 먼 곳에서 또 다른 문명을 이루고 있는 세상일지라도 이 점은 동일하다.

원자핵, 전자, 원자 그리고 우주의 네 가지 힘을 다루는 것이 첨단과학이다. 첨단과학은 우주가 만든 기본 원자와 힘을 이해하여 다루고 응용한다. 종교와 철학은 우주와 인간 본질과 진리를 알고 삶의 방향을 정하고자 하는 것이다. 과학, 종교, 철학은 결국 같은 방향을 보고 있다.

우주를 연구하는 과정에서 나온 부산물 중에서 가장 유명한 것은 월드와이드웹(World Wide Web)이다. 월드와이드웹은 빅뱅의 비밀을 풀기 위해 설립한 CERN에서 개발한 것이다. CERN에서는 세계 여러 나라에서 모인 연구자들이 다양한 기종의 컴퓨터를 사용했다. 연구 과정에서의 방대한 자료들을 편리하게 공유할 수 있는 시스템을 개발한 것이 바로 월드와이드웹이다. 우주의 비밀을 풀기 위한 과정에서 등장한 부산물이 전 인류를 하나로 연결하고 있다.

우주는 우리 일상생활과 가장 밀접하게 연결되어 있는 분야다. 그럼에도 대부분의 사람들은 이를 인식조차 하지 못한다. 우주는 나와 별 상관없는 딴 세상 이야기라 단정하고, 진리와 본질은 다른 장소에서 다른 방식으로 찾으려고 한다. 불완전한 인간 정신에 의존하거나 다른 사람 혹은 특정 집단이 주장하는 것을 참고하면서 말이다.

인간의 본질과 우주의 근원 및 운행 질서를 이해하려면 명상이나 기도를 하는 것만으로는 부족하다. 과학 지식은 수많은 사람들의 치열한 토론과 오랜 세월 동안의 혹독한 평가와 검증을 거쳐 살아남은 인류의 소중한 자산이다.

이제 그 과학 지식은 첨단기기를 통해 증명되고 있다. 첨단기기 역시 인간과 우주의 본질에 다가가는 과정에서 발견된 일종의 부산물이다. 종교와 철학도 지금까지 인류가 축적한 모든 과학 지식의 도움을 받아 본질에 더욱 가까이 다가가야 한다.

 # 본질을 알기 위해서라면 어떤 것이든, 어떤 형식이든 제한을 두지 말고 가능한 모든 것을 채택해야 한다.

2장

1/N의 지구 주인인 우리가 힘을 합친다면

저마다의 욕망만을 추구하는 그 끝은?

하루하루를 살아가기도 벅찬 평범한 우리가 인류의 미래와 생존을 걱정한다는 것은 다소 현실감 없는 일처럼 보일 수도 있다.

과거에는 개인이 인류의 미래를 걱정할 필요도 없었고, 그 걱정이 의미 있는 일도 아니었다. 그러나 현재의 우리는 각 개인이 인류사를 이끌어 가는 주체가 되어야 한다. 그렇게 될 수 있는 시대이기도 하다. 인류가 축적한 지식, 과학기술, 첨단기기로 인해 인류는 거대한 집단지성을 발휘할 수 있게 되었기 때문이다.

인간의 무한한 욕망에 노출된 인류 생존의 문제를 더 이상 몇몇 국가 혹은 그 국가의 리더들에게 맡겨 둘 수는 없다. 국가나 큰 조직의 리더들도 특정 집단의 일원일 뿐이고, 인류 사회의 구성원 중 하나일 뿐이다. 리더 몇 사람이 인류의 미래를 책임질 수도 없을뿐더러 그래서도 안 된다. 잘못된 사고를 가진 리더는 인류의 미래를 위협할 수 있다. 대중들이 끊임없이 관찰하고 여론을 형성해 인류사에 동참해야 한다.

자연이 정한 선을 인간이 넘게 된다면

우주, 태양, 지구의 탄생과 성장, 종말은 우주 에너지와 연동한다. 지혜로운 인간은 우주의 힘을 활용할 줄 아는 유일한 존재지만 그것이 인류의 발목을 잡을 수도 있다는 점을 기억해야 한다. 대표적인 사례가 우주의 네 가지 힘 중 약력을 이용한 핵폭탄이다.

인간의 힘으로는 절대 자연의 운행질서를 거스를 수 없다. 그러나 만약 자연이 정한 선을 넘게 된다면, 그것은 매우 위험하다. 인간의 무분별한 개발이 가져온 지구 온난화도 이미 심각한 수준이지만 일정 선을 넘어서는 절대 안 된다. 물론 지구 기온 상승에는 이미 경고등이 들어왔다. 인류의 생존 기간은 무한한 발전을 꿈꾸는 인간의 욕망으로 인해 자연이 정한 기간보다 오히려 더 단축될 가능성이 높아졌다. 이에 동의하는 수많은 세계 석학들뿐 아니라 많은 이들이 인류의 미래를 걱정하고 있다.

인간은 대부분의 상황에서 자기의 이익과 욕망 그리고 자기가 속한 집단의 이익과 유지를 중심으로 한 해석을 한다. 이로 인해 민족, 종교, 개인, 사회집단, 국가 간 심각한 갈등을 초래하고 있다. 그럼에도 대부분의 사람들이 이런 현상을 당연하게 여기고 심지어 부추기기까지 한다. 갈수록 자기만의 생존과 욕망을 추구하려는 경향이 심해지고 있다. 이런 잘못된 방향의 끝에는 무엇이 기다리고 있을까?

초기 인류로부터 현재에 이르기까지 모든 인간들은 안전한 생존 환경과 생존을 위한 자원 획득에 주력해왔다. 그리고 모든 인간은 각자 한 몫의 역할을 담당했다. 모든 인간들이 동원되더라도 충분한 자원을 확보할 수 없을 만큼 총량 면에서 부족한 자원이 많았기 때문이다.

생존 자원을 확보하기 위해 인류는 여러 가지 방법을 강구해왔다. 사회 시스템의 구축과 고도화, 과학기술의 발달이 인간이 강구한 방법들 중 대표적인 성공 사례다. 전 인류가 생존 자원 확보를 위해 노력했지만 불가피하게 국가, 사회 개인 간 불균형이 생겨났다. 자기 집단의 생존과 이익만을 위한 집단사고 때문이었다.

얼마 전까지는 자기 집단의 생존 환경을 확보하기도 매우 어려웠기 때문에 어쩔 수 없는 선택이었다. 하지만 이런 집단사고가 계속된다면 미래 사회에서는 생존이 위협받게 될 것이다. 미래는 생존 자원 확보를 위해 전 인간들이 동원될 필요는 없지만 수명의 연장과 인구 증가로 인해 필요한 생존 자원은 더욱 늘어날 것이다. 그리고 이를 오롯이 감당해야 할 지구는 힘이 부쳐 결국 문제를 일으킬 것이다.

우리 몸도 과하게 사용하면 온도가 올라가고 열을 낸다. 스스로 감당할 수 있는 선을 넘으면 열을 발산해 다시 적정 선을 유지하려고 하기 때문이다. 기계도 마찬가지다. 그래서 전자제품을 설계할 때도 열이 많이 나는 부위에 방열판을 두어 열을 방출할 수 있게 만든다. 그렇지 않으면 선을 넘었을 때의 과열로 인해 회로가 타게 된다. 그러면 기계는 멈춘다.

현재 지구도 무분별한 인간의 행위를 감당할 수 있는 한계점에 도달해 온도가 올라가고 열이 나기 시작했다. 기온 상승으로 인한 인류 생존의 위기는 이미 오래 전부터 공론화되었기에 모르는 사람이 없을 것이다. 하지만 과학기술의 발달이 가져온 자동화와 AI의 출현으로 인한 인류 생존 위협은 이제 시작 단계라 그 심각성을 인식하기가 어렵다.

 # 하지만 아직 초기 단계이기 때문에 기온 상승의 위협보다 대응책을 마련할 시간적 여유가 있다는 점은 매우 다행스럽다.

/

'저는 로봇 아무개입니다'

/

    2020년 12월 4일 전 세계 언론 매체를 뜨겁게 달군 이색 뉴스가 보도되었다. 카자흐스탄의 한 남성이 여성의 모습을 한 인형인 리얼돌과 실제 결혼식을 올렸다는 뉴스였다. 리얼돌은 움직일 수도 대화를 할 수도 없다. 그럼에도 그는 이 리얼돌 마고와 2년간의 교제 끝에 지인들을 초대한 후 결혼식을 올리고 정식 부부가 되었다고 한다. 이 사건은 단순히 한 남성의 해프닝으로 치부할 사항이 아니다. 수 십 년 뒤 인간과 유사한 AI 로봇이 등장하면 현재의 반려동물을 능가하는 위치를 차지할 것이다. AI 로봇과의 가족 구성이 일반화되는 시대가 필연적으로 도래할 것이다. 결국 가족으로서 법적 지위까지 확보하게 될 것이다.

AI 로봇은 가족 해체, 인간 소외 및 인간 대체의 요인이 될 수 있다. 궁극적으로 인간 무용론으로 확대될 수도 있다.

매년 1월 초 미국 라스베이거스에서는 세계 최대 규모의 가전·IT 전시회인 CES(국제전자제품박람회)가 열린다. 직장생활을 하는 동안 연말연초는 늘 이 전시회 때문에 바빴다. 연말에는 전시회에 출품할 제품 샘플을 완성하기 위해, 연초에는 전시회에 참가해야 했기 때문이다. 55년의 역사와 전통을 자랑하는 이 전시회가 2021년에는 COVID-19로 인해 온라인으로 개최되었다.

2013년 CES에서부터 3년 연속해서 어느 기업 전시 부스에 AI 로봇이 등장해서 관람객들을 맞이했던 적이 있다. 처음 등장했을 때만 해도 여성의 얼굴을 한 AI 로봇의 표정과 발음이 아주 부자연스러웠다. 하지만 3년이 지난 시점에서는 AI 로봇의 피부, 눈동자, 발음이 매우 자연스럽게 느껴졌다. 물론 부스 안내를 위한 초보적인 수준의 표정과 언어이기는 했지만 말이다. 그럼에도 그 3년 동안의 발전 양상은 향후 AI 로봇의 발전 속도를 생각해볼 수 있는 계기가 되었다. 아마도 2050년을 전후한 시점에서는 인간과 거의 유사한 AI 로봇이 등장할 것으로 예상된다.

당시 팀원들과 대화를 하면서 나중에는 처음 만나는 사람과의 인사법이 바뀌어야 할 것이라 는 이야기를 한 적이 있다. 악수를 하면서 통성명을 할 때 자신이 로봇인지 인간이지를 밝혀야 한다는 것이었다. '처음 뵙겠습니다. 저는 인간 아무개입니다' 혹은 '저는 로봇 아무개입니다' 하는 식으로 말이다.

또 하나의 종으로 분류될 AI 로봇

완전 자동화와 AI가 가져올 인류 생존 위협은 다음 세 가지로 예상된다.

첫 번째 위협은 인간 능력을 넘어선 AI 로봇의 출현이다. 아인슈타인 이후 가장 천재적인 과학자로 인정받았던 스티븐 호킹(Stephen William Hawking) 박사 역시 인간을 뛰어넘는 로봇이 인간의 종말을 가져올 수 있다고 여러 번 경고했다.

미래에는 인간과 거의 비슷한 수의 AI 로봇이 이 지구상에서 활동할 수도 있다. 나 역시 개인 비서 로봇을 데리고 다니면 참 편리할 것이라는 상상을 자주 해보았다. 과연 인간과 같은 감정을 가지고 인간 수준의 사고를 하며 인간처럼 움직일 수 있는 로봇이 탄생할까? AI에 대한 관심을 갖고 프로토타입 로봇 개발을 진행해본 경험상 가능하다고 확신한다. 엄청난 기술적 혁신의 퀀텀 점프(Quantum Jump)가 없더라도 수 십 년 정도의 순차적 개발만으로도 반드시 가능할 것이다.

지금 속도로 진행된다 하더라도 2100년이 되기 전에 인간의 능력을 넘어선 AI 로봇의 출현이 현실화될 것이다. 지금 이 글을 읽고 있는 성인들 중 대다수에게는 사후 미래가 될 것이다. 하지만 젊은 세대들이나 앞으로 태어날 세대라면 일정 정도 수명 연장의 혜택을 누려 여전히 왕성한 활동을 할 시기일 것이다. 인간이 또 하나의 새로운 종으로 분류될 AI 로봇과 사회 일원으로 함께 살아가게 될 것이다. AI 로봇과 가족을 이루는 것도 보편화될 것이다. 현재 기준의 가족과 국가 역시 해체되는 상황도 고려하고, 그 해결책을 모색해야 한다. 인간을 능가하는 AI 로봇을 인간 스스로 관리함으로써, 이 새로운 종과 공존할 수 있는 방안을 마련해야 한다.

인간이 우주로 진출하는 시대와 AI 로봇이 인간과 공존하며 활약하는 시대가 맞물리면 인간은 더욱 소외될 것이다. 우주환경에서 인간의 육체는 생존하기가 불가능하다. 공기, 물, 음식 등 모든 것이 인간의 생존 조건과는 맞지 않기 때문이다. 지구가 아닌 다른 우주공간에서 인간이 살아가기 위해서는 해결해야 할 일들이 수없이 많다. 하지만 고도화된 AI 로봇은 공기, 물, 음식이 없어도 독자 생존할 수 있다. 우주공간에서 AI 로봇의 필요성은 갈수록 증가할 것이다. 반면 우주환경에 적합하지 않은 인간의 필요성은 점차 축소될 것이다. 일부 인간들과 AI 로봇들 가운데에서 인간 존재에 대한 의문을 품는 집단이 나타날 것이다. 그 의문이 결국 인간의 생존을 위협하게 되는 것이다.

두 번째 위협은 완전 자동화로 인해 심화되는 인간 소외 현상이다. 자율주행은 인간에게 최상의 서비스를 제공하겠지만 인간의 일자리와 산업을 위협하게 된다. 100% 무인 공장은 엄청난 수의 일자리를 소멸시킬 것이다. 일을 하고 싶어도 인간에게는 그 기회가 더는 주어지지 않는 시대가 올 것이다.

생존에 필요한 자원을 얻기 위해 더 이상 일을 하지 않아도 되는 세상에서 인간은 어떻게 살아야 하는가? 생존을 위한 자원을 이상적으로 분배할 수 있는 방법을 찾아야 한다. 우주 개척에서 인간의 필요성이 배제되는 것과 함께 인간은 점점 더 소외될 것이다. 일 없이 긴 세월을 보내야 하는 인간이 어떤 목적과 기쁨을 가지고 살아야 할지 지금부터 고민해야 한다. 이런 상황에서 인간의 존엄을 어떻게 정의하고 지켜야 할 것인가?

마지막 위협은 수 백 년의 수명을 확보한 인간들의 욕망으로 인한 권력과 부의 독점 현상이다. 태어나 백 년 이내에 죽는 것이 아니라 수 백 년을 살아야 한다면 인간에게 어떤 욕망이 생길지 상상해보라. 수 백 년의 삶을 확보한 미래 인간의 욕망은 지금과는 비교할 수 없을 정도로 커질 것이다. 그렇지 않은 현재에도 때때로 인간의 욕망이 두려워지는 순간이 있다. 부의 독점과 불균형을 어떻게 관리해야 할까? 자원과 정보의 독점을 어떤 방식으로 해결해야 할까? 새로운 질문들이 수없이 많이 등장한다.

아직은 현실과는 거리가 먼 이야기일 수 있다. 어쩌면 우리들 중 대부분은 그런 시대가 오기 전에 백 년 남짓한 삶을 마감할 수도 있다. 하지만 위의 세 가지 위협은 COVID-19처럼 갑자기 전 인류에게 닥칠 수도 있다.

미래학자인 레이 커즈와일(Ray Kurzweil)은 저서『특이점이 온다』에서 이렇게 주장한다.

'21세기에 우리가 이룰 기술 향상은 100년의 분량에 국한되지 않을 것이다. 대략 2천 년간의 발전을(현재의 발전 속도를 기준으로 측정했을 때), 혹은 20세기 내내 이룬 것보다 천 배 더 큰 발전을 목격하게 될 것이다.'

누군가는 미래 인류에게 닥칠 이런 기가 막힌 상황을 상정하고 대응책을 마련해 나가야 한다. 대응책을 찾는다고 해도 전 인류가 몇 년 안에 적응할 수는 없겠지만 말이다.

지금부터라도 인간과 관련한 모든 것을 재해석해야 한다. 인간이란 무엇이며 삶의 목적은 무엇인지, 또 어떻게 살아야 하는지에 대한 생각이 완전히 달라져야 한다. 발전이 인류 전체의 생존을 심각하게 위협하고, 혼란을 야기하지 않도록 미리 대응해야 한다. 그 대응에는 교육과 사회 제도를 정비하는 등 수 십 년 이상의 시간이 필요하다. 생존 자원을 확보하기 위해 전 인류가 매달릴 필요가 없는 시대로 접어드는 흐름을 읽어야 한다.

 # 그 출발점은 인간과 우주의 본질을 제대로 해석하는 것이다.

/

결국 문제는 이것이다

/

복잡하고 거창한 것처럼 보이는 인류사를 간단히 정의하면 결국 생존과 호기심 충족의 과정이라 할 수 있다.

인간은 뇌를 활용한 정신 활동을 통해 나약한 육체를 극복하고 동물과의 생존 경쟁에서 승리했다. 초기 인류는 개개인이 수렵과 채집을 함으로써 생명을 보존했다. 그 후 협력의 장점을 발견하고 사회를 만들어 기본적인 생존 시스템을 확보했다. 이 과정에서도 최우선 과제는 역시 생존 자원을 확보하는 것이었다. 이를 위해 협력, 경쟁, 폭력, 살인, 전쟁까지 하면서 인류사는 전개되어 왔다.

인간들은 안전한 생존 시스템인 사회 집단에서 상위단에 자리 잡기 위해 치열한 경쟁을 해왔고, 지금도 그 상황은 크게 다르지 않다. 그러나 이제 인류사에서 이러한 생존 방식은 어느 정도 마무리 단계에 와있다. 드디어 한계를 드러내기 시작했기 때문이다.

지금까지의 생존 방식을 끊임없이 가동시키고 성공으로 이끈 요인은 인간의 욕망이었으나, 한계 또한 인간의 지나친 욕망으로부터 발생했다. 인류사를 통틀어 인류의 주된 목표는 안전한 생존 환경과 생존 자원 확보였다. 이를 위해 전 인류가 열심히 일했고, 끊임없이 생산성 향상을 도모했다. 안전한 생존 환경과 생존 자원 확보 그리고 생산성 향상을 위해 인류는 사회를 만들었고, 농업·산업·정보 분야의 혁명적 발전을 이루어냈다. 미래에는 AI의 본격화 등이 기다리고 있다.

역동적인 인류사의 동력은 인간들의 욕망을 기반으로 한 정신적, 지적 활동이었다. 욕망은 인류로 하여금 치열한 경쟁을 하도록 만들었다. 이번 세기 이내에 완전 자동화로 생산성 향상은 완성될 것이고, 수명 연장이 실현될 것이다. 그때에도 인간의 욕망이 멈출 줄 모른다면, 인간의 과욕은 결국 인류 생존에 부정적 영향을 미치는 한계로 작동하게 될 것이다.

인류 종말에 대처하는 자세

인류 종말에 대처하는 가장 바람직한 자세는 우주와 지구환경이 제공하는 생존 가능 환경을 인위적으로 훼손하지 않는 것이다. 인류 탄생이 지구환경에 의해 자연스럽게 출발했던 것과 같이 비슷한 절차를 밟아 인류는 종말로 가게 될 것이다. 이것이 우주의 질서다. 그러나 인류 스스로 그 종말을 앞당기는 환경을 만드는 것은 최악의 상황이다.

최근 들어 인류 생존에 부정적인 상황을 만들어낼 요소들이 속속 등장하고 있다. 기후 변화, 완전 자동화, 인위적 수명 연장, AI 로봇의 등장이다. 이것들이 인간의 끊임없는 탐욕과 결합해 인간 세상에 혁명적 변화를 몰고 올 것이다. 그리고 그 변화가 궁극적으로 인류 종말을 앞당길 요소로 작용할 것이다.

그럼에도 불구하고 스스로 가장 지혜롭다고 자부하는 인간은 현재 자신이 하고 있는 행위의 최종 결과를 생각하지 않는다. 일부 석학들이 그 위기를 지속적으로 경고하고 있지만 아직 먼 얘기 혹은 공상과학이라 생각하고 더는 알고자 하지 않는다. 각자의 생존과 행복만을 위한 거대한 사회적 욕망이 본능적으로 먼저 작동하기 때문이다.

이런 심각한 결과는 삶의 목적이 행복이라고 정의한 것에서부터 출발한다. 자신과 자신이 속한 집단만의 행복을 추구하며, 그러한 행위를 인간의 과욕과 사회적 분위기가 부추기고 종용한다.

인류사는 다양한 사회 집단들이 함께 구성한 역사다. 모든 사회 집단은 다양한 종교, 철학, 관습이 상호 영향을 미치며 발전, 유지되어 왔다. 그러나 이들의 원초적 목표는 생존과 인간을 포함한 우주 만물의 본질을 알고자 하는 것이었다. 그 목표가 있었기에 인류는 길지 않은 역사 안에서 우주의 본질적인 힘을 응용하고 활용하는 단계까지 발전해왔다.

  인간과 우주의 본질은 물질의 근원인 에너지에 있다. 인간이 우주의 힘을 활용한다는 것은 결국 인간의 본질을 건드리는 것이다. 그동안은 우주의 네 가지 힘을 일부 활용하는 수준으로 인간이 스스로의 종말을 불러올 정도의 역량을 갖지 못했다. 하지만 미래는 상황이 다르다.

  완전 자동화, 수명 연장, AI로봇의 발달이 가속화되는 것과 깊은 연관이 있다. 이는 인간 소외 및 배제와 연결되어 결국 인간의 생존을 위협하는 요소가 될 것이다. 이러한 주제들의 중심에 철학과 종교, 과학이 있다. 그래서 철학, 종교, 과학이 힘을 합쳐 이를 극복할 방법도 찾아야 한다.

  과학기술 분야에서는 인간과 자연의 본질을 이해한 다음 인간 생존에 위협이 되지 않을 AI 결과물을 만들어야 한다. 그리고 일반인들이 미래의 위협을 느끼고 공감할 수 있는 방법을 찾아야 한다. 종교와 철학은 인류가 개인과 자기집단 중심적 사고에서 벗어날 수 있도록 도와야 한다.

 # 개인적 탐욕과 과욕에서 실질적으로 벗어날 수 있는 방안을 찾아야 한다. 행복만을 추구하는 인간 삶의 목적을 재정의해야 하는 이유다.

모두가 개인의 행복만을 추구한다면

호모 사피엔스(Homo sapiens)라고 명명된 인간들은 호기심 때문에 인간 자신과 자신이 몸담고 있는 우주 전체에 대해 알기 원했다. 이것이 철학과 종교의 능력으로 작용했다.

약 2600년 전 그리스 초기 철학자들로부터 인간과 우주에 대한 인류 전체의 질문이 시작되었다. 그들은 그 질문을 스스로에게 던졌고, 답을 찾고자 했다. 그것은 자연스럽게 미래 인류 세대에게 던진 질문이 되었다. 그들이 낸 숙제에 대해 후손들이 끊임없이 답을 찾아오는 과정에서 인류의 찬란한 문명이 꽃을 피우게 된다.

그들은 왜 인간과 우주에 대해 알고자 했을까? 인간 호기심의 바닥까지 내려가다 보면 그 종착 지점에 인간과 우주가 보이기 때문이다.

철학의 탄생지인 이오니아 지역 철학자들은 우주 만물이 공기, 불, 물, 흙으로 구성되었다고 주장했다. 그들 중 데모크리토스(Dēmokritos)는 우주 만물의 기본을 이루는 요소에 현대 과학에서 사용하는 원자의 개념을 도입했다. 지금의 초등학생 수준의 축적된 지식조차 없던 고대 인류가 우주를 이해하려는 도전에 나선 것이다. 이런 초보 수준의 주장이 위대한 인류 문명의 출발이 되었다.

기원 전 3세기에서부터 기원 후 2세기까지 그리스 철학의 두 축을 이루었던 스토아 학파와 에피쿠로스 학파는 서로 대립하고, 경쟁하면서 진정한 행복 찾기에 나섰다. 비슷한 시기에 중국의 공자는 인간의 도리에 대해서, 인도의 고타마 싯타르타는 고통과 번뇌에 대해 고민하기 시작했다.

우연히 거의 비슷한 시기에 이들이 던진 질문들은 인류 전체의 필연적 숙제가 되었고, 이 숙제를 풀어온 지금까지의 여정이 인류 문명의 역사다. 그러는 사이 비록 짧은 시간이지만 인간은 현재에 이르기까지 지구를 지배하고 있는 종의 자리를 차지하고 있다. 그러나 다음 세기에는 지구를 지배해온 주인 자리를 다른 종에게 물려줄 수도 있다.

인류 종말의 시작점이자 원인

문명사회에 접어든 초기 그리스 철학은 아리스토텔레스(Aristoteles)

부터 삶의 목적을 행복이라고 정의하면서 철학, 종교, 사회, 개인 모두가 행복을 추구하며 살아왔다. 종교에서는 현실 세계에서의 행복을 넘어 사후의 행복까지 꿈꾼다. 행복은 인간의 삶 전반에 엄청난 영향을 미쳤을 뿐만 아니라 인류사의 발전을 견인해왔다. 하지만 앞으로는 바로 이 행복 때문에 인류의 미래가 어두워질 수도 있다. 어느 순간 인간은 자기 자신과 자기가 속한 집단만의 행복을 추구해왔기 때문이다.

생존과 행복을 위해 사람들은 욕망을 키우고 정신을 활용하여 생존 자원을 확보한다. 특히 돈에 대해서는 상한이 없는 욕망을 갖는다. 이러한 과욕을 사회 시스템이 허용하고, 탐욕이 더욱 부추긴다. 철학과 종교는 욕망을 자제해야 진정한 행복을 가질 수 있다고 가르치지만 현실에서는 돈을 향한 욕망을 절제하기 쉽지 않다. 삶의 목적을 행복이라 정의하면서 지속적 행복을 위해 돈에 대한 욕망을 절제해야 한다는 모순이 존재하는 한 원천적으로 불가능하다.

인간은 이제 많이 가지려는 욕망을 넘어 영생의 욕망까지도 갖는다. 영생은 인간의 오랜 바람이었다. 과학기술의 발달로 인간의 수명 연장은 단순한 바람을 넘어 현실이 되고 있다. 머지않아 대부분의 사람들은 100세 이상 생존 가능할 것이고, 곧 수명 150세에도 도전할 것이다. 문제는 수명 연장에 비례하는 것을 넘어 지수함수적으로 증가할 인간의 과욕이 가져올 위협이다. 수명 증가에 의한 욕망의 증가는 현재 인간의 욕망과는 비교할 수 없을 정도로 강력할 것이다. 수명 연장이 AI와 결합된다면 인간 소외 및 종말까지 이어질 조건은 충분해진다.

현재까지는 죽음이라는 사건이 인간들의 무한한 탐욕에 제동을 걸어왔다. 그러나 수명 연장이 더 이상 꿈이 아닌 현실이 된 지금, 죽음이 주는 이런 긍정적인 효과는 곧 사라질 것이다. 지금도 이미 과거 대비 현격히 늘어난 수명 때문에 여러 가지 사회 문제들이 부각되고 있다. 경쟁이 치열해지는 것은 말할 것도 없다. 하지만 미래 인류에게 수명 연장으로 인한 부작용은 지금의 그것과는 질적으로 다른 영향을 미칠 것이다. 그것은 인간 본질과 관련될 것이기 때문이다. 부와 권력의 독점은 심화될 것이고, AI 로봇의 등장으로 인간 존엄을 지키기는 더욱 어려워질 것이다.

생존 자원 확보에 전 인류가 동원되지 않아도 되는 완전 자동화의 실현은 인류사에서 매우 중요한 변곡점이다. 생존 자원 확보는 목표가 명확하고, 모든 사람들이 본능적으로 인지한다. 그래서 그 한 가지 목표를 향해 인류 전체가 전력 질주를 할 수 있었다. 하지만 이제 오직 그 목표를 위해서라면 인간이 아닌 다른 것으로 대체할 수 있는 시대가 다가오고 있다.

지금도 이미 반려동물을 가족처럼 여기는 사람들이 많다. 감정을 교류할 수 있는 AI가 등장하면 인간은 가족 구성에서도 소외될 수 있다. 지금껏 인간은 수많은 우여곡절을 겪고 생존해왔지만 이제 의도하지 않는 종말을 향해 가고 있다.

자신의 행복만을 추구하는 것은 인류 생존뿐만 아니라 개인 삶의 목적 실현도 멀어지게 한다. 개인의 행복을 추구하면 자연히 탐욕이 작동된다. 탐욕은 과욕을 부르고 과욕은 일상의 사소한 행복과 기쁨을 무의미한 것으로 만든다. 탐욕과 과욕의 시스템이 작동하면 지속적으로 채워져야 하기 때문에 만족이 사라진다. 물질적 부 이외의 본질적 기쁨을 이해하지 못하고 느낄 수도 없다.

 # 개인의 행복만을 추구하는 사회 문화는 생존 경쟁과 사회적 스트레스를 지속적으로 부추긴다. 이것이 인류 종말의 시작점이고 원인이다.

평범한 우리나 호킹, 머스크, 게이츠나

　세계적으로 유명한 석학이나 종교 지도자, 혹은 엄청난 부나 권력을 소유한 사람들은 '평범한 나'와는 다를 것이라는 생각을 한다. 평범한 자신과는 전혀 다른 세계의 사람들이라고 여긴다. 그리고 그들은 무슨 특별한 혹은 남다른 생각을 할 것이라고 믿는다.
　잘못된 선입견이다.
　모든 사람이 하는 생각의 종착지는 결국 '생존'이기 때문이다. 다만 각자의 역량에 따라 '생존'을 생각하고 걱정하는 크기와 범위가 다를 뿐이다. 평범한 대중들은 자기 자신과 가족들의 생존을 위한 돈을 원한다. 세계 랭킹을 다투는 부자들은 자신과 관련된 단체나 그 단체 구성원들의 생존을 생각한다. 정치인들도 각자의 역량에 따라 자신의 생존에서 출발해 국가와 국민들의 생존까지 생각한다. 그리고 일부 종교 지도자들과 세계적 석학들은 인류 전체의 생존을 걱정한다.

인류 미래를 걱정하는 사람이 따로 있나

동아일보 윤완준 기자가 쓴 '스티븐 호킹, 인류 멸종을 피하려면 100년 내 지구 떠나라'는 기사에 의하면, 호킹 박사는 2016년 11월 영국 옥스포드대학교 연설에서 '핵 무기, AI의 발전 등이 인류와 지구의 생존을 위협하고 있다'고 경고했으며 '시간이 갈수록 지구에 재앙이 닥칠 가능성이 커지고 있으며 앞으로 1000년 뒤, 1만 년 뒤에 재앙이 닥치는 것은 거의 확실해지고 있다'고 말했다. 그래서 '우주, 다른 행성으로 나가 지구의 재앙이 인류의 종말이 되지 않도록 해야 한다'고 엄중히 경고했다고 전했다. (2017년 5월 5일자 기사 중에서 발췌)

같은 신문의 김수연 기자는 '국가 긴 AI 경쟁이 3차대전 불러올 것'이라는 기사에서 다음과 같이 보도했다. 대표적인 'AI 회의론자'로 꼽히는 테슬라의 CEO 일론 머스크(Elon Musk)가 자신의 트위터를 통해 '국가 차원에서 진행되고 있는 AI 우월성 경쟁이 3차대전의 원인이 될 가능성이 크다'는 주장을 게재했다고 전했다. 김수연 기자는 '일론 머스크와 함께 AI의 발전을 경계하는 인물로는 스티븐 호킹 박사와 빌 게이츠(Bill Gates)가 있다. 빌 게이츠 역시 최근 AI 로봇으로 인한 일자리 파괴의 심각성을 경고하며 '로봇세(Robot Tax)' 도입을 주장하기도 했다'고 보도했다. (2017년 9월 6일자 기사 중에서 발췌)

 이 두 기사에서 언급된 스티븐 호킹, 일론 머스크, 빌 게이츠의 공통 관심사는 미래 인류 전체의 생존이다.

 그렇다면 인류의 미래를 걱정하는 사람은 따로 있고, 그들은 과연 우리와 다른 세계를 살아가는 사람일까?

 호킹 박사는 아인슈타인 이후 가장 유명한 우주물리학자이다. 우주는 본질과 근원, 과거와 미래의 시간을 고민하는 분야다. 그러니 평생 인간과 미래에 대해 생각하고 연구했을 것이다. 그 과정에서 자연스럽게 인류의 미래가 예견되었고, 그 예견이 심히 걱정스러웠을 것이다. 일론 머스크나 빌 게이츠도 비슷한 과정을 통해 인류의 미래가 걱정스럽게 다가왔을 것이다. 물론 이들이 자기 자신을 위한 생존 자원이 충분히 확보되었기에 그런 고민과 걱정으로 넘어가는 것이 지극히 자연스러웠을 것이라는 사실을 완전히 부인하기는 어려울 것이다.

 종교 지도자나 철학자들은 아예 처음부터 인간의 본질을 고민하기로 작정한 사람들이다. 그들은 인간의 본질에 대해 많은 시간을 고민했고, 그 시간들을 통해 인류 전체의 생존 문제를 생각하는 것에 매우 익숙해졌다.

 반면 대부분의 평범한 대중들은 인류 전체의 생존이 아닌 자기 자신과 가족의 생존, 즉 먹고사는 문제를 염려하느라 바쁘다. 인간의 본질에 대해서나 인류의 미래가 궁금하지 않은 것이 아니라 그럴 만한 여유가 없는 것이다. 그래서 우리는 인류 전체로 그 범위를 확장하는 것이 어려울 뿐이다. 물론 종교인들 중에도 오직 자기 자신의 안정과 평화, 행복을 위해 명상하고 기도하는 이들이 있을 것이다. 세계적인 석학들 중에도 인류 전체의 생존과 미래 인류의 지속적인 생존을 고민하고 대안을 제시하고자 끊임없이 연구하고 고민하는 이들이 있는가 하면, 자신의 학문적 성취를 우선 순위에 두는 이들도 있을 것이다. 부자들이나 기업가들도 마찬가지다.

어느 쪽으로 갈 것인가는 지극히 개인적인 선택에 달린 문제다. 그러나 가능한 선에서 인류 전체를 바라볼 수 있는 쪽으로 향해야 하는 것이 바람직한 것만은 분명하다. 더욱이 스스로 아무리 평범한 대중의 일원이라 생각될지라도 인류 전체의 생존 문제를 완전히 외면하기는 어려울 것이다.

 # 평범하든 비범하든 인류의 일원이라면 누군가는 고민하고 걱정해야 할 문제이다. 그래야만 인류시기 지속될 것이기 때문이다.

/
인류지성의 시대가 열렸다
/

아인슈타인은 20세기 가장 큰 영향력을 미친 100인 중 한 명이다. 20세기의 마지막 날 미국 시사주간지 타임이 이를 발표했는데, 표지 사진은 누구나 쉽게 예상할 수 있는 아인슈타인이었다. 아인슈타인의 영향력이 100명 중 1위라고 본 것이다.

그런데 이에 대해 일부 철학자들이 과학기술에서 아인슈타인의 위상은 이해할 수 있지만 '가장 중요하다'는 평가를 받는 것에는 동의할 수 없다고 했다는 이야기를 들은 적이 있다. 인간 사회를 좀 더 풍요롭게 하는 것은 종교나 철학 등 형이상학적인 것이지 과학기술이 우위에 설 수는 없다는 취지였다. 종교나 철학이 과학보다 우위냐 아니

나의 문제로 바라볼 사항이 아니다. 우리 사회는 여전히 종교, 철학, 과학을 철저히 분리해서 생각하는 단계에 머무르고 있는 것 같아 아쉽다.

본질은 구분되어 있지 않다

네이버 사전에 의하면 철학은 '인간과 세계에 대한 근본 원리와 삶의 본질 따위를 연구하는 학문'이다. 그런 관점에서 보면 아인슈타인은 철학과 종교의 일부분인 물리학을 연구한 것이다.

본질과 진리를 연구하는 것은 과학을 넘어 철학, 종교와도 관련이 있다. 행복, 선, 죄, 욕망, 번뇌, 정신과 같은 것만 고민하는 일이 본질에 다가가는 방법이 아니다. 한계를 가진 사람의 머릿속에서 만들어 내는 것에만 의지하지 말고 본질을 볼 수 있어야 한다. 본질은 철학, 종교, 과학으로 구분되어 있지 않다. 과거 인류는 축적된 지식이 없었을 때는 본질적 진리에 접근하는 올바른 방법을 알 수 없었다. 본질을 알기 위해 각자의 입장에 따라 철학, 종교, 과학을 활용했다. 각 분야에서 주도권을 가진 사람들이 인간 사회에 절대적인 영향력을 행사했다. 하지만 그 사람들의 영향력도 그들 사회집단과 연관된 집단들의 범위 내에 국한되었다. 인류 전체의 생존을 걱정할 필요도 역량도 없었다. 개인이나 집단의 생존과 생존 자원을 확보하는 것도 힘들었다.

과거에는 과학기술이 발달하지 않아서 전 인류에 대한 관련 정보를 알 방법이 없었다. 종교적 깨달음은 개인적 성격을 가지기 때문에 전체 인류에게 영향을 끼칠 수 없었다. 종교집단 간 갈등으로 인한 전쟁, 분쟁은 관련 지역에는 큰 영향을 미쳤지만 국부적이었다. 철학도 인간 자체와 사회현상을 분석하고 정리해서 설명하는 수준에 머물렀다. 이제는 과학기술이 발전함에 따라 인간 정신과 육체의 한계를 극복하는 AI시대로 접어들고 있다. AI 로봇이 움직이고 정신 활동을 하면서 인간과 교류를 한다면 인간 사회에 심각한 영향을 미치게 될 것이다.

초기 인류부터 현재까지 인간은 생존 자원 확보를 위해 평생 치열한 삶을 살았다. 인류사는 나약한 육체를 지닌 인간이 뇌를 활용한 고도의 정신 활동을 통해 생존 자원을 확보해온 과정이었다. 미래에는 인간 대신 AI 로봇이 인간과 유사한 생각을 하며 생존 자원을 확보하는 데 동원될 것이다. 전통적인 인간 고유의 역할을 대체하게 되는 것이다. 단순한 역할 분담의 문제가 아니라 인간의 역할이 없어진다는 결론이다. 인간의 안전한 생존을 위한 최고의 방법은 인간 간의 협력이었고, 협력의 최고 작품은 사회 시스템이다. 사회 시스템에 인류의 집단지성이 반영되어 인류는 발전을 지속해올 수 있었다. 과거 집단지성은 좁은 사회집단의 지성이었다. 소수의 권력층, 종교지도자, 부유층에 의해 움직이던 사회였다. 과학기술의 한계로 인해 그럴 수밖에 없었다.

초기 인류부터 인간은 자기 자신과 자기집단의 생존을 위한 욕망을 추구했다. 인간은 육체적으로나 정신적으로 명확한 한계를 가지며 개별 인간의 능력은 더욱 미미하고 제한적이다. 그럼에도 불구하고 인간 정신은 늘 작동하면서 매 순간 선택을 해야 한다. 그래서 인류사를 결정한 판단들이 항상 최적의 합리적 선택일 수는 없었던 것이다. 주로 자기 자신과 자기집단의 생존과 욕망을 지키려는 판단이었고, 그로 인해 많은 사람들의 희생이 뒤따르는 경우가 많았다. 노예 제도, 여성 및 인종 차별, 영토 및 종교 전쟁, 살인 등 그 사례는 너무나 다양하다.

만약 미래에도 이런 상황이 지속된다면 인류 생존에 치명적인 위협을 초래할 것이다. 과학기술의 발달과 비례해 몇몇 인간들의 결정으로 감수해야 할 희생의 크기와 범위도 늘어날 것이기 때문이다. 이제는 더 이상 소수의 지도층이 내린 의사결정에 인류 미래를 맡겨놓을 수 없다.

인터넷이 대중화된 지금은 집단지성의 범위가 인류 전체로 확장되고 있다. 인류지성의 시대가 열리고 있는 것이다. 우리는 누구나 마음만 먹으면 인류지성의 일원과 주역이 될 수 있다. 인류지성의 일원이 되는 데에는 학력이나 지위는 물론 나이도, 계층도, 성별도, 국적도 관여할 수 없다.

소수 지도층의 부족한 역량과 통찰력, 불안한 지도력은 이미 대중들에게 모두 노출되었다. 현재 대중의 지성은 이미 과거 권력층, 철학자, 종교 지도자들의 역량과 통찰을 넘어섰다. 그동안 인류가 축적한 철학, 종교, 과학적 지식을 활용하며 형성한 집단지성이 곧 인류지성이기 때문이다.

이제 우리는 소크라테스, 플라톤, 아리스토텔레스, 칸트, 니체보다 인간과 사회에 대해 더 잘 알고 있다. 과거의 왕이나 지배 계층과 비교할 수 없을 정도로 깊고 폭넓은 지식과 정보를 가지고 있다. 인류 생존을 좌우할 주요 의사 결정을 할 충분한 역량을 갖추고 있다. 인류 지성의 일원으로 자부심과 자신감을 가져야 한다.

현 시점부터 21세기 후반까지는 인류의 생존과 관련된 조건들이 형성되는 시대가 될 것이다. 앞에서 거론한 완전 자동화, 수명 연장, AI 로봇의 등장은 인류 전체에 영향을 미칠 위협 요소들이다.

인류를 종말로 이끌지 않을 AI 시대

인류의 안전하고 지속적인 생존을 위해서는 종교, 철학, 과학 그리고 대중들이 힘을 합쳐야 한다. 종교는 인류가 자기 자신과 자기집단만의 탐욕을 좇는 것에서 벗어날 수 있도록 해야 한다. 철학은 종교와 과학이 인간 생존과 존엄을 지킬 수 있도록 하는 논리를 만들어야 한다. 2300년 전 삶의 목적은 행복이라고 정의한 것에 대해 다시 고찰하고 재정의할 필요가 있다. 과학과 기술은 인간과 우주의 본질에 대한 이해를 기반으로 인류를 종말로 이끌지 않을 AI 시대를 만들어가야 한다.

대중들은 전체 환경 조성에 힘을 보태야 한다. 전문가, 철학, 종교, 정치인, 대중들이 합심해서 탐욕과 과욕의 부작용을 극복해야 한다. 자신 있게 밀고 나갈 명분을 제공하는 것은 인류 전체가 품고 있는 집단지성인 인류지성이다.

인류사에 혁명적 변화를 이끈 것은 농업과 산업혁명이었다. 이 혁명은 몇 명의 천재가 아니라 벌떼같이 모여 들어 참여한 대중들의 힘으로 이룬 것이다. 미래 인류 생존을 위한 새로운 혁명에도 평범한 우리가 참여해야 한다. 그래야 인류의 지속적 생존이 가능하다. 이를 위해 자기 자신과 자기집단만의 이익을 추구하려는 욕망을 줄이는 노력이 필요하다.

 # 개인의 과욕과 자기집단만의 욕망이 절대선이라는 생각이 인류 종말의 원인이라는 분명한 인식이 필요하다.

2부

**평범한 우리도 인간과 우주의 본질에
접근하게 만드는 철학적 질문들**

★★★

 인간이 일생 동안 가장 많은 시간을 소비하는 행위는 무엇일까? 대부분 수면 혹은 노동을 떠올리겠지만 정답은 '생각'이다. 생각은 생존을 위한 뇌의 활동이기 때문에 잠을 자는 동안에도 완전히 멈추지 않는다.
 평균 수명 100세 시대를 살아가는 현대인들에게 주어진 시간은 87만 6천 시간. 그 시간을 우리는 어떤 생각으로 소비하고 있는가? 먹는 것, 자는 것, 일하는 것, 대인관계와 소통, 사랑과 연애, 취미와 관심사 등 인생을 살아가는 데 있어 필요한 다양한 문제를 생각하기도 하겠지만 한편으로는 무의미한 잡생각을 하며 보내기도 할 것이다.
 가치 있는 생각이란 무엇일까? 어떤 이들은 인간의 본질과 우주에 대한 생각도 잡생각 중 하나라고 여기기도 할 것이다.
 내가 개인적으로 30년 넘게 인간과 우주에 대한 질문을 계속하는 것은 다음 여섯 가지 이유 때문이다. 첫째, 삶의 목적과 목표, 방향을 설정하기 위해서였다. 둘째, 인간 본질과 우주의 운행질서 및 인간과 우주의 미래에 대한 궁금증 때문이다. 셋째, 질문에 대한 결론을 내릴 때마다 누적되는 질 높은 기쁨을 느낄 수 있기 때문이다. 넷째, 인간과 우주로부터 상상력을 자극하는 소재거리를 제한 없이 제공받을 수 있다. 다섯째, 질문에 대한 결론을 통해 사상적 방황에서 벗어나 자유를 얻을 수 있다. 마지막으로 죽음을 앞두고 궁금증과 아쉬움이 남지 않는 삶을 살기 위해서다.

이미 여러 번 한 이야기이지만 인간을 알기 위해서는 우주를 동시에 알아야 한다. 우주가 만물의 근원이기 때문이다.

다양한 질문과 답을 찾는 과정에서 존재의 의미와 가치를 느낄 수 있다. 별 의미 없는 것 같은 사소한 일상의 소중함도 알 수 있다. 본질적 질문들은 개인 삶에만 국한되지 않는 인류 전체의 질문과 연관된다. 그리스 초기 철학자들도 인간과 우주, 두 가지 질문으로 철학의 눈을 열었다. 이 책에서는 인간 본질에 접근하기 위해 철학, 종교, 과학, 기술 구분 없이 다루었다. 그동안 인류의 축적된 지식 덕분에 드디어 평범한 우리가 인간과 우주에 접근할 수 있는 시대가 도래했다. 이 책에서는 그런 가르침들을 기반으로 본질에 대한 통합적 접근을 시도했다. 개인 삶의 목표를 넘어 모두에게 주어진 흥미롭고 의미 있는 사명이다. 평범한 우리의 이런 시도가 미래 인류의 생존을 연장할 수 있다고 믿는다.

1장

우주
— 일론 머스크는 왜 그런 생각을 할까?

실리콘밸리에서는 이미 인간과 지구의 근원인 우주를 사업의 장으로 생각한 지 오래다. 아마존(Amazon.com)의 CTO인 버너 보겔스(Werner Vogels)는 2020년 말 '2021년 삶을 변화시킬 8가지 기술'에 대한 예측을 내놓으며, '기술혁신의 최종 목적지는 우주'라고 했다. 아마존은 위성통신을 통해 데이터를 처리하여 운영하는 서비스를 제공하기 위한 새로운 네트워크를 구축하려고 한다.

테슬라 CEO인 일론 머스크 역시 같은 사업을 활발히 전개하고 있다. 알다시피 일론 머스크는 전 세계 전기자동차 시장을 주도하는 혁신의 아이콘이다. 그는 2002년 설립된 미국의 민간 우주 개발 업체 스페이스 엑스(SpaceX)도 창업해서 우주 개발 사업을 하고 있다. 여러 번의 실패 끝에 재활용 로켓 팰컨(Falcon)의 개발에 성공해 로켓 발사 비용을 1/10로 줄일 수 있게 되었다고 한다. 그는 화성에 인류를 보내 정착시키겠다는 꿈을 현실로 만들어가고 있다. 또한 스타링크 프로젝트(Starlink project)를 통해 1만 대 이상의 인공위성을 띄워 전 세계 인터넷망을 구축하려고 하고 있다. 아이러니하게도 일론 머스크는 AI가 미래 인류의 생존을 위협할 것이라 우려하는 사람 중 한 명이지만, 그의 우려는 이렇게 우주 개발 사업으로 이어지고 있다.

우주는 여전히 비현실적인 꿈이고, 먼 미래일 뿐이라고 생각하는 사람들도 일론 머스크의 꿈 같은 계획 덕분에 테슬라의 주식이 수십 배 올랐다는 기사에는 큰 관심을 보인다. 또한 우주 시공간을 주제로 한 〈인터스텔라(Interstellar)〉 같은 할리우드의 SF 영화에는 기꺼이 지갑을 연다. 하지만 일론 머스크가 왜 그런 생각을 하는지에 대해서는 여전히 관심이 없다.

우주는 여전히 나와 나의 현실에는 큰 관련이 없는 비현실적 공간일 뿐이라 생각하기 때문이나.

그러나 인류 생존과 이에 깊은 영향을 미치는 우주에 대한 관심과 고민은 이제 더 이상 일부 선각자들의 전유물이 아니다.

우주가 우리 삶에 큰 영향을 미치게 될, 곧 다가올 그날

요컨대 인류사는 생존 자원을 확보하는 것과 우주를 이해하기 위한 여정에 다름 아니었다. 이 두 가지 중 우주를 이해하는 것에는 사람들의 관심이 상대적으로 적을 수밖에 없었던 이유는 현실의 삶을 영위하는 데에 필요한 먹고사는 문제의 해결이 언제나 급선무였기 때문이다.

그렇다면 개인이 생존 자원 확보를 위해 과거처럼 혹은 지금처럼 매진하지 않아도 되는 미래의 어느 시점이 오면 어떻게 될까?

아무리 생각해도 우주 말고는 인류가 관심을 가질 만한, 혹은 관심을 둬야 할 또 다른 주제는 없다는 것이 개인적 결론이다.

우주가 인간과 지구의 탄생과 종말을 설명할 수 있는 근원이기 때문이기도 하지만 미래의 어느 시점이 되면 인간은 분명 달과 화성을 개발하기 시작할 것이고, 그러면 현실의 삶에서도 우주는 우리 모두의 삶에 곧 큰 영향을 미치게 될 것이다. 정확한 연구와 탐구를 통해 우주를 알고 지식을 축적해 미래 인류에게 전달해야 한다. 인류의 지속적 생존을 위해서 과거의 인류가 우리에게 그토록 많은 축적된 지식을 남겼듯이 말이다.

이번 세기 내 반드시 그렇게 될 것이다

중세 천 년을 이끌었던 종교는 우주와 대척점에 있었다. 우주 만물은 오로지 신을 위해 존재해야 했기 때문이다. 그러나 그 와중에도 인간들은 종교의 눈을 피해 호시탐탐 우주에 대해 호기심을 가졌고, 하늘의 별을 관찰하고 꿈을 꾸었다.

그 이후로도 우주는 많은 이들에게 꿈이었고, 희망이었으며, 동경과 호기심의 대상이었다. 나 역시 어린 시절, 여름이면 고향 집 대청마루에 누워 밤하늘을 쳐다보곤 했다. 밤하늘의 은하수와 수많은 별을 보면서 저 별들이 도대체 얼마나 멀리 있는지, 정말 어느 별인가에는 외계인이 살고 있는지 궁금하게 여겼다.

1969년 TV 화면을 통해 본 아폴로 11호의 달 착륙 장면은 그 세대 인류에게 우주에 대한 꿈을 현실과 결부시킨 일대 사건이었다. 당시 전 세계 수많은 청소년들로 하여금 과학자라는 원대한 꿈을 갖게 한

계기이기도 했다. 미항공우주국 나사(NASA)가 구체적으로 무슨 일을 하는지는 몰라도 인류의 우주 개척을 선도하는 기관이라는 것쯤은 이제 국적이나 인종을 초월한 기본 상식이 되었다. 이 정도가 평범한 우리가 우주를 생각하는 일반적인 수준일 것이다.

과학이 발전하면서 인류는 우주의 단편적 실체를 하나씩 알아내고, 그 비밀을 풀어내기 시작했다. 이에 결정적 역할을 한 사람들이 아이작 뉴턴(Isaac Newton), 제임스 맥스웰(James Clerk Maxwell), 알베르트 아인슈타인, 닐스 보어와 같은 천재적 물리학자들이다. 이들이 밝혀낸 세부 지식에 온 인류가 합심하여 구축한 지식이 더해져 우주는 인간의 현실 생활 안으로 조금씩 들어오게 되었다. 또한 이 과정에서 밝혀진 우주의 힘을 활용해 전기와 첨단 전자기기 등을 만들어 현실 생활에 적용하는 단계로까지 과학기술이 발전했다. 종교와 철학은 자연과학보다 한 발 앞서 인간과 우주의 본질에 접근하고자 했다. 그러나 종교나 철학이 실체를 알아내기 위한 검증된 도구는 아니었다. 다만 당시 인간의 능력 범위 안에서 최선의 방법이었을 뿐이다.

더 이상 우주 개척의 꿈이 스티븐 호킹과 같은 천재적인 물리학자나 일론 머스크와 같은 세계적 부호들의 전유물로 머물지는 않을 것이다. 종교와 철학, 정치적 주제들이 일부 계층에서 일반으로 확산된 것과 같은 수순을 우주 과학도 그대로 따를 것이다.

 # 우주는 인류사에서 가장 중요한 포트폴리오인 셈이다.

우주와 떨어져 독립할 수 있는 존재는 없다

　인간은 아버지에서 할아버지로 거슬러 올라간 자신의 선대를 조상이라 부른다. 그리고 나와 조상들이 나고 자란 곳을 고향이라고 한다. 한 개인에게 있어 조상은 아버지, 할아버지로 이어지는 가족이라는 특정 집단을 이루지만 인류 전체적으로 본다면 결국 한 사람이다.
　우리 몸을 화학적으로 보면 20여 가지 주요 원소로 구성되어 있다. 질량 순으로 보면 산소, 탄소, 수소, 질소, 칼슘, 인, 칼륨 및 소량의 기타 원소들로 구성된다. 그러나 이 원소들 중 어느 것 하나 지구에서 만들어진 것이 없다. 지구는 철, 산소, 규소, 마그네슘, 니켈, 황, 칼슘을 비롯한 소량의 몇 가지 원소들로 구성되어 있다. 역시 이것들 중에서 어느 것 한 가지도 태양계 내에서 만들어진 것은 없다. 이 원소들은 빅뱅 후 특정 시간에 우주의 어떤 장소에서 만들어졌다.

인간은 어디로부터 와서 어디로 가는가?

우주의 기본 물질이 주기율표에 등장하는 92가지 원소인데 수소(73%), 헬륨(23%), 기타(4%)로 구성된다. 수소의 전부와 헬륨의 대부분은 빅뱅 후 38만 년 이전의 우주공간에서 만들어졌다. 헬륨의 일부, 탄소, 산소, 마그네슘 그리고 주기율표 상의 26번 원소인 철까지는 별들 중심에서 만들어졌다. 이 원소들은 태양 질량보다 1.4배 작은 별들의 중심부에서 수소 핵융합으로 생성된다. 이 별들의 중심부 온도는 3억°C 이상 올라갈 수 없다. 그래서 추가적인 핵융합 반응이 불가능하여 26번 철까지만 생성된 것이다.

철보다 무거운 27번 이후 원자들인 납, 금, 우라늄 등은 초신성이 폭발할 때 만들어진다. 폭발하는 순간 별 중심부 온도가 1조°C까지 올라갈 때 동시 다발로 원자핵들이 결합하여 만들어진다. 이때 폭발한 물질들은 우주 전역으로 뿌려지게 된다. 그래서 수소나 헬륨처럼 초기 우주공간에서 만들어진 원소보다 무거운 원소들의 비중이 작다. 이와 같이 인체를 구성하고 있는 원소들은 우주공간, 별 중심부, 혹은 폭발하는 별에서 생성되었다. 그러므로 인간과 지구의 조상이자 고향은 우주인 것이다.

얼핏 생각하면 찬란한 빛을 발하는 별을 연상시키는 초신성은 별이 수명을 다한 후 마지막 남은 에너지를 폭발하는 순간을 의미한다. 즉 우주공간에 엄청난 에너지의 장엄한 종말을 고하는 별이다. 동시에 또 다른 별과 행성들이 생성되는 시작인 것이다.

인간은 어디로부터 와서 어디로 가는가? 인류 역사에게 가장 오래된 이 질문의 답이 고작 우주공간과 별들의 중심부라고 하면 실망스러울까? 하지만 만약 그게 아니라면 도대체 인간은 어디에서 왔겠는가? 우주공간과 별들은 인간의 고향이 되기에 충분한 자격이 있다. 그렇기 때문에 우리는 인간의 고향인 우주에 대해 알아야만 한다.

우리가 우주를 현실과 동떨어진 것으로 생각하는 가장 큰 이유는 어처구니없게도 '잘 모르기 때문'이다. 세상 모든 것은 아는 만큼 보인다. 우주도 예외일 수 없다. 또한 아직은 우주환경의 변화가 개개인의 삶에 영향을 미칠 일이 없기 때문이기도 하다.

태양, 달, 화성, 인공위성 정도가 일반인들이 접하고 있는 우주다. 그만큼 나와 우주는 뚝 떨어져 따로따로 존재하는 것이라고 생각하는 사람들이 대부분이다. 그러나 우리는 우주 안에서 우주의 강력한 영향력 하에 존재한다.

단언하지만 우주와 떨어져서 독립해 존재할 수 있는 것은 아무것도 없다.

결국 다 한덩어리다

자기 자신의 위치를 정확히 안다는 것은 매우 중요한 일이다. 현재 내가 어느 지점에 있는지를 알아야 그곳에서 어떤 행동이든 자신 있게 해나길 수 있기 때문이다. 하지만 문제는 바로 그것을 아는 것이 그리 간단하고 쉬운 일은 아니라는 것이다. 특히 복잡하고 드넓은 우주공간 안에서의 자기 위치를 정확히 아는 것은 매우 어려운 일이다.

오감으로는 도저히 느껴지지도 않는 우주는 그래서 사람들의 관심 밖일 수밖에 없다. 하지만 그럼에도 사람들은 가끔 한번씩 우주에 대한 생각을 한다. 땅만 보고 걷다가 문득 하늘을 올려다보듯이 말이다. 우주는 얼마나 크고 넓을까? 그 끝은 어디일까? 우주의 끝이 있기는 할까? 인간이란 무엇이며, 나는 지금 우주의 어디쯤 있을까? 이런 밑도 끝도 없는 질문을 던지게 될 때도 있다.

내가 곧 우주라는 과학적 사실

우주공간은 어떤 상상을 했든 그 이상으로 크다. 그래서 크기에 대해서보다는 우주의 중심과 끝이 어디인지를 설명하는 것이 조금 더 쉬울 수 있다. 물리적으로 볼 때 우주는 모든 곳이 중심이고 끝이다. 그러므로 우리는 각자가 우주의 중심이고 끝이다. 얼핏 선문답 같기도 하지만 과학적 사실이다.

거대한 우주의 중심과 끝을 알기 위해서는 미시세계 물질들의 생성 과정을 알아야 한다. 우주 최초의 물질이자 원자핵 속의 양성자와 중성자의 구성 성분은 소립자 쿼크이다. 이렇게 우주의 모든 물질들은 빅뱅과 거의 동시인 빅뱅 후 10^{-36}초에 우주의 급팽창이라는 사건으로 모두 만들어졌다. 급팽창 시 빛보다 수 십조 배 이상 빠른 속도로 물질들 사이의 공간이 커져 지금까지 팽창해왔다. 그래서 우주는 중심과 변두리가 따로 없고, 모든 곳이 중심이고 끝인 것이다.

우주의 물질들이 순차적으로 생성되었다면 시작과 끝 그리고 중심을 따로따로 논할 수 있을 것이다. 하지만 모든 물질이 동시에 만들어지고, 그 물질들의 사이가 서로 멀어지면서 현재까지 왔다. 그래서 모든 장소와 물질이 우주의 중심이고 끝이 되는 것이다. 단지 물질들 사이의 상대적인 거리가 가깝다거나 멀다는 개념만 있다.

우주공간의 대부분은 절대 빛으로도 영원히 관측이 불가능한 영역으로 남아 있다. 그럼에도 불구하고 현재 우리들 각자가 있는 곳이 우주의 중심이자 끝이라는 사실은 분명하다. 각자 자신이 우주의 중심이자 끝이라고 한다면 우리는 모두 우주적으로 매우 중요한 존재라는 자부심을 가질 만하다.

믿기 어렵겠지만 우주는 하나의 거대한 덩어리다. 형이상학적 개념으로서가 아니라 물리적 실체로서 하나의 덩어리다. 물리학의 문제이기는 하지만 조금만 깊이 생각해보면 누구나 상식의 선에서 이해할 수 있을 것이다. 모든 물질들은 분자들의 결합으로 구성되며, 분자는 원자가, 원자는 원자핵과 전자가 결합되어 만들어진다. 그리고 모든 물질은 우주의 네 가지 힘에 의해 서로 엮여 있다. 이때 작용하는 네 가지 힘의 매개입자도 물질이다.

모든 물질의 기본이 되는 원자는 원자핵 주변을 전자가 10^{-10}m 위치에서 돌고 있다. 원자핵은 원자의 중심에 있으며 그 크기는 10^{-15}m로 매우 작다. 원자핵과 전자 사이에는 원자핵이 10만 개나 들어갈 만큼 텅 빈 공간이 있다. 1cm의 조그만 구슬이 원자핵이라면 전자는 1km 밖에서 돌고 있는 구조이다. 1km 떨어진 곳에서 구슬까지 모든 공간이 비어 있다. 그런 원자핵과 전자는 전자기력으로 묶여 있다. 그래서 원자는 해체되지 않고 물질을 구성하는 기본 단위가 된다. 이 전자기력의 힘을 매개하는 입자가 빛이다. 빛이 원자핵과 전자를 마치 노끈처럼 묶고 있어서 우리 눈에는 각각의 물질이 화학적으로 한 몸체처럼 보이게 되는 것이다.

만약 우리 눈이 미시세계까지 볼 수 있다면 원자핵과 전자도 따로 분리되어 있는 것처럼 보이기도 하고 한편으로 뿌연 빛으로 연결된 하나의 물체처럼 보일 것이다. 원자핵은 양성자와 중성자로 되어 있고, 양성자와 중성자는 쿼크들로 구성되어 있다. 양성자도 쿼크들의 조합이지만 이들을 묶어주는 강력한 힘에 의해 양성자는 한 덩어리처럼 보인다. 이때 이 쿼크들을 묶어주는 것이 글루온(Gluon)이다. 글루온이 쿼크들 사이를 왔다 갔다 하면서 노끈처럼 쿼크들을 묶는 힘이 강력이다.

모든 물질들 사이에는 힘을 전달하는 입자가 있는데, 거기에서 나오는 힘이 각각의 물질들을 강하게 묶어서 원자 단위의 물질이 한 덩어리로 보이게 하는 것처럼, 커다란 각각의 물체들도 하나의 덩어리처럼 보이는 것이다. 각각 하나의 독립된 물질로 보이는 모든 물체들도 실제로는 다른 입자들의 결합으로 이루어진 것이다.

중력은 거시적인 단위에서 존재하는 것으로 행성, 별, 은하들 간에 작용하는 힘이다. 인간이나 별, 은하는 중력으로 묶여 상호작용을 한다. 인간과 지구도 중력으로 상호작용을 하기 때문에 인간과 지구도 결국 하나의 덩어리, 하나의 몸체라고 할 수 있다. 인간들 사이도 마찬가지다. 다만 그 연결을 오감으로 확인할 수 없을 뿐이다. 입자들을 묶어주는 힘의 매개입자들을 관찰하거나 느끼지 못하기 때문에 독립적으로 존재한다고 인식하는 것이다. 힘을 전달하는 입자들도 물질의 일부다. 그러므로 결국 다 한 덩어리다.

눈에 보이지 않는 암흑 물질과는 중력으로 연결된다. 암흑 에너지와는 척력으로 인해 물질들이 서로 연결된다. 공간도 우리가 알지 못하는 어떤 물질로 구성되어 있다. 그러므로 공간도 텅 비어 있는 것이 아니고 실제는 어떤 알 수 없는 물질로 가득 찬 거대한 물질이다. 공간이라는 물질을 통하여 모든 것들이 연결되어 있다. 아인슈타인의 일반상대성이론에 의하면 시공간은 물질의 영향으로 휘어지고 늘어난다. 구부러지고 휘어진 공간이 중력이다. 공간도 물질이기 때문이다.

우주의 모든 공간은 입자에 질량을 부여하는 힉스 장으로 채워져 있다. 물질마다 힉스 입자와 상호작용하는 강도가 다르다. 그래서 물질마다 질량도 다른 것이다. 빠른 운동을 하는 물질이 질량이 큰 것은 힉스 입자와 상호작용하는 강도가 크기 때문이다. 따라서 우주는 공간과 물질과 에너지로 서로 분리된 것이 아니고 하나의 덩어리라고 볼 수 있다. 다만 연결된 서로의 물질들을 독립적으로 인식하지 못할 뿐이다.

이렇게 연결된 것을 분리시키기 위해서는 엄청난 에너지가 필요하다. 그 역할을 하는 것이 스위스 유럽입자연구소(CERN)에 설치된 양성자 가속기 LHC(강입자 충돌기)이다.

우주의 출발은 무한히 작은 한 점이었다. 그 점에서는 공간과 모든 물질이 하나였다. 물질이 완전히 독립적으로 존재하려면 빅뱅 당시

한 점으로부터 일찍이 분리되었어야 한다. 분리되기 위해서는 서로 묶여 있는 것보다 큰 힘이 필요하다. 그러나 우주 내에서는 이런 크기의 힘은 존재할 수 없다.

물질을 이어주는 네 가지 힘을 전부 제거할 방법이 없다. 아직은 알 수 없지만 공간도 어떤 에너지 성질을 가진 것으로 구성되어 있다. 일부 에너지가 물질인 공간 형태를 이루고 있는 것이다. 이것을 하나라도 분리한다는 것은 불가능하다.

결국 우주는 한 덩어리이고 지구에 존재하는 인간을 포함한 모든 것은 연결된 한 몸체다. 너와 나를 비롯한 우주 전체가 태초부터 한 덩어리로 된 몸체였다. 다만 세상에 태어나서 인간의 오감으로 보니 분리되고 독립된 존재로 보였을 뿐이다.

어떤 물질이라도 홀로 완전히 독립적으로 존재한다면, 그것은 신이다. 우주 만물은 독립적으로 홀로 존재할 수 없다.

 # 우리는 하나다. 그러므로 우주는 곧 나 자신이며, 내가 우주이다. 이 또한 형이상학적 개념이 아닌 과학적 사실이다.

무한에 가깝지만 무한하지는 않은 우주

우주는 무엇인가?

이 질문에 대한 답은 우주 탄생과 성장 과정, 종말을 설명하는 것으로 충분할 것 같다. 우주는 전체를 의미하는 본질이다. 우주라고 할 때 느껴지는 것은 상상할 수 없을 만큼 크고 모든 것을 포함한다. 각자가 생각하는 방향과 크기, 범위 만큼이 각자의 우주라고 표현할 수 있다. 상상하는 모든 것이 일어날 가능성을 충분하게 제공할 만큼 많은 물질과 힘이 존재하고 크다. 무한에 가까울 만큼 크고 오래 되었지만 무한하지는 않다. 탄생과 종말이 예견되고, 1초도 쉬지 않고 변하고 있는 역동적인 곳이다. 우주는 인간에게 끝없는 질문을 하게 만든다. 인간이 멸종할 때까지 연구하고 탐구하더라도 고갈되지 않는 소재를 제공한다.

우주를 한 문장으로 표현한다면

우주를 한 문장으로 표현하면 다음과 같이 쓸 수 있겠다.

'스스로 뜨거운 환경을 조성하면서 태어나 팽창하고 식어가면서 역동적 활동을 하다가 쓸쓸히 얼어서 죽는다.'

우주의 탄생을 빅뱅(Big Bang)이라고 한다. 인간에게 부모가 존재하는 것처럼 우주도 부모에 해당하는 것이 있어야 한다. 우주의 부모를 엄청난 에너지를 가진 한 점이라고 하기도 하고, 무(無)라고 하기도 한다. 무보다는 엄청난 에너지를 가진 무한히 작은 한 점이라고 하는 것이 적절한 것 같다. 어쨌거나 그 한 점에서 빅뱅은 시작되었고, 빅뱅과 동시에 시공간이 열렸다. 빅뱅 후 10^{43}초까지의 순간은 물리적으로는 어떤 설명도 할 수 없다. 빅뱅의 순간은 엄청난 폭발이 아니라 의외로 조용한 시공간의 등장이었다.

시간과 공간은 따로 분리해서 존재할 수 없다. 그래서 아인슈타인은 시간과 공간을 묶어 '시공간'이라 표현했다. 무한히 작은 점에서 공간이 만들어지려면 시간이 개입해야 한다. 시간이 배제된 공간은 존재할 수 없고, 공간이라는 동반자가 없는 시간은 존재하지 않는다. 아인슈타인의 일반상대성이론의 중력장 방정식에서는 공간도 물질이라고 말한다. 시간 속도와 공간 속도의 벡터 합이 빛의 속도다. 우주에서 빛의 속도만 상수다. 시간과 공간도 변수다. 그래서 공간 속 속도가 빛의 속도에 도달하면 시간 속도는 제로가 된다.

SF 영화에서 우주 여행을 하고 온 부모가 지구에 남아 있던 자식보다 훨씬 젊은 모습으로 재회하는 장면이 등장한다. 우주선을 타고 엄청난 속도로 이동하면 시간이 늦게 흐르기 때문에 발생할 수 있는 현상이다. 실현 불가능한 상상이지만 만약 우주선이 빛의 속도로 움직일 수 있다면 우주선에 탄 사람들의 시간은 흐르지 않을 것이고 그러면 노화도 전혀 없을 것이다. 빛의 속도와 같은 속도를 가진 것은 빛 자체와 중력파다. 그렇기 때문에 빛과 중력파와 공간은 나이를 먹지 않고 영생한다.

빛이 공간 위에 앉아서 같은 속도로 움직이니 공간과 빛, 시간은 친구가 된다. 공간과 빛이 시간의 친구라서 이 둘은 늙지 않고 죽음도 없다. 빛이 늙지 않는다는 말은 간혹 들어봤겠지만 공간도 늙지 않는다는 것은 의외리는 사람들이 꽤 있을 것이다.

만약 공간이 늙는다면 우주에는 심각한 문제가 발생한다. 공간이 죽음을 맞이하면 우주는 종말을 피할 수 없기 때문이다. 반대로 정지한 물체는 시간과 공간의 속도와 차이가 커져서 빨리 늙는다. 이런 것들은 과학적 사실 여부를 떠나 우리들 상상의 지평을 넓혀줄 수 있다.

빅뱅 후 10^{-43} 되는 순간 우주의 네 가지 힘 중 중력이 가장 먼저 분리되어 우리 우주에 등장한다. 이때 우주공간 크기는 $10^{-43} \times$ 빛 속도(3

× 10^{10}cm) = 3 × 10^{-33}cm이다. 이는 원자(10^{-10}m)보다도 훨씬 작은 것으로 어떤 장비로도 관측 불가하다. 이런 고밀도 상태의 우주 온도는 상상조차 어려운 10^{32}℃이다. 우주 전체가 좁은 공간에 응집되어 있으니 그 정도 온도는 되어야 할 것 같기도 하다. 이때까지의 우주 전체의 질량은 제로다. 높은 온도로 인해 물질에 질량을 부여하는 힉스장이 존재하지 않았기 때문이다. 인간의 머리로는 도저히 이해할 수준이 아니다. 전문가들이 그렇다니 그대로 믿을 수밖에 없다.

10^{-36}초에 우주 온도는 10^{28}℃로 내려가고 최초 물질인 소립자 쿼크들이 등장한다. 이렇게 빅뱅 후 10^{-36}초에 우주의 모든 물질이 동시에 생성된 것은 10^{-36}초에 우주가 갑자기 급팽창한 사건과 관련이 있다. 이 시점에서 아인슈타인의 특수상대성이론인 $E = mc^2$ 공식이 적용된다. c^2이 상수니까 에너지가 질량 즉 물질이다. 이때 쿼크와 반물질인 반쿼크들이 동시에 생성된다. 쿼크와 반쿼크들이 결합하면서 최초의 빛인 감마선이 방출된다. 감마선은 이런 고온에서 생성되었으므로 파장이 10^{-11}m 이하로 짧고 많은 에너지를 가진다. 눈으로 볼 수 있는 가시광선(약 10^{-9}m)은 아직 생성되지 못한다.

실질적 빅뱅 순간이라고 볼 수 있는 우주 급팽창 당시 우주공간은 순간적으로 10^{30}~10^{100}배까지 팽창했다.(『우주의 구조』 브라이언 그린 지음 / 박병철 옮김 참조)

이때 팽창 속도는 빛보다 수 십조 배 이상 빠른, 이 또한 인간의 머리로는 도저히 상상조차 할 수 없는 속도로 순간적으로 커졌다. 아인슈타인의 특수상대성이론에 의하면 물질은 빛 속도보다 커지는 것이 허용되지 않는다. 하지만 물질이 아닌 공간은 빛 속도보다 커져도 특수상대성이론에 위배되지 않는다. 급팽창이론은 미국 이론 물리학자인 앨런 하비 구스(Alan Harvey Guth)가 1979년 발표했다. 그는 급팽창이론으로 무명의 연구자에서 일약 세계 물리학계의 중심 학자로 떠올랐다.

빅뱅 후 3분 정도 될 때까지 우주의 일생을 좌우할 중요한 사건들이 일어난다. 미국 이론 물리학자인 스티븐 와인버그(Steven Weinberg)의 유명한 저서 『최초의 3분』이라는 책은 빅뱅 후 3분까지 일어난 물질의 생성을 설명하고 있다. 그는 입자물리학의 표준 모형을 완성한 공로로 1979년 노벨 물리학상을 수상했다. 중요 내용을 보면 빅뱅 후 1초 전에 양성자, 중성자, 전자, 중성미자 및 다량의 감마선이 생성되었다. 이 시기의 우주공간 온도는 최초 물질이 생성된 10^{-36}초에 $10^{28}°C$에서 빅뱅 후 1초에는 100억°C까지 떨어졌다. 3분이 되는 10억°C에서는 수소와 헬륨의 원자핵이 생성되었다. 그때까지 수소원자는 생성되지 못했다.

3분까지는 우주공간 온도가 높아 양성자와 전자가 서로 결합하지 못해 원자는 만들어지지 못했다. 그래서 우주의 모든 물질이 양성자, 중성자, 전자, 광자로 분리된 플라즈마(Plasma) 상태로 존재했다. 시간이 지나면서 우주가 계속 팽창함에 따라 온도는 지속적으로 떨어졌다. 빅뱅 후 38만 년쯤 되는 시점에서 우주 온도가 3천°C 정도에 도달했다. 이로 인해 물질의 충돌 속도가 떨어지면서 양성자, 중성자 주위로 전자가 포획될 수 있었다. 드디어 가장 간단한 원자인 수소와 헬륨 원자가 만들어지기 시작했다. 수소원자는 원자핵 한 개에 전자 한 개로 구성된 가장 단순한 원자이다.

이처럼 우주 물질은 단순한 것부터 복잡한 구조 순서로 만들어졌다. 물질이 만들어지는 데에는 온도가 결정적인 역할을 한다. 수소와 헬륨보다 더 복잡하고 무거운 원자들은 별들 중심에서 수소와 헬륨의 핵융합으로 만들어진다. 이 원자들이 별들과 천 억 개가 넘는 은하들을 만든다. 그렇지만 이 물질들은 우주 전체 물질의 5% 밖에 안 된다. 나머지는 관측할 수 없는 암흑 물질(23%)과 암흑 에너지(72%)다. 이 물질들이 우주의 네 가지 힘에 의해 뭉치고 운동하면서 별과 은하를 만들고 회전한다.

우주의 온도가 내려가면서 10^{-43}초에 중력이 가장 먼저 분류되어 나왔다. 다음으로 10^{-35}초에 강력, 10^{-12}초에 약력, 10^{-6}에 전자기력이 분기되어 나타났다. 이때부터 물질과 우주의 구조가 형성되기 시작했고 지금까지 이어져 왔다. 네 가지 힘은 전달하는 매개입자가 존재한다. 중력은 중력자, 강력은 글루온, 약력은 W, Z 보손입자이고, 전자기력은 광자가 매개입자이다. 중력은 모든 물질끼리 서로 당기는 인력을 가진 힘이다. 중력은 거시세계에 주로 작용한다. 강력은 원자핵 속에 있는 양성자의 구성 성분인 쿼크들을 글루온으로 묶는 우주에서 가장 강력한 힘이다.

약력은 원자핵 내부에서 베타 붕괴(중성자가 양성자, 전자, 중성미자로 변환되는 과정에서 전자와 중성미자가 원자 밖으로 탈출)가 일어날 때 작용하는 힘이다. 이때 나오는 에너지를 활용한 것이 원자폭탄이다. 전자기력은 원자를 구성하고 있는 원자핵 즉 양성자와 전자 사이에 작용하는 인력이다. 전자기력은 전자가 원자핵 주위를 회전하며 발생하는 원심력과 균형을 이루어 전자가 원자핵 주위를 계속 돌게 한다.

거시 단위에 영향을 끼치는 힘이 중력인데 중력은 서로 끌어당기는 인력으로 작용한다. 그렇다면 우주의 많은 물질로 인해 우주는 서로 끌어당겨서 한 점으로 모여서 다시 무로 돌아가야 한다. 그렇지만 우주는 빅뱅부터 138억 년이 지난 지금까지 계속 팽창하고 있다. 그리고 팽창은 앞으로도 계속될 것이다. 그것은 중력을 이기는 두 개의 힘 때문이다. 10^{-36}초에 있었던 급팽창의 힘과 우주 물질의 72%를 차지하는 암흑 에너지의 척력 때문이다. 네 가지 힘 중 강력, 약력, 전자기력에 의해 원자들이 생성되었고, 중력이 작용하여 덩어리로 응집하면서 별과 은하가 되어 운행되고 있다.

뉴욕시립대 교수이자 물리학자인 미치오 카쿠(Michio Kaku)는 『평행우주』를 통해 다음과 같이 말했다.

'우주적인 규모에서 힘을 생각할 때 중력을 중요하게 생각한다. 중력은 전자기력과 비교가 안 될 정도로 작은 힘에 불과하다지만 우주적인 스케일에서 전자기력을 특별히 문제 삼는 경우는 없다. 우주에 존재하는 양전하와 음전하의 양이 정확하게 같아서 전체적으로 보면 전하가 아예 없는 것과 같기 때문이다. 이처럼 우주의 네 가지 힘은 미시적, 거시적 차원에서 한 치의 오차도 없이 작동된다.'

현재까지는 큰 스케일 단위에서는 중력보다 암흑 에너지가 큰 것으로 관측되고 있다. 이 때문에 우주는 끝없이 팽창하면서 모든 물질이 뿔뿔이 흩어지게 된다. 이 팽창으로 인해 우주의 온도는 점점 내려가고 현재 우주 온도인 -271℃의 온도를 절대 온도인 -273℃까지 끌어내린다. 그것은 우주의 모든 물질의 운동을 정지시키는 원인이 된다. 다시 별을 만들지 못하고 우주는 빛을 만들 수 있는 에너지를 모두 소진하게 된다. 더 세월이 흐르면 우주는 얼어서 종말을 고하게 된다. 이때도 살아남는 것이 양성자이다.

양성자는 쿼크들이 우주의 네 가지 힘 중 가장 강한 강력에 의해 결합된 것이다. 그때까지 강력을 분리할 힘이 존재하지 않기 때문이다. 빅뱅 초기 10^{-35}초에 강력이 분리되었는데, 이때의 우주공간 온도가 10^{27}℃다. 이렇게 높은 온도는 우주가 종말을 고할 때까지 별의 폭발이나 어떤 힘으로도 만들 수 없다. 그래서 양성자는 해체되지 않고 보존된다. 우주의 종말보다 긴 수명이 예상된다.

우주의 질서를 좌우하는 것은 힘이다. 프리드리히 니체(Friedrich Wilhelm Nietzsche)가 형이상학의 종말을 선언하고 힘에의 의지를 주장한 것과 연결된다.

우주의 종말은 수 천조 년도 넘는 미래의 일로 인간과는 전혀 관련이 없는 일이다. 인류는 앞으로 몇 만 년 더 생존하는 것도 버거워 보인다. 우주는 이런 짧은 인류의 수명에 비하면 영겁에 가까운 수명을 가지고 있다. 그동안 인간과 같은 많은 문명이 생멸을 반복할 수 있다. 과거 우주의 어느 시기에 인류보다 먼저 문명을 이루었다가 멸종한 수많은 종이 있을 수 있다. 현재나 미래에도 많은 문명이 우주의 먼 곳에서 꽃을 피우고 있을 수도 있다.

 # 우주의 탄생과 성장, 종말의 과정에 인간은 찰나의 순간 정도의 짧은 기간 동안 탄생 후, 희로애락을 반복하다가 멸종하게 된다. 인류 전체가 겸손해야 하는 이유다.

우주는 물질이자 에너지이다

　우주의 탄생과 종말 과정을 분석해보면 우주 만물은 형태만 다를 뿐 결국 에너지가 변형된 수많은 다른 형식이다. 빅뱅 당시의 에너지를 물질과 힘이라는 형태로 조금씩 분배 받아 움직이고 있다. 기능적 특성에 따라 모습만 다르게 나타난다. 또 다른 특징은 에너지를 분배 받고 운동하는 과정이 우주의 4가지 힘에 따라 매우 정교한 규칙을 띤다는 것이다.

　불규칙하게 뒤죽박죽인 게 아니다. 우주가 어떤 규칙을 갖지 않았다면 지금의 우주는 존재할 수 없다. 지구상의 다양한 식물과 동물은 물론 인간도 존재할 수 없다.

빅뱅의 비밀을 풀어보려는 인간의 노력

우주에서 가장 중요한 역할을 담당하는 것은 에너지이다. 단순히 기능으로서 중요한 것이 아니라 에너지가 우주 자체이다. 우주는 138억 년 전 무한히 작은 한 점의 에너지 덩어리에서 빅뱅 사건으로 인해 출발되었다. 한 점의 에너지가 물질로, 공간으로, 힘으로 분기되어 나와 여러 가지 형태로 나타났다. 인간의 육체나 정신 활동을 포함한 우리가 보는 모든 물질은 에너지의 다른 형태이다. 이것을 아인슈타인은 에너지와 물질 사이에 $E=mc^2$이라는 관계가 존재함으로 밝혀냈다.

물질의 질량(m)에 빛의 속도(c)를 제곱한 값을 곱하면 에너지(E)가 된다는 것이다. 이 식은 에너지와 질량 즉 물질이 동일한 것임을 말해준다. 빛의 속도인 30만km를 제곱승하면 엄청나게 큰 숫자가 된다. 그래서 아주 작은 물질이라도 엄청나게 많은 에너지를 발생시킬 수 있다. 그렇지만 양성자의 질량(1.672614×10^{-27}kg)이 작기 때문에 한 개 양성자의 결합 에너지는 작다. 양성자의 크기가 1.75×10^{-13}cm로 작아서 1㎤ 부피 속에 들어길 수 있는 양성자수가 1.7×10^{37}개가 된다. 질량은 280억 kg의 큰 수가 나온다. 여기서 나오는 에너지 크기는 엄청나다. C^2 만큼의 큰 에너지가 작은 양성자에 축적되어 있다가 빛 에너지로 분출된다.

작은 물질 속에도 큰 에너지가 있을 수 있다는 것을 이해하기 위해서는 큰 에너지가 축적된 과정을 알아야 한다.

양성자는 빅뱅 후 10^{-6} 초에 생성되었다. 이때의 우주공간 온도는 무려 10조°C이다. 이런 높은 온도로 인해 고에너지가 양성자와 중성자에 응축되어 있는 것이다. 이것이 전부가 아니다. 양성자나 중성자 내부는 쿼크가 글루온으로 묶여 있는 형태이다. 이들은 빅뱅 후 10^{-36}초의 10^{28}°C나 되는 우주 온도에서 만들어졌다. 이런 엄청난 에너지를 쿼크와 쿼크 사이를 결합시키는 글루온이 가지고 있다.

브라이언 콕스(Brian Cox)와 제프 포셔(Jeff Forshaw)가 공저한 『퀀텀 유니버스(The Quantum Universe)』에 언급된 내용을 보면 쿼크와 글루온의 응축에 의해 진공 1㎥당 저장 에너지는 10^{45} 줄(Joule)이라고 한다. 1J은 1kg의 물체를 1m 만큼 움직이는 데 필요한 에너지를 말한다. 진공 1㎥당 저장된 에너지는 실로 엄청난 크기이다. 그래서 쿼크의 결합으로 된 양성자에 엄청난 크기의 에너지가 응집되어 있는 것이다. 그런데 지금이나 미래의 우주 어디에서도 이들을 분리할 만큼의 온도는 출현할 수 없다. 그래서 양성자는 분리될 수 없고 수명은 영원에 가깝다.

우주 초기에 에너지에서 물질이 형성될 때 엄청난 에너지가 상전이(相轉移)되어 물질이 된다. 우주가 팽창하고 온도가 낮아지면서 강력, 약력, 전자기력이 활성화되고 다양한 물질이 나온다. 물질이 다시 에너지로 전환되려면 이런 힘들이 분리되어 에너지 형태로 변경되어야 한다. 이때 필요한 것은 물질이 만들어질 당시와 같은 높은 에너지이다. 최근 들어 인간은 엄청나게 큰 양성자 가속기를 만들어서 빅뱅 초기와 유사한 환경을 만들고 있다. 겨우 수 십억 분의 1g도 되지 않는 양성자 충돌을 위해 둘레 27km의 엄청난 구조물이 필요하다. 빅뱅의 비밀을 밝혀보려는 인간의 가상한 노력이다. 빅뱅 후 10^{-36}초에 에너지가 모든 우주 물질이 되었을 때 힘은 상상조차 불가능하다.

우주의 모든 물질과 공간의 팽창, 별 중심부 핵융합, 빛 등 모든 것은 에너지의 다른 형태이다. 눈에 보이거나 보이지 않거나 우주에 존재하는 모든 것은 에너지의 변형된 모습이다. 이 과정을 정확히 이해해야 할 필요는 없겠지만 본질은 물질이고 에너지라는 것은 기억해야 한다. 물질이 정신의 하위 존재가 아니라 정신을 포함한 모든 것의 원천이라는 사고의 전환을 위해서다.

다만 우리는 인간이기 때문에 물질의 지배를 받지 않고 자유의지를 가지고 살기를 원할 뿐이다. 그러나 자유의지를 작동시키는 것도 물질의 집합체인 뇌다.

 # 인간은 불완전하지만 완전한 본질을 알아보려는 호기심을 가진다. 물질과 정신은 둘 다 소중하다. 모든 것의 근원은 우주 에너지이며, 이 또한 물질이기 때문이다.

인간이 우주의 힘을 거스르거나 변형할 수 있을까?

　생명의 본질과 근원은 에너지이다. 모든 에너지는 빅뱅 순간 한꺼번에 우주로 들어왔다. 빅뱅 순간의 에너지 중 일부가 시공간과 우주의 모든 소립자 그리고 모든 물질들을 만들었다. 또한 우주의 네 가지 힘을 만들었다. 우주의 모든 것은 에너지가 변형된 것이다. 에너지가 지구의 다양한 생물과 인간 사회의 역동성을 만들었다. 우주 에너지가 물질로 변형되는 과정과 우주 에너지에 대해 알아보는 것은 본질과 뿌리를 찾는 행위라 할 수 있다.

　현실 생활과는 뚝 떨어져 있는 것처럼 보이는 우주 에너지는 우리 인간의 희로애락, 탄생에서부터 죽음에 이르기까지 그리고 인류사 전체에 철저한 영향을 미친다. 왜냐하면 인간에게 가장 중요한 문제인 생존은 곧 에너지와 밀접한 관련이 있기 때문이다.

인간 역시 에너지가 변형된 또 다른 형태일 뿐이다. 더욱이 우리 삶은 결국 생존을 위한 물질, 즉 에너지를 확보하기 위한 일련의 활동이다. 이를 위해 인간은 삶에서 가장 많은 시간을 소비하며 치열한 경쟁을 한다. 우주 에너지의 흐름을 알아야 인간의 실체적 본질에도 접근할 수 있다는 것은 어쩌면 너무 당연한 소리다.

만물의 영장인 인간이 고작 우주 에너지의 변형된 형태라는 사실을 쉽게 받아들일 수 없는 사람도 있을 것이다. 하지만 인간이 에너지라고 해서 인간의 존엄이나 특별함이 훼손되는 것은 아니다. 그렇게 단순한 에너지의 조합은 아니기 때문이다.

인간을 제외한 나머지 우주 만물은 우주의 네 가지 힘이 미치는 영향에 순응한다. 네 가지 우주의 힘은 에너지를 조합하고 질서 있게 유지하고 움직이도록 한다. 하지만 인간은 이 힘들을 활용하여 에너지들 효과적으로 실생활에 이용한다. 이런 능력을 발휘하는 존재는 우리가 아는 한 인간이 우주 만물 중에서 유일하다. 인간은 수 천 조, 수 경 분의 1보다 낮은 가능성의 기적 같은 일들을 하고 있다. 만약 인간이 없다면 우주는 죽은 것이라 해도 무방할 정도로 모든 인간 각자의 행위는 특별하고 귀하다.

인간 세상의 기준에서 발생하는 차이(이를테면 경제적 부나 권력, 명예에 따른)는 인간이라는 존재 그 자체의 가치에는 아무런 영향을 미치지 못한다. 큰 조직의 리더로서 하는 일이나 최저 시급을 받으며 하는 일이나 인간의 행위가 지니는 본질적 가치 면에서는 동일한 것이다. 한 끼에 수 십만 원이 훌쩍 넘는 파인 다이닝 레스토랑에서의 고급스러운 식사나 편의점에서 서서 때우는 몇 천 원짜리 한 끼나 동일하게 고귀한 행위다.

사회 시스템 내에서 상단에 자리 잡았다고 인간의 가치가 달라지지 않는다. 하루 생존을 위한 자원 동원 능력으로 삶의 가치를 판단하는 것은 우주적 관점에서 매우 잘못된 일이다.

가장 큰 가치를 가지는 것은?

가장 큰 가치를 가지는 것은 소립자, 원자, 분자와 인간 존재와 삶 자체이다. 멋진 빌딩, 비싼 물건과 음식에 부여되는 가중치보다 사회 시스템과 축적된 지식의 가중치가 훨씬 크다. 최종단에서 활용하는 주체만 다를 뿐이다. 인간을 둘러싼 조건들, 인류사와 사회가 제공해 준 물질과 권력이 인간의 본질적 가치는 아니다. 상대적 만족은 허상일 뿐이다. 그 허상을 삶의 진정한 가치와 저울질하는 것은 어리석음이다.

그럼에도 불구하고 현실은 그 허상을 간절히 열망하고 좇기를 독려한다. 138억 년 우주의 역사 중에 고작 100년 남짓한 우리의 생존 기간을 허상을 추구하는 것에 소비하는 우(愚)를 범해서는 안 될 일이다.

인간은 지구 중력보다 센 힘을 활용해 비행기, 우주선, 통신위성을 만들고 사용한다. 전자기력은 전기를 비롯해 모든 전자제품에서 광범위하게 활용한다. 인간의 감각 인식, 정신 활동도 전자기력이 작동한 결과다. 약력을 활용하여 원자력발전소와 핵폭탄을 가졌고, 언젠가는 영원한 에너지원이 될 인공 태양까지 만들 것이다. 약력보다 훨씬 큰 강력을 활용하는 것은 지금도 미래에도 불가능하다. 우리는 우주의 힘을 변형시키거나 거스를 수는 없고, 단지 일부를 활용할 뿐이다.

본질과 관련된 예를 들어보자.

슈퍼컴퓨터, 스마트폰, AI 로봇 등의 첨단 제품들의 핵심은 반도체다. 반도체는 FET라는 수많은 트랜지스터들의 조합이다. FET 트랜지스터는 실리콘 소자로 이루어진 매우 간단한 구조로, 소스(Source), 드레인(Drain), 게이트(Gate)의 세 개 영역으로 구성되어 있다. 이 FET가 모든 첨단 전자제품의 기본이다. FET의 소재인 실리콘은 우주 기본 물질 92가지 원소 중 14번 원소이다. 실리콘은 별에서 만들어져 초신성 폭발 시 우주로 뿌려진 것이다. 실리콘은 전기가 잘 통하는 도체와 전혀 통하지 않는 부도체의 중간 성질을 가진다. 이 성질을 이용하여 FET와 집적도 높은 반도체 그리고 첨단 전자제품을 만든다.

스마트폰이나 컴퓨터 사용자들이 모두 FET에 대해 알아야 할 필요는 없다. 하지만 반도체를 만드는 사람들은 FET를 반드시 알아야 한다. 사용자들은 최종 제품의 효용성만 느끼지만 그 제품의 가치를 만드는 기본인 본질에 대해서는 모른다. 스마트폰은 실리콘 소재나 가장 낮은 단위의 FET가 없다면 존재할 수 없다. 그보다 더 본질적인 것이 있다. 이들 제품에 빅뱅 후 1초 전에 우주가 만든 물질과 에너지에서 분기된 힘인 전자기력, 약력, 강력이 작동되고 있다. 인간은 우주가 제공하는 힘과 소재들을 가지고 경우의 수를 조합하고 재배열할 뿐이다.

우주 자체도 탄생과 성장, 종말의 과정을 거친다. 소립자부터 원자, 분자, 별, 은하, 인간 모두 탄생과 성장, 종말이 있다. 모든 물질과 생물은 우주 전체 에너지에서 조금씩 에너지를 분배 받아 특정 기간 존재한다. 탄생 후 성장하다가 다시 우주 에너지로 돌아간다. 인간이라고 다를 것이 없다. 지구의 모든 식물과 동물 그리고 인간은 외부로부터 에너지를 지속적으로 받아서 생명을 유지한다. 외부로부터 얻은 에너지 대부분은 생명 유지에 사용되고 일부는 존재의 특징을 나타내는 데에 사용된다. 이런 특별한 형식의 존재들은 우주적으로 매우 귀하다. 그 중에서도 인간은 우주 본질을 알려는 호기심을 가지고 우주 에너지와 힘을 활용하려고 하는 존재다. 그 가치는 더 말할 나위 없는 것이다.

이런 에너지의 역할은 절대적이고 영원불변이다. 작은 핵폭탄 하나가 지닌 위력이나 100억 년 넘게 빛나게 될 태양은 모두 우주 에너지 때문이다. 인간도 생존하기 위한 에너지를 얻기 위해 치열한 경쟁을 하고 있다. 지구상 모든 에너지의 원천은 태양이다. 태양이 없으면 지구도 인간도 존재할 수 없다.

20세기부터 현재까지 인류는 석유와 석탄 에너지를 가지고 생존해왔다. 이제 서서히 석유와 석탄 에너지로부터 벗어나려는 여러 혁신들이 가시화되고 있다. 인류의 마지막 에너지원은 태양과 같은 원리로 에너지를 생산하는 핵융합 인공 태양이 될 것이다.

 # 2050년 정도에 인공 태양이 상용화된다면 인류의 삶에 새로운 세상이 펼쳐질 것이다. 인류 역사는 에너지를 얻기 위한 과정에 다름 아니다.

고작 4.9%를 알고 있다

　물질이 곧 에너지이므로 우주 전체 에너지가 얼마인지 알려면 우주 전체 물질의 양부터 알아야 한다.
　유럽우주국(ESA) 플랑크 위성의 관측 결과 우주는 빛을 포함한 물질 4.9%, 암흑 물질 25.9%, 암흑 에너지 69.2%로 구성되어 있다. (『빅뱅의 메아리』/ 이강환 지음 참조.) 수 천억 개의 은하와 행성들, 우주 먼지 그리고 빛들 전부가 차지하는 비중이 고작 4.9%에 불과하다. 나머지 95.1%는 암흑 에너지와 암흑 물질이다. 암흑 에너지와 암흑 물질에 대해서는 아직까지 알려진 것이 별로 없다. 반면에 일반 물질과 광자에 대해서는 비교적 많은 지식이 축적되어 있다. 그래서 아직은 우주의 4.9%를 차지하는 물질과 빛이 가지는 에너지를 중심으로 살펴볼 수밖에 없다.

4.9%의 물질과 빛이 지닌 우주 에너지는 일반적으로 우주라고 생각하는 관측 가능한 영역에 있는 물질과 광자가 가지는 에너지와 관측 불가능한 영역에 있는 물질과 광자가 가지는 에너지로 나눌 수 있다. 관측 가능한 우주에 존재하는 은하는 수 천억 개로 추산한다. 관측 가능한 영역의 우주는 직경 930억 광년이다. 수 천억 개의 은하를 이루는 모든 물질 역시 기본은 원자이고 원자는 원자핵과 전자의 조합이다. 원자핵의 기본은 양성자이다. 수 천억 개의 은하가 가진 양성자와 전자의 수는 각각 10^{80}개와 10^{80}개라고 한다. 양성자 질량은 1.672614×10^{-27}kg이고 전자는 이보다 2천 배 정도 가볍다.

일단 이 정도로만 알아 두기로 하고, 여기에 아인슈타인 특수상대성이론에서 나온 공식 $E = mc^2$를 적용하면 우주 전체 에너지를 계산할 수 있다. 물론 이것은 관측 가능한 930억 광년 내에 있는 물질이 가지는 에너지만이다. 우주 물질의 대부분을 차지하는 암흑 물질과 암흑 에너지는 제외된 것이다. 또 다른 한 가지 고려되어야 할 것은 빅뱅 후 10^{-36}초에 현재 존재하는 물질보다 10억 배가 많이 생성된 물질인 쿼크와 반물질인 반쿼크이다. 쿼크와 반쿼크는 생성 직후 결합하여 감마선으로 사라졌다. 이때 사라진 광자인 감마선의 개수가 10^{89}개이다. 현재 존재하는 천 억 개의 은하에 존재하는 모든 별, 행성들, 성간 물질 모두는 10억 개 당 1개의 물질이 살아남은 것이다. 양성자

10^{80}개, 전자 10^{80}개, 광자 10^{89}개의 물질과 빛이 이루는 에너지가 우주의 4.9%를 차지하는 것이다.

관측 불가능한 우주에는

관측 불가능한 우주 물질의 양은 관측 가능한 우주 물질 양보다 수십조 배 이상 많을 수 있다. 우주 초기 급팽창의 최소 수치로 예상하는 10^{30}배로 계산해보더라도 930억 광년의 10^{27}배가 넘는다. 관측 불가능한 영역의 은하와 별들의 수는 대략 관측 불가능한 우주 크기에 비례한다고 볼 수 있다. 우주배경복사가 전 우주에 일정하게 분포한 것으로 그런 추측이 가능한 것이다. 그러므로 관측 불가능한 우주에는 수천억 개의 은하보다 수 십조 배 이상 많은 에너지가 존재할 것이다.

그런데 우주에는 두 영역의 물질과 광자가 가진 에너지보다 훨씬 더 큰 에너지가 존재한다. 그것이 바로 우주 전체 에너지의 69.2%를 차지하는 암흑 에너지와 25.9%를 차지하는 암흑 물질이다. 이것까지 감안해 빅뱅 당시 우주로 유입된 에너지 전체를 짐작해볼 수 있다. 이에 더해 공간 자체가 가지는 에너지도 생각해볼 수 있다. 공간도 물질의 한 형태이므로 많은 에너지가 축적되어 있을 것이다. 또한 우주공간 전체에 가득 차 있는 힉스 입자나 음전자의 에너지도 생각해볼 수 있다. 이 정도면 우주 전체의 에너지를 대략 짐작해본 것 같다. 결론은 가히 가늠되지 않는 어마어마한 에너지가 우주공간 안에 존재한다는 것이다.

얼마나 큰지 감조차 잡히지 않을 우주공간의 에너지 양을 쓸데없이 유추해본 것은 본질의 뿌리가 에너지라는 것을 다시 한번 강조하기 위함이다. 이 에너지를 중심으로 우주는 움직인다. 엄청난 질량이 중력으로 작용하면 모든 물질이 한 점으로 모여들어 다시 무가 되어야 한다. 그러나 우주는 우주 초기 급팽창과 암흑 에너지의 척력으로 인해 지속적으로 팽창하고 있다. 팽창 속도는 더 빨라지고 있다. 지금도 우주 양 끝단 간의 팽창 속도는 빛보다 훨씬 빠른데 미래의 팽창 속도는 짐작할 수도 없는 수준이 될 것이다.

 # 우주의 구성과 운행을 결정하는 것은 에너지다. 아직 정확히 밝혀지지 않은 에너지가 95% 이상이지만 인간은 세대를 이어 그 비밀을 푸는 노력을 지속할 것이다.

태양은 어떻게 120억 년 동안 빛나고 있을까

불과 얼마 전까지만 해도 태양은 생명의 원천이며 언젠가 석유 에너지를 대체할 에너지원이라고 말하면 그저 막연한 미래의 일이라는 생각이 들 뿐 실감할 수 없었다. 그런데 최근 들어 태양 에너지가 우리 실생활에 깊숙이 들어오고 있다는 것을 느낄 수 있다. 현재 속도대로라 하더라도 2050년도가 넘는 어느 시점에서는 인류의 에너지원이 석유에서 핵융합 에너지인 인공 태양으로 대체될 것이다.

석유도 태양 에너지로부터 온 것이다. 미래의 인간은 종말을 맞을 때까지 태양의 빛과 태양 빛을 내는 원리를 활용해서 살게 된다. 태양 빛과 태양 중심부 수소 핵융합은 과학이 아니라 생명의 근원이다.

태양이 생존할 수 있는 이유

태양의 직경은 약 140만km이다. 지구의 직경은 약 1.3만km이므로 지구의 100배가 넘는 크기다. 태양의 질량은 2×10^{30}kg이고, 지구는 6×10^{24}kg이므로 지구에 비해 약 33만 배 무겁다. 태양의 질량에 따른 엄청난 중력 때문에 태양 중심부는 엄청난 고온과 압력을 가지게 된다. 10만°C 이상 온도에서는 원자핵에 묶여 있던 전자가 궤도를 이탈한다. 양성자와 전자가 별개로 섞이는 플라즈마 형태가 된다. 그리고 수 백만°C 이상에서는 양성자들이 가까워지면서 약한 핵력을 상호작용한다. 이때 양성자는 양전자와 중성미자를 방출하면서 중성자로 변하고 양성자와 전자는 결합하여 중성자가 된다. 이 과정에서 엄청난 크기로 발생하는 에너지가 융합 에너지다.

이때 한 개의 원자핵이 결합하면서 발생하는 에너지는 무시할 수 있을 정도로 작다. 양성자의 크기는 1.75×10^{-15}m로 매우 작다. 그래서 1㎤ 부피 속에 들어갈 수 있는 양성자 수는 1변당 5.7×10^{12}가 된다. 그래서 1㎤ 부피 속에 1.7×10^{17}개의 양성자가 들어갈 수 있다. 이 정도의 양성자가 융합하면 작은 도시가 1년 동안 소비하는 에너지와 비슷한 양의 에너지가 발생한다. 태양의 약 10%를 차지하는 중심부 온도는 1천만°C 이상이 된다. 1천만°C 가량 되는 시점부터 수소 4개가 융합하여 한 개의 헬륨으로 변경된다. 이때 4개의 수소가 합쳐진 질량과 헬륨으로 변경되었을 때의 질량은 약 0.7% 정도 차이가 발생한다.

이때 발생한 질량 차이가 $E = mc^2$ 공식에 의해 질량과 c^2의 곱에 해당하는 에너지가 발생한다. 이 에너지가 순간적으로 폭발하면서 바깥 쪽으로 척력이 발생한다. 척력은 태양의 질량에 의한 중력 때문에 태양 중심을 향해서 발생하는 압력과 정확히 반대다. 척력과 압력이 균형을 이루어 현재 태양의 크기를 지속적으로 유지하게 된다. 태양이 무거운 질량의 중력 때문에 중심부로 붕괴하지 않기 위해서는 많은 양의 수소가 필요하다.

태양 질량의 약 1/10이 되는 중심부에서 1초에 6억 톤씩 수소가 핵융합하면서 헬륨으로 바뀐다. 6억 톤의 0.7%인 420만 톤의 질량이 빛으로 변경되어 방출된다. 나머지 99.3%의 질량은 헬륨으로 변경되기 때문에 태양의 질량 손실율은 크지 않다. 이 정도의 에너지는 1초에 핵폭탄 1조 개가 폭발하는 것과 비슷한 양의 에너지다. 1초에 손실되는 420만 톤이 100억 년 동안 계속되면 4.2×10^6톤 $\times 60$초 $\times 60$분 $\times 24 \times 365 \times 100 \times 10^8$억 년 $= 1.3 \times 10^{24}$톤이다. 이것은 태양 전체 질량인 1.99×10^{27}톤의 0.7%에 해당하는 양이다. 그래서 태양은 100억 년 이상 빛을 내면서 생존할 수 있다.

이때 발생된 빛은 곧바로 우주로 방출되지 못한다. 70만km나 되는 태양 반경을 벗어나기 위해서는 수많은 물질과 빛을 충돌하며 뚫고 나가야 한다. 태양의 구성 성분은 우주의 구성 성분 비율과 비슷하다. 수소가 약 73%, 헬륨 24% 그리고 3%의 기타는 리튬, 산소 등 주기율표의 나머지 90여 개 원소들이다. 그래서 질량의 대부분이 수소와 헬륨이라고 보면 된다.

태양과 인간을 포함한 모든 만물은 생존을 위한 에너지를 필요로 한다. 또한 각각의 기능에 맞는 역할을 하기 위해서도 에너지가 필요하다. 그 과정에서 여러 가지 의미가 부여된다. 태양은 빛을 내고 인간은 그 빛을 받아서 자유로운 의지를 가진 삶을 영위할 수 있다. 인간이라는 고귀한 존재가 태양과 같은 물질에 의존할 수밖에 없다는 결론인 것 같아 마음이 불편하기도 하다.

하지만 그것이 사실이라면 우선 받아들이고 인간 존재의 의미는 다른 곳에서 찾아야 할 것이다.

 # 인간의 삶은 생존하기 위함에 다름 아니다. 생존의 근원은 에너지다. 모든 에너지는 빅뱅 초기에 만들어졌다.

지구, 별, 우주 그리고 인간의 종말

　만약 인간 종말의 원인이 예상된다면, 그 시점이 정확히 언제인지는 모르지만 결국 온다면, 어떻게 해야 할까? 일단 시간과 비용이 얼마가 들더라도 대비를 해야 할 것이다. 냉정하게 들릴지는 몰라도 개별 인간에 대해서는 비용과 효율을 따질 수도 있다. 하지만 인류 전체에 대한 문제는 비용이나 효율을 계산할 일이 아니다. 인류 전체의 목적은 인류의 생존 그 이상도 이하도 아니기 때문이다.
　인류 종말에 대한 시나리오는 다양하게 제시되고 있다.
　6,500만 년 전 멕시코 남동부 유카탄(Yucatán) 반도에서 일어났던 소행성 충돌은 1억 년 이상 지구를 지배한 공룡을 멸종케 했다. 크기가

수 km가 넘는 소행성의 충돌은 약 1억 년 주기로 일어난다. 중생대 백악기 공룡의 멸종이 6,500만 년 전 일이므로 수 km가 넘는 소행성의 충돌은 앞으로 언제라도 일어날 수 있는 일이다. 다시 소행성 충돌이 일어나면 지구에 존재하는 모든 생물은 멸종하게 된다.

과거의 소행성 충돌로 인한 종의 멸종은 속수무책 당할 수밖에 없는 일이었다. 하지만 현 시점에서 미래의 대규모 소행성 충돌이 예견된다면 인류의 생존을 위해 인간은 이를 막아내야 한다. 이미 수십 년 전 화제가 되었던 〈딥 임팩트(Deep Impact)〉니 〈아마겟돈(Armageddon)〉이니 하는 할리우드 SF 영화가 아니라 현실의 이야기다. 우주에 대한 이해와 지속적인 탐구가 필요한 이유이기도 하다.

수 천만 년 단위로 일어날 수도 있는 일 때문에 고작 해야 100년 정도 살고 말 나까지 굳이 고민할 필요가 있냐고 할 수도 있다. 그러나 지금의 나는 미래 인류의 조상이다. 내 자손들의 생존을 위한 일에 필요성을 따진다는 것은 말이 안 된다.

이 외에도 핵전쟁, 지구 온난화, 대규모 화산 폭발, 빙하기 등 인류 종말의 원인이 될 수 있는 사건들은 매우 많다. 이 중 소행성 충돌을 제외하면 인류의 완전한 멸종은 피할 수 있을지 모르지만 대처하기는 더 어려울 것이다. 반면 과학이 더 발전할 미래에는 소행성 충돌로 인한 인류 멸종에 대해서는 오히려 더 쉽게 대응할 수도 있다.

지구환경의 변화로 인해 더 이상 인간이 지구에서 살 수 없게 될 수도 있다. 그렇게 되면 인간은 지구 이외의 행성인 화성이나 목성의 위성 정도로 이주해 새로운 거처를 마련하고 인류의 지속적인 생존을 도모하게 될 것이다. 그러니 우주를 이해하고 탐구해야만 하는 이보다 더 큰 이유는 없을 것이다.

인류 종말보다 시간적으로 훨씬 더 먼 미래이긴 하지만 인간의 노력으로 피할 수 없는 지구의 종말도 예정되어 있다. 지구의 운명은 태양에 의해서 결정되는 것으로 태양 부피가 지금보다 100배 이상 커지는 적색거성 단계에 이르면 지구는 태양에 흡수되거나 태양 궤도에서 이탈하면서 종말을 맞이하게 된다. 물론 인류 종말 이후 한참 뒤인 수십억 년 후에나 일어날 사건이기 때문에 지금의 인류가 걱정할 일은 아니다. 하지만 본질을 알고자 한다면 인간과 지구의 종말이 우주에 의해 결정된다는 것을 알아야 한다. 인간은 결국 우주로부터 와서 우주로 돌아갈 운명이다.

인간 생존의 가장 큰 위협은 인간이다

별의 수명은 별의 질량이 결정하고, 지구의 운명은 태양이 좌우한다. 인간은 스스로 종말을 재촉하지만 않는다면 지구환경에 의해 종말이 결정된다.

별은 질량 크기에 비례한 속도로 중심부의 온도가 올라가고 핵융합 속도가 결정된다. 핵융합 속도가 별의 수명을 재촉한다. 질량은 에너지이므로 에너지가 만물의 수명을 결정한다. 우주가 한 점으로 모이게 되어 질량이 무한대에 가까울 만큼 커지면 우주 물질은 즉시 사라진다. 모든 것이 에너지로 바뀌기 때문이다. 우주의 탄생도 빅뱅의 순간 에너지가 물질로 변하는 과정이다. 이때의 에너지 크기가 만물의 탄생과 삶, 종말에 영향을 미친다.

태양 중심부의 수소 핵융합으로 약 100억 년 동안 수소가 헬륨으로 변경되면 수소가 고갈된다. 그러면 태양 중심부에서 일어나던 핵폭발은 중단된다. 태양의 중심부는 점점 더 내부로 수축하면서 온도가 1억℃까지 올라간다. 이 온도에서 헬륨 원자핵이 탄소로 바뀌는 2차 핵융합이 일어나고, 일부 탄소가 산소와 네온으로 변경된다. 말년에는 거의 3억℃ 가까이 올라가지만 헬륨이 고갈되면서 2차 핵융합도 더 이상 일어나지 못한다. 질량에 의해 내부로 향하는 중력의 압력 때문에 중심부 온도는 더욱 올라간다. 이때 높은 온도가 중심부 위층에 남아 있는 수소의 핵융합을 일으키게 된다.

1차로 중심부에서 수소 핵융합이 일어날 때보다 온도는 훨씬 더 높아진다. 그래서 중심부 위층에서의 수소 핵융합 속도는 훨씬 빠르다. 이로 인해 태양의 바깥층이 커지면 태양은 부피가 늘어나 적색거성이 된다. 이때 약 3천℃의 태양풍이 지구를 덮치면서 지구상의 모든 것들이 타버린다. 이로써 지구의 질량은 작아지고 서서히 태양 궤도에서 이탈하면서 종말을 맞이한다.

SF 영화의 공포스러운 한 장면이 떠오를 것이다. 하지만 불행인지 다행인지 인간은 지구가 이 단계에 도달하기 훨씬 전에 스스로 자초

한 어떠한 이유 또는 지구환경 문제로 멸종했을 것이다. 인간이 존재하지 않는 상황에서 지구는 불타는 종말이 예정되어 있다.

그 후 태양은 헬륨까지 다 소진하고 더 이상의 핵융합이 불가능해져 온도가 2만°C까지 내려간다. 최종적으로 태양 내부는 탄소로 구성된 다이아몬드와 비슷한 형태의 별로 식는다. 결국 검은 별인 백색왜성으로 최후를 맞는다. 백색왜성으로 약 50억 년 이상 더 존재하는 동안 온도는 더 내려간다. 결국 흐릿한 적갈색 별이 되어 수 조 년이 지나면 적외선 빛만 방출하는 죽은 별이 된다. 태양의 종말 시점은 질량의 크기 즉 에너지의 크기에 달려 있다.

태양보다 무거운 별들은 온도가 더 올라가고 탄소는 헬륨과 결합한다. 그래서 산소, 네온, 마그네슘이 되고 마지막에 철이 된다. 태양 질량보다 약 8배 큰 별들은 중성자 별로, 25배 이상 큰 별들은 블랙홀로 빛을 내지 못한 채 최후를 맞는다. 일부 백색왜성들이 다른 별을 포획해서 질량을 키울 수 있다. 하지만 태양 질량의 1.4 배가 되는 순간 폭발을 일으키는데, 이것이 바로 초신성이다. 이때 무거운 원소들이 순간적으로 만들어지면서 우주로 흩어져 다른 별과 행성의 재료가 된다. 결국 지구도, 인간도 초신성 폭발 덕분에 생성된 결과물이다.

별들의 집단인 은하는 암흑 에너지의 영향을 받아 생기는 우주 팽창으로 인하여 서로 멀어진다. 결국 빛보다 빠른 공간 팽창으로 인해 멀리 있는 은하들의 별빛들을 보지 못하게 된다. 오랜 세월이 지나면 우리 은하 내의 별 외에는 우주의 다른 모든 별들은 볼 수 없게 된다.

우주 팽창 속도가 빛보다 빨라 은하 간 거리가 너무 멀어지기 때문이다. 다른 별에서 방출된 빛은 우리 은하에 절대 도달할 수 없다. 우리 눈에 띄는 은하들은 더 이상 존재하지 않게 된다. 차가운 우주공간에는 보이지 않는 별개의 죽은 별들만이 곳곳에 흩어져서 존재한다. 의미 없는 쓸쓸한 우주가 된다.

온도는 우주의 모든 물질 탄생에 직접적인 역할을 했지만, 우주의 종말에도 관여한다. 현재의 은하 간 공간의 온도는 -271℃다. 앞으로도 우주는 암흑 에너지에 의해 점점 더 가속해서 팽창한다. 긴 세월이 흘러 우주 온도가 절대 온도인 -273℃까지 도달하게 된다. 이때는 별의 온도가 영향을 미치는 공간을 제외하고, 은하 공간에 존재하는 모든 물질의 운동이 정지한다. 더 시간이 흐르면 별들도 생명이 다해 해체되고, 별들을 구성하던 물질들이 우주공간으로 흩어진다. 더 이상 우주 먼지들이 뭉쳐서 새로운 별도 만들지 못하게 됨에 따라, 결국은 얼어서 우주 종말을 맞이하게 된다.

한편 우주는 작아져 결국 빅뱅 순간처럼 무한히 작은 한 점으로 끝날 수도 있다. 하지만 현재까지 과학자들의 탐구 결과를 보면 팽창하고 얼어서 종말을 맞이하게 된다고 예측된다. 지구가 불타서 종말을 맞는 것과 정반대다. 이 역시 인간의 종말 이후 한참 먼 미래의 일이다.

 # 인간이 걱정해야 할 것은 인간 스스로가 불러들일 위협이다. 인간 생존에 가장 위협적인 요소는 인간 자체이다.

2장

인간의 존재, 삶, 죽음, 무(無)
― 인생의 방향 키를 누가 쥐게 할 것인가?

우리는 인간이다. 인간으로 태어나 매 순간 귀하고 귀한 우주적 삶을 살아가고 있다. 하지만 인간의 삶, 죽음, 본질 같은 것에 대해 자신의 견해를 피력하는 것은 쉽지 않은 일이라 여기고, 꺼린다. 이런 문제는 전문가 혹은 학자들이나 언급해야 할 사항이라 여기고 큰 관심을 갖지도 않는다.

하지만 계속 이런 상태로 인생을 산다는 것은 마치 여행을 위해 차를 가지고 집을 나섰는데, 목적지나 일정이 전혀 정해지지 않은 것과 같다. 일단 도로를 달리면서 친구들에게 휴대폰으로 의견을 물어보는 것과 비슷한 상황이라 할 것이다. 나의 여행을 친구들에게 맡기거나 충동 구매처럼 즉흥적으로 결정할 수는 없다.

현재까지 인간 개개인의 수명은 짧았고, 생존이 시급한 현안이었으므로 큰 문제가 없었다. 그러나 지금부터는 더 늘어난 수명 만큼 인생 삶의 목적을 실현하기 위해서라도 이런 철학적 질문에 대한 나만의 답을 고민해야 한다.

　의미 있는 삶 혹은 바람직한 삶의 방식으로 특별히 정해진 것은 없다. 모든 사람들은 본인이 의식하지 않더라도 인간 공통의 삶의 목적을 실현하기 위한 방향으로 살아간다. 그것을 위해 우리는 이렇게 열심히 사는 것이다. 그래서 인간과 우주에 대해 고민하고 배워야 한다. 하지만 평생 배우기만 한다면 무슨 의미가 있는가!

　우주의 독립적인 존재로서 정보를 생산하고 세상에 내놓을 수 있어야 한다. 학력이나 지위와 상관없이 누구라도 할 수 있는 일이다. 이렇게 살아라, 저렇게 살아야 한다는 타인의 말에 휘둘리지 말고 스스로의 판단대로 살아야 한다.

　'삶의 의미와 목적은 무엇인가? 나는 누구인가? 나는 어떻게 살아야 하는가?' 라는 질문은 나의 주체적이고 독립적인 행위이며 주체적인 삶을 살기 위한 출발선이다.

/

나는 누구인가

/

    직장 상사로 30년 넘게 가깝게 모셨던 한 분이 있다. 은퇴 후 인생에 대해서 생각할 즈음이었는데 함께 저녁 식사를 하게 되었다. 그분이 나에게 술을 한잔 따라주면서 갑자기 "자네는 무슨 재미로 사나?"라는 질문을 던졌다. 오랜 세월을 가까이 지냈지만 처음 듣는 말이었다. 그 시절 직장인들의 유일한 낙이었던 퇴근 후 술 한잔도 그다지 좋아하지 않고, 취미라고는 아무것도 없는 것 같은 후배의 은퇴 후가 심히 걱정스러웠던 모양이다.
    '자네는 무슨 재미로 사나?' 라는 짧은 네 마디 문장 안에는 참으로 복잡한 의미가 담겨져 있었다. '너는 도대체 어떤 인간인가? 어떤 생각을 하며 살길래 그렇게 아무 재미없게 세상을 사는가? 앞으로 긴 세월을 어떻게 살려고 하는가?' 등등.

'무슨 재미로 사나?'라는 질문을 듣는 이의 관점에서 생각하면 '나는 누구인가?'를 묻는 것이 된다. 그리고 이 질문 속에는 인간이 어떻게 살아야 하는가에 대한 답이 들어 있다. 사실 어떻게 살아야 하는가에 대한 걱정과 불안 없이 그냥 재미있게 살면 된다. 중요한 것은 일상에서 '그냥 재미있게 사는 것'의 의미를 실질적으로 느낄 수 있어야 한다는 것이다.

인생이 힘들다고 느껴질 때마다 사람들은 나는 누구이고, 인간이란 무엇이며, 어떻게 살아야 하는가를 생각한다. 하지만 언제나 답을 찾는 것은 쉽지 않다.

이 세 가지 질문은 철학과 종교의 오랜 질문이자 목표다. 이 책에도 다양한 질문이 있지만 결국 나는 누구이고, 인간이란 무엇이며, 인간인 나는 어떻게 살아야 하는가의 문제가 핵심이다.

이왕지사 사는 김에는

결론부터 이야기하자면, 삶이 곧 나 자신이다. '나는 누구인가?' 라는 질문은 사회적 속성과 인간의 본질에 관련된 것을 구분해서 생각해볼 수 있다. 우선 사회관계 속에서 '나는 누구인가?'에 대한 답은 간단하다. '나' 혹은 '너' 라는 단어는 그 자체가 다른 사람들과 나 자신을 구분하기 위해 만들어졌다. 물리적 구분을 위한 것이다. 사회는 생존을 위한 자원과 안전을 확보하기 위해 만들어졌다. 그래서 내가 하는 일, 사회 시스템 안에서의 역할로서 나를 규정할 수 있다. 사적인 자리에서는 나이, 고향, 취미 등이 추가되면 충분하다. 사회생활 중에 누군가 '너는 누구인가?'라는 질문을 한다면 상대편이 기대하는 것은 대부분 사회적 속성과 관련한 내용일 것이다.

다음으로 생각해볼 것이 인간의 본질적인 면에서 '나는 누구인가?'에 대한 답이다. 이것이 '나는 누구인가?'라는 질문에 대한 가장 본질적인 답에 해당한다. 이것은 삶 전체와 연동되어 있기 때문에 간단하게 답할 수 없다. 100여 년의 생애 전 기간을 두고 봤을 때 어느 시점의 나를 말해야 할 것인가, 각각의 시기마다 많은 것이 바뀌는데 어떤 시기의 내가 진짜일까? 쉽지 않은 선택이다.

AI 로봇과 인간이 함께 살아가는 시대라고 가정해보자. 죽음의 순간이 왔을 때, 나와 동일한 모습의 생물학적 인간을 만들고, 나의 모든 기억을 AI에 복제한다고 하자. 내 기억을 복제한 나와 거의 동일한 모습의 AI 로봇은 나의 과거를 그대로 품고 살아갈 것이다. 그런데 곧 죽을 것이라고 생각했던 내가 어떤 사유로 죽지 않고 계속 살 수 있게 되는 상황이 발생했다면, 나의 과거 기억이 복제된 AI 로봇과 실제 나는 어떻게 설명해야 하는가? 복제를 했으니 생물학적으로나 유전적으로 동일하고 외모와 과거 삶의 기억 모두 동일하기 때문에 복제가 된 순간은 이 둘을 구분할 수가 없다.

그래서 두 사람을 각각 다른 지역에 떨어뜨려 살도록 하기로 결정했다면, 그때부터 그 둘은 다른 삶을 살 것이고 서로 다른 존재라고 볼 수 있다. 설령 같은 환경에 산다고 하더라도 적응하는 방법이 조금씩 다를 것이다. 결국 다른 존재가 된다. 물리적 환경도 문제가 되지만, 어떤 사건이 발생했을 때 각자 선택하는 행동이 달라지고, 그 결과도 달라질 것이기 때문이다. 그래서 미래의 삶은 완전히 달라진다.

내가 누구인지를 결정하는 것은 삶의 과정 자체다. 누구인지에 따른 특별한 의미는 존재할 수 없다. 모든 시간의 삶 자체에 의미와 가치가 있다.

우리는 어떤 의도를 가지고 이 세상에 태어난 것이 아니다. 요즘 젊은 사람들 사이에는 '태어난 김에 산다'는 말이 유행한다지만 따지고 보면 우리는 모두 태어난 김에 살아가는 것이다. 부모로부터 현재의 몸으로 태어났고, 태어난 이상 선택의 여지없이 살아갈 수밖에 없기 때문이다. 그렇기 때문에 나를 표현하는 방식 또한 미리 준비되어 있는 것이 아니다. '나는 누구인가?'는 나에게 주어진 평생의 숙제다. 매 순간 나는 이런 사람이라는 것을 정의하고 삶 전체의 흔적으로 증명해야 한다.

'나는 누구인가?'에 대한 정답은 없다. 내 삶이 곧 나이기 때문이다. 내가 누구인지보다 중요한 것은 어떻게 살 것인가의 문제다. 아무리 태어난 김에 사는 것이지만 이왕지사 사는 김에는 가치 있고 의미 있게 살아야 한다. 삶의 목적을 실현하기 위한 삶을 살다가 죽음을 앞두었을 때 후회가 없어야 한다. 후회하지 않을 삶의 조건은 주체적인 삶이다.

스스로의 판단으로 살아야 하는 이유

현재 지구상에서는 77억 편 이상의 영화가 만들어지고 있다. 이는 현재 지구상에 살고 있는 사람의 숫자와 같다. 그 중 한 편의 영화에서 나는 감독이자 주연 배우이다. 나를 제외한 77억여 명의 사람들이 내 영화의 관객이다.

내 영화의 주제가 무엇이든 상관없다. 저예산 독립영화든, 블록버스터급 영화든 감독이자 주연 배우인 내 마음이다. 약 100년 동안 만들어 나갈 영화의 작품성 역시 감독인 동시에 주연 배우인 나에게 달렸다.

아직까지 인간은 우주에서 문명을 이룬 또 다른 존재를 발견하지 못했다. 앞으로도 오랫동안 의미 있는 발견을 하지 못할 것이다. 그러므로 77억 명의 인간 개개인은 하나 같이 매우 중요한 우주적 존재이다. 가진 것이 없다고 해서, 높은 지위에 오르지 못했다고 해서 기죽을 필요가 없다.

경제적으로 빈곤할 때 사람들은 자신감을 잃는다. 성공한 주변 사람들과 자신을 끊임없이 비교하며 스스로 초라하다고 느낀다. 경제적으로 많이 가진 사람들이나 사회적으로 성공한 사람들의 삶과 자신의 삶이 다르다고 생각하는가? 그들이나 나 1/77억의 삶이기는 마찬가지다.

　삶의 가치는 누구나 동일하다. 전 세계 경제를 쥐락펴락하는 재벌이든, 대단한 권력가든 그들의 삶과 나의 삶은 한 치도 다르지 않은 값어치를 갖는다. 듣기 좋으라고 하는 위로가 아니다. 값어치가 다르다는 그 어떤 근거도 없고, 그럴 수도 없다. 다른 것이 있다면 자기 삶에 충분한 값어치가 있다는 확신을 갖느냐 마느냐는 것이다. 확신을 갖기 위해 노력해야 한다. 확신은 절대 저절로 생기지 않는다.

　'나'에 대한 정의는 어떻게 내려지는가? 젊었을 때 혹은 어렸을 때의 '나'와 지금의 '나'가 다른가? 처한 상황에 따라 자기 자신에 대한 정의가 달라지는가? 나이와 상관없이 인생 전 기간에 걸쳐 어떤 상황에서든, 어떤 조건에서든 '나'는 그저 '나'여야 한다. 지구적 관점에서 수 백만 년 전 먼저 살다간 사람들이나 미래의 인류 중에도 나와 동일한 사람은 한 사람도 없다.

 # 나를 나답게 만드는 것은 스스로에게 지속적으로 질문하는 것이다.

인간이란 종(種)을 어떻게 정의할 것인가

인간의 근원에 대해 우리는 왜 알려고 하는가? 이 세상에 태어나서 잘 먹고 잘 살다가 죽으면 그만인데 골치만 아프다가 끝내 답도 못 찾을 그 질문이 왜 필요한가?

사실 특별한 이유는 없다. 그저 호기심 많은 인간이 자신의 근원에 대해서도 호기심을 가졌을 뿐이다. 인간의 호기심은 다른 동물과 인간이 구분되는 기준, 즉 정신이 작동하기 때문에 가능하다. 과거 우리 조상들은 세상의 기원을 신화로 설명했다. 재미있는 상상을 통해 신과 인간을 연결했다. 그 후 수 천 년에 걸친 인류의 노력은 신화를 대신할 과학적 근거를 찾아냈다. 그리고 지금의 과학기술은 신화보다 훨씬 다양하고 흥미로운 소재들을 제공한다.

인간을 규정하는 가장 중요한 특성

이런 호기심을 가지고 역동적인 활동을 하는 인간을 어떻게 정의할 수 있을까?

동물도 생존을 위해 본능적 활동을 한다. 생존을 위해 먹이를 구하고, 움직이고, 소리를 내는 행위는 인간과 동물의 공통적인 부분이다.

동물은 현재의 생존을 위한 행위만이 삶의 목적이고, 그 목적이 삶의 전부이다. 반면 인간은 현재의 생존이 확보된 이후에도 지속적으로 삶의 목적과 의미를 찾고, 미래의 생존에 대비하기 위해 과거의 정보를 기억한다. 인간은 주어진 환경에 반응하고 시간의 개념을 가진다. 그래서 미래를 생각하는 것이다. 생각한 바를 언어로 표현할 줄 알며, 삶의 목적을 추구하려는 본능을 가지고 있다. 하지만 동물은 환경에 단순 반응을 하고, 현재의 생존을 위한 행위만을 한다. 시간 개념이 없어 현재의 1차적인 욕망에만 따라 움직이는 존재다.

동물조차 가지고 있는 생존 본능이라고 해서 생존을 위한 인간의 행위가 가치가 없다는 것은 아니다. 생명을 유지하기 위한 모든 행위는 고귀한 우주적 가치를 지닌다. 인간은 모르는 것을 알고자 하는 호기심을 가진 존재이고 이에 대해 스스로 답을 찾으려고 하는 존재이다. 또한 생존의 확률을 높이기 위해 사회를 만들어 여러 가지 다양한 안전 장치를 구축했다. 사회 안에서 경쟁과 협력을 동시에 추구한다. 소통을 위한 수단으로 언어를 고도로 발달시켜 활용하고 있다. 이러한 인간의 모든 행위는 생존과 연결되어 있다. 인간 특징을 규정하는 정신은 육체와 분리된 별도의 목적을 가진 것이 아니다. 인간의 정신과 육체는 모두 생존이라는 동일 목적을 위해 작동된다.

인간이란 무엇인가에 대해 조금은 다른 관점에서 생각해보자.

복제인간을 소재로 한 〈아일랜드(The Island)〉라는 영화가 있다. 복제인간도 생물학적으로는 인간과 다른 것이 없다. 다만 복제할 당시를 기준으로 과거의 기억은 가상의 추억으로 프로그램되어져 있다.

그렇다면 이 복제인간을 왜 만들었을까? 질병이나 사고에 대비해 장기를 교체하기 위한 의료용으로 만든 것이다. 그래서 이 복제인간들의 뇌 속에는 또 하나의 프로그램이 들어 있다. 그것은 극심하게 황폐화된 지구환경에 인간이 더 이상 살 수 없게 되었다는 가상현실이다. 이들은 자신들이 어떤 이유로 선택 받아 안전한 엘도라도라는 시설에서 살 수 있게 되었다고 믿는다. 그렇게 기억이 프로그램된 것이다. 그러던 어느 날 복제인간 중 일부가 엘도라도를 탈출해 세상으로 나가게 되고 결국 실체를 알게 된다는 것이 영화의 주된 내용이다.

영화 속 복제인간들은 인간일까, 아닐까? 이들은 분명 인간이다. 육체는 생물학적으로 복제되고, 기억 즉 정신은 프로그래밍되었을지라도 이들은 분명 인간이다. 생물학적으로 인간과 동일한 모습과 유전인자를 가지고 있으며, 인간과 같은 행동 방식과 사고를 하고, 인간과 같은 희로애락의 감정을 느낄 수 있기 때문이다. 무엇보다 중요한 것은 살아있는 존재로 인간과 소통할 수 있기 때문이다. 어머니로부터 태어나지 않고 인간의 과학기술로 만들어진 것이라는 차이점만 있을 뿐이다.

인간은 어떻게 살아갈 것인가를 고민하고 자유의지로 선택하는 생물학적인 존재이다. 그래서 우리는 누구나 자신이 어떻게 태어났는가와는 무관하게 자신의 생각과 신념을 가지고 살아간다. 복제인간에게 어릴 적 기억을 프로그래밍하지 않아 과거의 기억은 없고, 복제 이후의 기억만 가질 수 있다면 인간일까, 아닐까? 자유의지가 없고 희로애락의 감정을 느낄 수 없다면 인간이 아닐까? 어쨌거나 인간의 모습을 하고 살아있다면 인간이다.

여기서 한 단계 더 진전시켜보자. 고도로 정교하게 만들어진 감정을 가진 AI 로봇을 생각해보자. 이들의 장기도 극히 일부만을 제외하고 생물학적으로 만들어졌다고 하자. AI 로봇이 생각을 하고, 감정을 느낄 수 있다면 이들은 인간일까, 기계일까? 만약 생물학적 장기 없이 100% 기계만으로 만들어져 있다면 어떻게 판단해야 할까?

현재까지는 인간을 규정하는 가장 중요한 특성은 감정을 가지고 생각을 할 수 있다는 것이다. 이것으로 인간과 동물을 구분한다. 다음 세기에는 생각할 수 있는 인간과 생각할 수 있는 AI 로봇을 구분해야 할 것이다. 그리고 그들과 같이 사회의 구성원으로서 살아가는 것에 적응해야 할 것이다.

그때 인간이란 무엇인가에 대한 답은 어떻게 정의되어야 할까? 인간을 규정하는 특성이었던 정신과 인간의 존엄을 강조하는 것만으로 인간을 정의할 수 없다. 가장 중요한 요소로 부각될 것은 인간이 처음 등장했을 때처럼 생존을 확보하는 것이다. 생존을 확보하는 것은 인간이나 AI 로봇이나 마찬가지다. 그것은 그 어떤 가치보다 중요하다.

초기 인류는 각자 자신의 생존을 지키기 위해 노력했지만 시간이 흐르면서 서로 협력하기 시작했다. 그후 사회를 만들고, 그 사회의 시스템을 통해서 더욱 안전한 생존을 확보할 수 있었다. 이 과정에서 인간의 더 다양한 특징들이 형성되었다.

 # 인간은 무엇인가? 인간은 생존을 위해 미래를 생각하고, 사회를 만들어 경쟁과 협력을 하는 종이다.

철학, 종교, 과학의 합으로 접근한 무(無)에 대하여

　철학과 종교 그리고 과학은 모두 진리와 본질을 알고자 하는 공통의 목표를 가진다. 결론에 이르는 방법이 각기 다를 뿐이다.
　모든 것의 본질과 깊은 관련이 있는 것은 무(無)이다. 그리고 진리는 본질적인 것을 추구한다. 본질에 접근하다보면 마지막에는 결국 무에 도달하게 된다.
　불교에서는 물질의 근본이 공(空)이라는 주장도 있다. 이때의 공이 무는 아니지만 무에 가까운 것임에는 틀림없다. 철학과 종교에서는 진정한 행복에 도달하려면 욕망을 비우라고 한다. 중국의 노자가 말한 무위(無爲) 사상과도 비슷한 개념이다. 철학, 종교, 과학에서 무는 본질과 전체를 의미한다.

깨달음을 위해 수행하는 모든 사람들은 무라는 주제에 대해 한번씩 고민을 했을 것이다. 성철 스님도 출가 전에 무의 화두를 생각했다고 한다. 성철 스님의 따님인 불필 스님은 『영원에서 영원으로』를 통해 성철 스님이 말한 무의 화두에 대해서 다음과 같이 언급하고 있다.

'큰 스님은 … 본인 스스로 '무(無)'자 화두를 들었는데, 42일 만에 움직일 때나 고요할 때나 한결같이 화두가 잡히는 동정일여(動靜一如)의 경지에 이르렀다고 한다. … 비록 속인의 신분이었지만 그렇게 용맹정진을 했으니 집에 돌아갈 생각이 나지 않았을 것이다.'

무가 성철 스님의 출가에 상당한 영향을 주었던 것 같다.

나 역시 스무 살 무렵 인간과 우주의 본질에 대한 고민을 시작할 때부터 무에 대해 생각했다. 감히 성철 스님의 반열에 스스로를 두려는 불손한 의도는 없다.

다만 그 시절 나에게 무는 매우 흥미롭기도 했지만 도저히 실마리가 풀리지 않아 넘을 수 없는 벽이기도 했다는 점을 말하려는 것이다. 높고 견고한 벽에 부딪힌 것을 알고도 무에 대한 어떤 결론을 내리지 않고서는 다음 주제로 넘어갈 수 없었다.

그런데 뜻밖에도 직장생활을 하기 시작하면서 무에 대해 새로운 접근을 할 수 있었다. 전자제품을 개발하기 위해 공간에 대한 기술적 검토를 많이 하게 된 것이다. 이것이 무를 물리적으로 접근할 수 있는 계기가 되었다.

주체만 다를 뿐 모두 같은 말이다

아무것도 없을 것 같은 공간에 엄청난 정보가 존재한다는 것을 알게 되었다. 공간에 어떻게 이렇게 많은 정보가 존재할 수 있을까? 그렇다면 공간은 무엇으로 이루어져 있는가? 완전한 진공과 무는 가능한가? 인간의 감각은 얼마나 정확한 것인가?

끊임없는 질문이 이어졌다. 그리고 결국 본질과 무는 정신적 영역이 아니라 물질적 영역이라는 것을 인정할 수밖에 없었다. 몇 년을 정신적으로만 생각하고 고민하던 무의 방향이 획기적으로 전환되는 계기가 되었다.

일반적으로 무를 생각할 때 진공을 떠올리고 아무것도 없는 것이라고 생각한다. 하지만 과학적 관점에서 진공은 무와 완전히 다르다. 진공은 음전하로 가득 찬 세상이라는 사실이 영국의 물리학자 폴 디랙(Paul Dirac)에 의해 밝혀졌다.

진공에도 수많은 입자들이 존재한다. 또한 물질에 질량을 부여하는 힉스 입자가 우주 전체에 존재한다는 것이 관측되었다. 종교와 철학의 관점에서 무에 대해 어렵게 느껴지는 만큼 과학에서도 진공과 무는 어려운 주제이다. 철학, 종교, 과학뿐만 아니라 세상의 모든 것은 최종적으로 무를 연구하고 탐구하게 될 것이다. 우주 자체가 무에서 나왔기 때문이다. 우주가 무에서 나오지 않았다면 그것이 더 큰 문제이다.

대체적으로 종교는 연역적 방법으로 진리를 찾아가고, 과학은 귀납적 방법으로 진리를 탐구한다. 연역적 방법은 결론을 먼저 내놓는 형식이다. 반면에 귀납적 방법은 여러 조건들을 검토해서 결론은 맨 마지막에 도출한다. 종교와 과학은 모두 진리와 본질을 알고자 하는데도 진리와 본질에 접근하는 방법이 달라 공통의 관심사가 별로 없는 것처럼 보인다. 그래서 종교와 과학은 함께 토론하기 어려운 것이다.

무는 아무것도 아닌 것이고, 아무것도 없는 것이라고 생각하기 쉽다. 하지만 무는 우주가 탄생한 곳이며, 우주 그 자체이다. 종교도 과학도 우주는 무에서 만들어진 것이라고 주장한다. 종교에서는 이 세상은 무에서부터 신이 창조한 것이라고 하고, 과학에서는 무에 가까운 한 점에서 빅뱅이 시작되었다고 한다.

결국 같은 말을 하고 있는 것이다. 아무것도 없는 것에서 창조하거나, 저절로 생긴 것이나 주체만 다를 뿐 모두 같은 말이다. 종교와 철학에서는 수양과 정진을 통해 욕망을 최소화하라고 가르친다. 완전한 무를 추구함으로써 궁극적으로는 행복을 찾으려 하지만 불가능하다. 완전한 무는 있을 수 없기 때문이다. 과학에서 모든 물질을 없애고 찰나적 순간보다 짧은 한 점으로 간다. 그렇지만 거기에서도 무는 발견할 수 없다.

물리적으로 보면 우주가 생긴 순간부터는 우주 어떤 곳에도 무는 존재할 수 없다. 무는 인류 종말까지도 영원히 풀지 못할 주제이다. 무는 우리 우주가 아닌 그 이전의 어떤 다중우주(Omniverse)에서도 알지 못하는 영역으로 남게 될 것이다. 인간은 접근 불가능한 신의 영역이다. 말장난처럼 느껴지겠지만 신이 무에서 우주를 만들었다고 하지만 신도 무는 만들지 못한다. 무에서는 신 이외에는 존재하는 것이 없지만, 신이 존재하기 때문에 이미 무는 아니다.

무는 과연 있을 수 있는가? 이 생각을 하는 순간 무는 아니다. 생각 자체가 무가 아니며 생각을 위한 재료들이 필요하기 때문이다. 물질과 시공간이 없어도 무는 아니다. 물질도 시공간도 없는 지점이 빅뱅이 시작되기 전이다. 빅뱅이 시작되기 전은 시간과 공간은 없지만 무는 아니다. 원자보다 상상할 수 없을 만큼 작고, 밀도가 높은 것이 무에 한없이 가까운 점이다. 그래도 여전히 무는 아니다. 무에 도달한다는 말 자체가 성립되지 않는다. 그래서 본질을 안다는 것은 영원히 불가능하다. 하지만 본질과 진리를 추구하는 종교와 철학 그리고 과학에서는 무로 가는 도전을 멈출 수 없다. 무는 곧 본질이기 때문이다.

정신과 물질이 통합되는 한 지점

한때는 강력한 생각의 힘과 끝없는 상상력으로 모든 화두를 풀어낼 수 있다고 자만했다. 인간, 선, 죄, 죽음, 사회, 미래, 인류사 심지어 신을 증명해보려는 오만한 도전을 하기도 했다. 하지만 무라는 화두 앞에서 모든 것을 다시 생각하게 되었다. 명상을 할 때 가장 어려운 주제 두 가지가 있었다. 하나는 최초의 무엇이 왜, 어떻게 생겨나게 되었는가 하는 것이었고, 다른 하나는 무란 무엇인가에 대한 것이었다.

빅뱅보다 앞서는 최초의 무엇이라는 것은 우리가 감조차 잡을 수 없고 상상조차 불가능한 성역이다. 미래 인류에게도 이 주제는 영원히 알 수 없는 영역으로 남아 있을 것이다. 그러나 무에 대해서는 많은 연구 결과와 책자들이 있다.

중국 노자의 『도덕경』은 세상이 무에서 출발했다는 것이 핵심이다. 성경 역시 태초에 하나님이 천지를 창조하셨다는 것으로부터 시작한다. 창세기 1장의 내용은 천지 창조와 관련된 것인데, 1장 전체에서 무에서 세상을 창조했다는 직접적인 언급은 없다. 그럼에도 불구하고 기독교에서는 하나님이 무에서 천지를 창조했다고 주장한다. 그렇지 않으면 하나님의 권위에 심각한 문제가 되기 때문이다. 무에서 천지를 창조한 것이 성립하려면, 태초 이전을 무로 해석해야 한다. 그렇지만 태초 이전도 무라고 볼 수 없다.

정신적, 철학적, 종교적 관점에서 무를 향해 가는 출발점은 행복이다. 모든 인간은 행복하기 위해 끊임없이 욕망을 추구한다. 그 욕망에는 정신적인 것과 물질적인 것이 있다. 그래서 가장 온전하고 지속성 있는 행복을 극대화하기 위해 욕망을 최소화하는 방법을 제시한다. 욕망을 최소화해 나가다보면 마지막에 정신적으로 전부 내려놓는 단계인 무가 된다는 것이다.

정신적으로 무의 경지에 도달해보려고 아무리 몸부림을 쳐도 결국 무엇인가 떠오른다. 머릿속에서 저절로 일어나는 잡념을 제거할 수 없다. 또한 없는 것과 있는 것이 일체라는 개념이 등장하기도 한다.

불교에서는 모든 것의 실체는 원래부터 없기 때문에 무아(無我)라고 표현하기도 하고, 『반야심경』의 '색즉시공 공즉시색(色卽是空 空卽是色)'이라는 가르침도 있다.

인간의 마음 속 욕망을 온전히 제거하는 경지에 도달하는 것은 불가능하다. 아무리 뛰어난 정신적, 영적 활동을 하는 사람이라 할지라도 무의 개념을 완전히 이해한다는 것은 불가능하다. 그 이유는 무가 정신적, 영적 영역이 아니라 과학적, 물리적 영역이기 때문이다. 과학적 영역에 있는 것을 정신적으로 풀려고 하니 답에 접근할 수가 없는 것이다.

물론 무에 최대한 접근하면 정신과 물질은 통합되는 지점을 만나게 된다.

하지만 무를 언어나 과학, 철학, 종교적으로 완벽한 설명을 한다는 것이 논리적으로 성립되지 않는다. 다만 우리는 무의 근처를 생각하고, 설명하고, 관측할 뿐이다.

무에 관해 철학, 종교, 과학의 경계는 없다. 무로 다가가면 결국 세 분야가 만날 수밖에 없다. 무는 철학과 종교에서보다 과학에서 할 말이 많은 영역이지만 과학에서도 완전한 무는 없다. 진공을 포함한 어떤 곳도 무는 존재하지 않기 때문에 인간은 무를 느낄 수 없다. 설령 진공에 아무것도 존재하지 않는다고 하더라도 무는 아니다. 진공도 공간의 한 형태이고, 공간 자체가 무가 아니기 때문이다. 무를 인식할 수 없는 것은 물리적 무가 존재하지 않기 때문이다. 지구와 인간이 없다면 철학, 종교, 과학은 의미가 없어진다. 그러나 지구가 없어지더라도 우주는 존재한다. 본질이 우주에 있기 때문이다. 정신, 물질, 종교, 과학, 유(有)와 무(無) 모든 것이 구분없이 동일한 이유는 근원이 무이기 때문이다.

무에 대해서는 정신적, 영적으로 마지막까지 내려가 한계에 도달하면 과학의 도움을 받아야 한다. 과학의 도움으로 무는 도달할 수 없는 영역임을 알고 물러서야 한다. 무는 진공이나 색즉시공 공즉시색, 마음을 비우는 것 등 모든 것을 넘어서는 차원이 다른 영역이다. 때로는 물러서는 것도 지혜이다.

철학은 질문을 던지고 고민하며 본질을 알고자 한다. 종교는 간절히 기도하고 수행하여 신의 진정한 가르침인 진리에 접근하고자 한다. 과학은 연구하고 관찰해서 우주 만물의 근원을 추적해간다. 마지막은 모두 본질과 진리를 알고자 하는 것이다. 그 과정에서 공통적으로 무에 접근하게 되는 것은 무가 우주 만물의 근원이기 때문이다.

 # 무는 사실 과학의 영역인데 과거는 관련 지식이 전무했기 때문에 형이상학적 접근을 할 수밖에 없었다. 이제는 철학, 종교, 과학이 협력해서 무라는 본질에 접근할 때가 되었다.

무(無)와 본질의 관계

　과학적 연구 결과 진공과 무는 완전히 다른 영역이다. 진공에는 많은 것이 존재하며 모든 것이 진공에서부터 시작되었다는 것이 밝혀지고 있다. 우주공간은 음전자로 가득 차 있고, 물질에 질량을 부여하는 힉스 입자도 존재한다. 우주를 빛보다 빠르게 팽창시키는 암흑 에너지도 진공에서 만들어진다. 진공은 진짜 진공이 아니라 인간의 눈에 진공처럼 보일 뿐이다.

　우리 우주는 빅뱅과 동시에 시공간이 시작되었다. 빅뱅 후 찰나의 10^{-36}초 되는 순간부터 물질이 만들어지기 시작했다. 팽창하면서 원자핵과 전자, 원자 순으로 모든 우주 만물이 만들어졌다. 현재까지의 우주론에서 우주는 계속 팽창하는 것으로 밝혀졌다. 하지만 특정 조건이 된다면 우주는 중력으로 인해 수축할 수도 있다. 그런 조건이 된다면 모든 물질이 한 점으로 모여들기 시작한다. 그러면 우주의 모든 물질은 무한히 작은 한 점과 같은 무로 돌아갈 수도 있다. 우주가 영원히 팽창하여 종말을 맞이하더라도 인간의 관점에서는 무나 마찬가지 상황이 된다. 필연적으로 모든 것은 무에서 나와 무로 돌아가게 된다.

빅뱅 전의 한 점으로 모여 모든 물질이 사라진다면 우주는 무가 되었다고 할 수 있을까? 물론 아니다. 무가 아니라 모든 물질이 엄청난 에너지로 상전이된 것에 불과하다. 공간적으로는 무에 가깝지만 에너지 관점으로 보면 지금의 우주와 동일하다. 인간이 생각하는 무는 아무것도 없는 것이 아니라 모든 것을 만들고 없앨 수 있는 힘을 가진다. 상상하거나 물리적 의미를 가질 수 없는 극미세구간인 10^{-43}초를 플랑크 시간(Planck time)이라고 한다. 빛의 속도로 플랑크 시간 동안 간 거리를 플랑크 거리라고 한다. $10^{-43} \times 3 \times 10^{10}$cm = 3×10^{-33}cm 가 플랑크 거리다. 이것은 인간이 물리적으로 접근할 수 있는 최소 길이다. 이보다 작은 것은 어떤 물리 현상도 이론적으로 설명할 수 없다.

종교나 철학만으로는 절대 설명할 수 없다

플랑크의 크기를 실감하기 위해 예를 한번 들어보자. 1cm의 공이 계속 팽창을 하여 10^{27}배 커졌다고 하면 이 공의 지름은 10^{27}cm가 된다. 이 크기는 관측할 수 있는 우주 직경의 크기인 930억 광년을 cm로 변경한 것이다. 10^{27}cm는 실로 어마어마한 크기다. 그런데 1cm 공을 계속 줄여서 10^{27}배만큼 줄인다면 크기는 10^{-27}cm가 된다. 그렇지만 플랑크 길이인 10^{-33}cm 근처도 못 간다. 1cm를 1경 (10^{16}) × 10경 (10^{17}) 번을 나눈다는 것은 생각할 수 있는 영역이 아니다. 그래서 플랑크 영역은 공간 자체도 존재하지 않는다. 하지만 무는 플랑크 영역도 넘어서는 차원이 다른 이야기이다. 종교나 철학에서 무에 대해 논하는 수준으로는 절대 무를 알 수 없다.

우주가 무에서 생겼다고 하는 것이 어떤 유로부터 생겼다고 하는 것보다 합리적이다. 어떤 유로부터 생겨났다고 하면, 그 유를 또 다시 설명해야 하는 문제가 대두되기 때문이다. 무에서 우주가 생겼다면 우리 우주와 같은 무수히 많은 다른 우주가 지금도 계속 생길 수 있다. 일상적으로 끊임없이 생성과 소멸을 반복하는 우주이다. 인간의 관점에서는 말이 안 되는 것 같지만 우주를 넘어서면 이상할 것도 없다.

이것과 연관되는 것이 다중우주다. 이것이 과학인지 상상인지 말장난인지 구분하기조차 혼란스럽다. 하지만 최근 들어 무에서 엄청나게 많은 것이 일어나고 만들어진다는 것이 밝혀지고 있다. 물론 과학적으로 말이다.

 # 무의 본질에 다가가기 위해서는 어떤 방식이라도 제한하면 안 된다.

인류에게 인간의 죽음은 축복이다

생존이 인류 공통의 관심사이자 목표라면 죽음은 인류 공통의 두려움일 것이다. 나 역시 한때 죽음에 대한 두려움을 심각하게 고민한 적이 있다. 죽음에 대한 두려움은 성인이 되기 전 누구나 한번씩 겪게 되는 일종의 통과의례와도 같다. 그럴 때 죽음과 관련해서 쉽게 접하게 되는 정보는 대부분 종교에서 이야기하는 비현실적이고 감성적인 것들이다. 이를테면 천국이나 지옥 같은 이야기이다. 판단 능력이 부족한 청소년 시기에는 상당히 자극적일 수밖에 없다. 죽음에 대한 불필요한 두려움과 불안을 만들게 되는 요인이다.

죽음은 아무 힘이 없다

　죽음을 앞둔 사람이야말로 죽음에 대해 심각한 고민을 할 것 같지만 실제로는 죽음이 임박했을 때까지 그저 걱정만 하다가 죽음을 맞이하는 경우가 많다고 한다. 죽는 그 순간까지도 자신의 죽음을 직시하고 제대로 받아들이지 못하기 때문이다.

　생존을 목표로 살아가는 우리가 왜 죽음을 생각해야 하는가? 죽음 이후를 준비하기 위함이 아니라 살아있는 동안의 행복을 방해받지 않기 위해서다.

　죽음은 누구에게나 처음이자 마지막인 경험이다. 그래서 선험자로부터 조언을 얻을 수 없기에 스스로 정리해야 한다. 그렇게 해야 삶과 죽음을 단순하게 바라볼 수 있고, 삶의 방향을 정하는 데에도 도움이 된다.

　죽음은 삶과 별개가 아니라 삶의 중요한 일부분이다. 사람들은 흔히 살아있는 100년 남짓의 시간을 제외한 나머지 무한히 긴 시간을 죽음이라고 생각한다. 그러나 죽음은 생존과 별개의 상태가 아니라 삶의 마지막 순간 벌어지는 일회성 사건으로 삶의 일부분이다. 죽음의 두려움, 불안, 아쉬움 등 모든 감정은 살아있는 상태의 감정이기 때문이다.

　사람들은 죽음과 삶은 단절된 것이라고 생각하다가도 어떨 때는 또 아주 밀접한 관계가 있는 것으로 취급한다. 이렇듯 죽음에 대한 기준이 명확하지 않아 더욱 죽음을 이해하지 못하고 죽음에 대한 막연한 두려움과 불안은 커질 수밖에 없다.

　죽음에 대한 두려움 중 가장 큰 것은 죽음이 자신의 삶에 미칠 영향을 걱정하는 것이다. 하지만 죽음은 우리 삶에 아무런 영향을 끼칠 수 없다. 다만 죽음에 대한 생각만이 삶에 영향을 미칠 뿐이다. 죽음으로 삶이 끝나기 때문에 죽음이 삶에 영향을 미칠 수는 없다. 자신과 관계가 있는 몇몇 살아남은 사람들에게만 영향을 미치게 된다. 그것도 아주 짧은 시간 동안이다.

　냉정하게 말해 죽음 이후의 일은 이미 죽은 내가 걱정할 게 아니다. 죽은 사람의 입장에서는 죽음이 시작되는 것이 아니라 삶이 끝나는 것이기 때문이다.

　자연사, 병사, 사고사 등 죽음의 원인이 무엇이든 죽는 그 순간까지는 죽음이 아닌 삶이다. 죽음과 관련해 내 머릿속에 떠오르는 모든 것은 죽음 이후의 일이 아니다. 죽음을 불안과 두려움으로 인식하고 있는 사람에게는 죽음이 행복한 삶에 장애물이 된다. 죽음을 제대로 이해한다면 죽음의 두려움에서 해방될 수 있고 행복의 장애물 중 하나가 해결된다. 죽음이 삶에 미치는 부정적인 영향으로부터 자유로울 수 있는 유일한 방법은 하나다. 죽음을 제대로 이해하여 죽음의 두려움과 삶에 대한 아쉬움으로부터 자유로워지는 것이다.

　인간은 죽음의 두려움과 불안에서 벗어나 안전하게 생존하기 위해 사회 시스템을 만들었다. 그런데 이 시스템 안에 죽음이라는 것이 없다면 어떤 일들이 발생할까?

삶의 끝이 없으니 인간의 욕망도 상한선 없이 끝없이 극대화되어 결국 인간 세상을 파멸로 이끌 것이다. 부나 권력을 가진 집단들이 죽음이라는 퇴장 없이 영원히 그 자리를 차지하고자 하는 탐욕과 과욕이 문제를 유발할 것이기 때문이다. 이로 인해 불평등은 심화되고 고착화되며, 결국 인간은 서로에게 가장 위협적인 존재가 될 것이다. 100년도 안 되는 짧은 삶의 기간에 맞춰 만들어진 모든 사회 시스템은 물론 인간의 존엄과 같은 본질적인 것을 포함해 판단 기준 또한 변하게 될 것이다.

그런 차원에서 생각하면 죽음은 개인에게는 몹시 아쉬운 일이지만 인류 전체에게는 축복이다.

무엇보다 죽음은 부정적인 사건이 아니라 자연스러운 우주 에너지의 순환 과정에서 일상적으로 벌어지는 일이다.

모든 우주 만물은 태어나서 움직이다가 죽는다. 우주 만물 중 하나인 인간도 예외일 수 없다. 이것을 평소에 숙지하고 이해해야 한다. 그래서 내일 당장 죽음이 오더라도 심플하게 받아들이고 삶을 정리할 수 있는 훈련을 해야 한다. 어려울 것 같지만 죽음 전반을 이해하고 계속 연습하다보면 가능해진다.

내일 죽는다고 나의 삶에서 달라질 것은 아무것도 없다. 나에게 중요한 것은 오늘의 삶이다. 해탈하여 열반의 경지에 도달하려는 목적을 가진 사람들이 죽음을 넘어 영원한 행복을 누리려고 하는 것은 욕심이다. 우주 질서는 인간의 생각 너머에 있다.

인간이 100년 이상 살아야 할 이유?

구글의 공동 창업자 세르게이 브린(Sergey Brin)은 '죽음도 치료할 수 있을 것으로 기대한다'고 했다. 실제로 그는 바이오 기업 칼리코를 설립해 인류의 수명 연장을 위한 다각적인 사업에 투자하고 있다. 실리콘밸리의 일부 바이오 기업들도 이미 영생에 도전하고 있다. 의료기술과 과학기술이 발전해서 현재의 불치병이 완치될 수 있다면 어떤 상황이 일어날까?

인간의 영생은 인류의 종말을 앞당기는 엄청난 재앙이 될 것이라고 나는 생각한다. 인류 역사상 인간 사회는 항상 불평등했다. 하지만 거의 유일하게 죽음만이 모든 인간에게 공평했다. 그런데 미래에는 죽음에도 빈부 차이가 있을 것으로 예상된다. 영생을 꿈꾸는 자들이 실현한 '수명 연장의 기술'은 일정 기간 동안 부를 가진 자들만이 그 혜택을 누리게 될 것이기 때문이다. 수명 연장이 인간의 욕망과 결합하는 순간 대재앙은 시작될 것이다.

그러고 보면 인간에게 있어 죽음은 가장 벗어나고 싶은 사건임에도 불구하고 인류 전체적으로 보면 선순환의 역할을 한다. 한 개별 인간의 종말을 의미하는 죽음은 역설적이게도 사회의 지속적이고 안정적인 유지를 위한 가장 중요한 기능을 한다.

죽음은 단순히 생존의 끝이 아니다. 삶 전반과 인간 사회에 가장 큰 영향력을 끼치며 인간 존엄성, 행복 등과 밀접한 관계를 갖는다. 불공정하고 복잡한 인간 세상을 한순간에 정리하는 역할을 하는 엄청난 능력을 가지고 있기도 하다.

내가 만약 2050년까지 살아있다면, 나는 2050년 1월 1일에 죽을지 말지, 몇 살까지 살 것인지를 결정하겠다는 얘기를 가까운 사람들에게 하곤 한다. 앞으로 30년 후에는 현재의 불치병 중 상당수가 치료법을 찾을 것이라고 믿기 때문이다. 그 시점이 되면 나는 계속 살아야 할 이유나 이제 그만 죽어야 할 이유를 찾아 가족들에게 설득력 있게 설명해야 할 것이다. 현재까지 나는 아직 100년 이상 살아야 할 이유를 찾지 못했다. 현재 상태로 2050년에도 살아있다면 이제 그만 죽음을 선택하겠다고 말해야 할 것 같다. 오래 살고 싶다는 바람보다는 더 살아야 하는 이유를 찾는 것이 바람직한 삶의 자세인 듯싶다.

성경의 창세기에 등장하는 인물은 7백 살, 8백 살, 9백 살까지도 살아간다. 그런데도 인간은 100년의 짧은 수명을 당연하게 받아들이고 있다. 왜 인간은 5백 살 또는 1천 살까지 살면 안 될까? 어쩌면 미래에는 창세기의 인물들처럼 수 백 년을 너끈히 사는 시대가 열릴 가능성이 있다.

그런 시대가 되면 인간이라는 존재에 대한 정의가 완전히 달라질 것이다. 한 인간이 태어나 몇 백 년까지 살 수 있게 된다면 교육, 결혼, 행복, 정의, 선, 악, 죽음의 의미나 기준도 달라져야 할 것이다. 죽음과 삶의 경계조차 애매해질 것이다. 죽음을 육체적 죽음과 정신적 죽음으로 구분해야 할 수도 있다.

미래에는 세 가지 유형의 인간이 공존할지도 모르겠다. 지금과 같은 인간으로 120살 정도의 수명을 누리는 인간, 대부분의 장기를 인공장기로 교체한 반기계 반생물로서의 인간 그리고 육체는 죽어 사라졌지만 기억만 복제해서 남겨진 인간으로 말이다. 그 시기도 아득히 먼 미래가 아니라 다음 세기에 현실로 다가올 수 있다.

육체는 100살에 죽었지만 내 기억을 복제해서 그 후 100년이 더 흐른다면 나는 200살이 되는 것일까? 아니면 제2의 내가 100살이 된 것일까? 아니면 나와는 아무 상관없는 완전히 새로운 AI가 100살이 된 것일까?

어쨌거나 미래에는 죽음도 선택 사항이 될 수 있고, 그 미래가 그리 멀지 않았다는 것이 중요하다. 그러나 인간 세상이 탐욕과 과욕에 지배를 받는다면 그것은 인간에게는 축복이기보다는 재앙이 될 것이라는 생각을 지울 수 없다.

상한선이 없는 욕망을 가진 인간은 영생에 대한 도전을 계속할 것이고 결국 성공할 것이다. 하지만 그것은 인간의 존엄을 훼손하고 인간의 종말을 훨씬 앞당기게 될 것이다.

 # 인간의 오랜 숙원인 영생을 실현하는 순간 인류 종말의 시간도 당기게 될 것이다.

/

죽음의 두려움과 아쉬움에서 벗어나려면

/

 스무 살 무렵부터 내가 수많은 질문을 하고 치열하게 고민을 했던 이유는 오직 하나, 죽음의 순간에 삶을 후회하고 싶지 않다는 바람 때문이었다. 나는 그때부터 삶에 대한 아쉬움 없이 일상처럼 죽음을 맞이하고 싶다는 바람을 가졌다.
 죽음을 일상의 사건으로 생각해야 하는 이유는 두 가지다. 하나는 죽음의 순간을 알 수 없기 때문이고, 다른 하나는 삶의 마지막 날이라고 해서 평범한 오늘과 달라질 것이 없기 때문이다. 죽음을 냉정하게 생각해보면 잠자리에 들었다가 다음 날 아침 잠에서 깨어나는 일상을 맞느냐 그렇지 않느냐의 문제일 뿐 큰 차이가 없다. 죽음 이후에는 나를 인식할 수 없기 때문에 살아있는 나에게 내 죽음은 의미가 없다. 그래서 죽음을 일상의 사건 중 하나로 생각하고 언제나 맞이할 수 있는 준비가 필요하다.

누구도 죽음은 피할 수 없는 일이기에 죽음에 대한 생각이 삶에 지대한 영향을 미칠 수밖에 없다. 그러나 부정적인 영향을 미치는 것은 경계할 필요가 있다. 평소에는 되도록 죽음을 생각하지 않는 방법도 있다. 하지만 죽음은 분명 삶의 중요한 사건이므로 평소에 어느 정도 준비해야 할 필요가 있다. 품위 있게 죽음을 맞이하는 것 역시 삶의 질을 높이는 것이기 때문이다. 삶의 방향을 설정하는 것과 편안한 삶을 유지하는 데에도 도움이 된다.

죽음에서 가장 큰 이슈는 무엇일까? 죽음 그 자체에 대한 두려움이나 죽음에 이르는 과정에서의 고통, 살아남은 사람들의 슬픔, 죽음 이후에 남겨질 나의 흔적과 그 처리 등 여러 가지 문제들이 있는 것 같지만 따지고 보면 다 별 문제가 아니다. 결국 가장 큰 문제는 삶에 대한 미련과 아쉬움이다. 그런데 이 또한 스스로 생각을 정리하면 되는 것이기 때문에 죽음을 이해하고 받아들이는 일은 의외로 간단한 일이 될 수 있다.

누군가 갑자기 죽었다는 소식이 전해지면 대부분 죽은 당사자보다는 가족 등 남겨진 사람들에 대한 걱정을 먼저 한다. 그의 죽음은 살아있는 사람에게만 문제가 된다. 정작 죽은 사람은 영원한 안식을 하고 있기에 사실 그리 걱정할 일이 아니기는 하다.

삶과 죽음을 철저히 구분해 생각하는 일

죽음에 대한 두려움은 죽을 때 동반되는 고통에 대한 것과 이 세상에서 나라는 존재가 잊혀지는 것, 이 두 가지가 주를 이룬다. 이 두려움에서 벗어나려면 삶과 죽음을 철저히 구분해서 생각하면 된다.

죽음은 삶과 반대의 개념이 아니다. 삶이 있느냐 없느냐의 문제이므로 삶이 죽음보다 좋을 수도 혹은 나쁠 수도 없다. 죽음은 산 사람의 머릿속에만 존재한다. 죽음을 영원한 평안과 안식으로 생각한다면 삶보다 좋은 것일 수도 있다.

죽음은 마취를 했을 때와 비슷한 느낌일 것 같다. 마취에서 막 깨어나면 어떤 고통이나 다른 느낌도 없고, 시간의 공백 상태를 경험하게 된다.

20대 때 심한 빈혈로 정신을 잃은 적이 있다. 눈 내리던 어느 날 방문을 열고 나오다가 하늘이 빙 돌면서 정신이 아득해지더니 그대로 쓰러졌던 것 같다. 금세 정신이 들긴 했는데 순간, 내가 왜 여기 누워 있는지 조금 전까지의 상황이 전혀 기억나지 않았다. 가물가물한 게 아니라 아예 그 시간이 뚝 잘려 나가고 없는 공백이었다. 혹시 죽음도 이런 상태인가 하는 생각이 들었다. 30대 때는 전신마취를 하고 수술을 한 적이 있는데, 그때도 똑같이 시간의 공백을 경험했다. 이 두 번의 개인적 경험을 근거로 막연하나마 죽음도 이 비슷한 상태가 아닐까 생각해왔다.

죽음을 경험한 사람이 없기 때문에(정확히는 죽음을 경험한 사람 중에 생존

해있는 사람이 없기 때문에) 이론적으로 생각해본 나름의 결론이다. 그런데 얼마 전 거의 죽음에 가까운 경험을 한 사람의 이야기를 듣게 되었다. 심근경색으로 심정지 상태까지 갔다가 심폐소생술로 깨어난 동료의 경험을 듣게 된 것이다. 다행히 적절한 응급조치와 치료로 건강을 되찾은 동료를 만나 '죽어보니 저 세상은 어땠는지' 농담처럼 소감을 물었다. 동료는 심정지 상태의 기억은 아무것도 없다고 했다. 그런데 아이러니하게도 깨어나는 순간 가슴이 아파 죽을 것 같았다고 했다. 전문가가 심폐소생술을 하면서 흉부를 강하게 압박하고 있었기 때문이다. 그래서 심폐소생술을 하는 사람에게 아파 죽겠으니 이제 그만 좀 하라고 했단다. 정작 죽었을 때는 죽은 줄도 몰랐는데 다시 살아나보니 고통 때문에 죽을 것 같았다는 동료의 말이 우습기도 하면서 한편으로는 다행스럽다는 생각도 들었다. 적어도 죽음 그 이후의 고통은 걱정할 필요가 없다는 확신을 얻었기 때문이다.

생각해보면 너무 당연한 결론이다. 인간은 오감을 통해 들어오는 정보로 모든 것을 느낄 수 있다. 죽은 후에는 설령 들어오는 정보가 있더라도 그것을 처리할 프로세스가 작동하지 않기 때문에 고통도, 기쁨도, 아무것도 느낄 수 없는 상태가 된다. 조금만 논리적으로 생각해보면 당연한 일인데도 죽음에 대해 이렇게 이해하고 받아들이기는 쉽지 않다. 하지만 피하지 말고 부딪치면서 고민을 거듭하는 어느 순간, 죽음의 두려움에서 벗어날 수 있게 된다.

죽음에 관한 세계적 권위자이자 철학자인 셸리 케이건(Shelly Kagan)

은 『죽음이란 무엇인가』라는 책을 통해 고대 그리스의 철학자 에피쿠로스(Epikouros)의 말을 인용해서 죽음을 설명한다.

'가장 끔찍한 불행인 죽음은 사실 우리에게 아무것도 아니다. 우리 자신이 존재하고 있는 한 죽음은 우리와 아무 상관없다. 하지만 죽음이 우리를 찾아왔을 때 우리는 이미 사라지고 없다. 따라서 우리가 살아있든 이미 죽었든 간에 죽음은 우리와 무관하다. 살아있을 때는 죽음이 없고 죽었을 때는 우리가 없기 때문이다.'

그러면 이제 죽음에 이르는 과정에서 발생하는 육체적 고통에 대한 두려움이 남는다. 다행스럽게도 이 또한 의료기술이 발달한 현재에는 큰 문제가 되지 않는다. 죽음의 정신적, 육체적 고통으로부터의 해방은 논리적 사고만으로도 가능하다.

누구나 오래 살기를 원한다. 그런데 오래 살면 좋고, 일찍 죽으면 나쁜 것인가? 영원히 살게 된다면 정말 좋을까?

여기에 대해서도 셸리 케이건은 다음과 같은 정의를 내렸다.

'죽음이란 좋은 것도 나쁜 것도 아니다. 영생이란 결코 축복이 아니며 최고의 삶이란 자신이 원하는 만큼 충분히 오래 사는 것이다.'

중요한 것은 '자신이 원하는 만큼'이다. 무조건 오래 사는 것이 '원하는 만큼'을 의미하지는 않는다. 그렇다면 '원하는 만큼'의 기준은 무엇인가?

'원하는 만큼'의 기준은 삶의 목적 실현과 깊은 관련이 있다. 삶의 목적을 완성한 순간이라면 원하는 만큼의 삶을 살았다고 해석할 수도 있을 것이다. 하지만 어떤 사람도 삶의 목적을 100% 실현할 수는 없다. 그렇기 때문에 삶의 목적에 대한 명확한 이해와 이를 실현하기 위한 목표 설정이 필요한 것이다.

자기 자신의 죽음이 언제 찾아올 것인지 정확히 알 수 있는 사람은 없다. 그렇기 때문에 언제 죽어도 아쉬움이 없도록 일상적으로 준비가 되어 있어야 한다. 그렇다고 매일매일 죽음을 대비한 의식을 치르라는 것은 아니다.

사실 죽음에 대한 일상적인 준비는 특별한 것이 없다. 하루하루를 살아가기 위한 평범한 일상의 행위가 우주적인 큰 틀에서 보면 너무나 귀한 행위이고 가치가 있기 때문이다. 그 사실을 느낄 수 있는 약간의 연습이 필요할 뿐이다.

일상을 영위하는 평범한 활동이나 부나 권력을 쌓기 위한 활동은 값어치 면에서 동일하다. 이 사실 하나만 이해하고 기억하면 된다. 죽음을 맞이하는 순간까지 살아온 삶은 그 결과와 상관없이 소중하다. 현재의 삶 자체에 대한 가치와 의미를 인식하는 것이 죽음의 아쉬움에서 벗어나는 출발이다. 삶의 목적을 잘 숙지하고 그 목적에 기반한 삶을 살기 위해 항상 노력해야 한다. 매일의 목표를 단순화해서 평안한 기쁨을 느낄 수 있도록 하는 훈련이 필요하다. 한방의 큰 기쁨을 기대하지 말고 삶 전체에서 기쁨을 느껴야 한다. 살아있는 매 순간 귀한 가치를 느끼고 감사하며 즐겁게 살아야 한다. 이것이 죽음의 순간에 후회하지 않는 최선의 방법이다.

부, 권력, 명예, 쾌락 등이 삶의 목적이라고 가정해보자. 그 삶의 목적을 이룬 사람은 죽음을 통해 모든 것을 잃게 된다. 부자는 부를 더 이상 누릴 수 없어서 죽음이 아쉬울 것이다. 반면에 많이 가지지 못한 사람은 죽음 때문에 미처 욕망을 채우지 못한 아쉬움이 남을 것이다. 아쉬움이란 시간이 더 있다면 원하는 것을 얻을 수 있었을 것이라는 생각 때문에 생긴다. 부, 권력, 명예, 쾌락 등을 삶의 목적으로 삼았다면 100% 달성하기는 불가능하다. 결국 언제가 되더라도 마지막에는 아쉬움이나 미련이 남을 수밖에 없다.

물질적인 것은 과하지도 부족하지도 않게 스스로 삶을 영위할 만큼이면 족하다. 그래야 죽음의 순간에 미처 누리지 못하고 남거나 미처 채우지 못해 부족해서 아쉬운 상황이 발생하지 않는다. 하지만 과연 어느 만큼에서 만족할 것인가를 결정하는 것은 쉽지 않다. 욕망을 줄이는 것도 쉬운 일은 아니다. 욕망은 적절해야 한다는 인식을 하는 단계까지 가는 것만도 상당한 연습이 필요하다.

오래 살고 싶다는 바람, 부와 권력과 명예 혹은 쾌락을 간절히 원하는 것은 평안한 기쁨을 지속적으로 얻기 위함이다. 그리고 이 모든 것은 살아있는 인간의 욕망과 관련이 있다. 죽음을 되도록 멀리하고 삶을 연장하고 싶은 것도 삶의 욕망 때문이다.

욕망에 대한 지혜로운 대응만이 오래 살고 싶은 바람과 삶에 대한 아쉬움에서 벗어날 수 있는 방법이다.

나는 어떻게 두려움에서 벗어나게 되었나

어렸을 때는 죄를 지으면 죽어서 영원한 벌을 받는다는 말 때문에 죽음이 더욱 두렵고 무서웠다. 천당이나 극락에 가면 다행이겠지만 내가 죽어서 어디로 갈지는 알 수 없었기 때문이다. 천당이나 극락에는 못 가더라도 지옥에는 절대 가면 안 되겠다는 생각을 자주 했다. 한때는 지옥에 가지 않기 위해 죄에서 벗어나려고 힘든 노력을 한 적도 있었다. 하지만 아무리 노력해도 순간순간 머릿속에 떠오르는 죄로부터 자유롭기 힘들었다.

욕망을 채우기 위해 치열한 경쟁을 하면서 살아온 지금에 와서는 그리 중요한 이슈가 아니지만 순수했던 시절에는 꽤나 심각한 인생의 화두였다. 그래서 오랫동안 지옥에 가지 않기 위한 방법을 찾기 위해 나름대로 고민하고 애썼다. 결국 지옥에 가지 않을 수 있는 두 가지 방법을 깨닫고 죽음 이후의 심판에 대한 두려움에서 벗어날 수 있었다.

우리 인간이 할 수 있는 일이란?

　종교를 가진 사람들은 종교의 신념을 따르면 되니 지옥을 걱정하지 않아도 된다. 종교가 없는 사람은 천당이나 지옥도 없다고 생각하니 지옥에 갈 걱정을 할 일도 없다. 이 논리대로라면 종교를 가진 사람이든, 종교를 갖지 않은 사람이든 죽음 이후의 심판으로 지옥에 갈 걱정을 할 필요는 없다는 결론이 나온다. 유일한 걱정은 종교를 가진 사람들의 관점에서 보는 종교적 믿음이 없는 사람의 태도다. 그렇지만 자신의 생각을 다른 사람에게 주입해서 혼란을 유도해서는 안 된다. 그 누구도 타인의 독립적이고 주체적인 삶을 방해해서는 안 된다.

　신이 있어 죽음 이후의 심판이 있다 하더라도 우리 인간이 할 수 있는 일은 아무것도 없다. 뿐만 아니라 일상의 사소한 일조차도 인간이 정확히 결정할 수 있는 것이 별로 없다.

　죽음 이후 지옥의 불구덩이로 가느냐 마느냐의 기준은 어떤 인간도 알 수 없다. 이에 대해서는 다른 누군가와 어떤 정보나 도움도 주고받을 수 없다. 죽음 이후의 일을 사실인양 거론하는 순간 신의 영역을 넘보는 것이 된다. 신이 없고, 죽음 이후의 심판도 없다면 물론 이 모든 생각조차 무의미해진다.

인간의 유한한 수명이 짧기까지 하기에 인간은 영원히 존재하는 것에 대해 호기심이 많다. 그리고 가능한 더 오랫동안 사는 것은 모든 인간의 공통된 소망이다. 영원한 삶과 지속적인 행복을 위해 평생을 도전하는 사람들도 있다.

그 바람을 위해 명상하고 기도하는 자세도 중요하지만 영원이 무엇인지 실체를 알려는 노력도 필요하다. 그토록 염원하는 영원한 삶과 지속적인 행복을 찾기 위해서라도 꼭 필요한 일이다. 실체를 알기 위해서는 불완전한 머릿속에서 일어나는 상상에서 벗어나 객관적 실체를 볼 수 있어야 한다. 상상의 결과물로 다른 사람의 죽음 이후를 판단하거나 조언하려 드는 것은 위험하다.

 # 인간은 생각하는 동물이라고 하지만 인간 중심적 사고에서 벗어나지 않고서는 본질을 바로 볼 수 없다. 이기적 행복을 추구하는 인간에게 인간을 심판할 자격은 없다.

3장

행복, 불안, 화
— 지금 내가 느끼는 감정들은 어디에서 비롯되었을까?

인간이 가장 원하는 것은 무엇일까? 많은 사람들이 깊이 생각하지 않고 쉽게 대답할 후보 일순위는 아마 '돈'일 것이다. 하지만 아무도 '돈' 그 자체가 목적이라고 하지는 않을 것이다. 행복한 삶을 위해서는 돈이 가장 필요하다고 생각할 것이고, 그래서 돈이 먼저 떠오르는 것일 뿐이다. 그것이 사실이든 아니든 대부분의 사람들은 돈 = 행복이라 생각하고, 행복의 전제 조건으로 돈을 제일 먼저 그리고 제일 많이 꼽는다.

모든 사람들은 행복하기를 원하며, 두려움과 불안에서 쉽게 벗어나고, 화와 분노는 적게 느끼고 표출하기를 바란다. 이를 위해 이들의 근원과 성격을 이해하는 것이 필수적이다. 인간의 본질을 이해하기 위해 반드시 알아야 할 것들이다.

행복의 근원은 생존이다. 그러나 이와는 반대 개념인 두려움과 불안의 근원 역시 생존이다. 두려움과 불안으로부터 벗어나 생존을 확보했을 때 느낄 수 있는 것이 행복이기 때문이다. 화와 분노 역시 그 근원은 생존이다. 행복, 두려움과 불안, 화와 분노가 인간 세상에 출현한 순서를 보면, 두려움과 불안이 가장 먼저다. 그 다음이 화와 분노이고, 맨 마지막으로 출현한 것이 행복이다.

불교에서 가장 관심을 가지는 것이 두려움과 불안으로 인한 번뇌다. 인간의 가장 원초적인 요소로 본 것이다. 여기에서 자유로워지는 방법을 찾기 위해 석가모니 부처님이 출가를 했다. 그러나 두려움과 불안의 근원은 지구환경과 관련 있으므로 이를 제대로 이해하기 위해서는 자연과학적 접근도 필요하다. 불교와 과학은 과정은 달라도 결론은 동일한 경우가 많다.

행복에 대한 나의 태도

평소에는 매우 온화한 성격에 점잖은 편인데, 특별한 상황에 처하면 평소와 달리 심하게 욕을 한다거나 필요 이상으로 화를 내는 사람들이 있다. 특히 음주 상태에서는 그런 모습을 자주 보이는 이들도 있다. 그러면 상대는 '원래는 그런 사람이 아닌데 화가 나면 한번씩 저런다'는 식으로 그 사람에 대해 실망감을 표하거나 평가한다. 그러나 그가 '원래 그런 사람이 아니다'라는 생각은 잘못된 이해다. 그는 원래 그런 사람이다. 이미 그런 행동을 했기 때문이다.

행복도 이와 비슷하다. 만약 행복을 의인화해본다면, 따뜻하고 사랑스러우며 배려심 깊은 사람, 나아가 이타적이고 희생적이기까지

한 사람일 것이라는 느낌을 갖는 이들이 많은 것 같다. 하지만 이것은 100% 선입견일 뿐이다. 행복은 철저히 개인적이고 이기적인 요소가 내포되어 있는 감정이다. 행복의 개인주의와 이기주의를 느끼는 순간, 사람들은 앞서 말한 예와 같은 반응을 보인다. '행복이 원래 그렇지는 않은데…' 하고 말이다. 나 역시 그랬다.

어떤 것을 얻으려면 우선 그 성격부터 제대로 이해하고 있어야 한다. 주식으로 돈을 벌려면 주식이나 해당 기업에 대해 제대로 알아야 하듯이 말이다. 사랑을 얻으려면 사랑하는 사람에 대해서도 잘 알아야 한다. 그래야만 그 사랑을 유지할 수 있다. 마찬가지로 행복을 얻으려면 행복의 성격을 제대로 이해해야 한다. 그래야 행복을 위해서 내가 어떤 자세를 취해야 하는지 판단할 수 있게 된다.

행복이 사라지는 이유

행복이 개인적이고 이기적인 성향을 띄는 이유는 다름 아닌 우리 인간에게 있다. 초기 인류는 혼자였고, 혼자인 상태에서 자기 자신의 생존만을 생각하며 뇌의 진화가 계속되었기 때문에 개인적이고 이기적일 수밖에 없다. 우리의 내면에는 다른 사람이 아닌 자기 자신이 살기 편한 환경이 되면 행복을 느끼는 유전자가 이어져오고 있다. 이렇게 철저히 개인적인 행복을 위해 가족들과 세속의 연을 끊는 출가도 하고, 스스로 만든 가정을 스스로 해체하는 이혼도 한다.

기독교에서 믿음을 통해 행복에 접근하고, 불교에서 해탈을 통해 열반에 이르는 과정도 지극히 개인적이다. 이 과정에는 다른 사람이 절대 개입할 수 없다. 부모 자식 간에도 예외는 없다.

기독교에서 말하는 사후 심판에는 매우 중요한 전제 조건이 있다. 하나님을 믿어야 한다는 것이다. 이러한 종교적 믿음도 매우 개인적이다. 종교사를 살펴보면 자기 사후의 행복을 위해 종교적 순교를 선택한 사람도 많았다. 수행을 통해 깨달음을 얻으려는 것도 결국은 자신의 행복을 추구하는 과정이다. 깨달음은 번뇌에서 벗어나기 위해 필요한 것이고, 번뇌란 행복을 방해하는 요인이기 때문이다. 다른 사람에게 덕과 선을 베푸는 것 역시 자신의 편안함을 위해서다. 행복은 철저히 개인적이고 이기적인 행위다.

서양에 비해 동양은 이타적인 행위를 높이 사는 문화다. 과거 국가에 대한 충성과 효를 강조한 것도 이러한 문화에서 나온 것이다. 최근에도 국가적으로 중요한 스포츠 행사가 있을 때는 온 국민이 한마음으로 응원을 한다. 집단주의적 성향은 개인의 행복을 추구하는 데에는 불리하다. 집단주의는 행복과 반대의 성향을 가지기 때문이다. 그러고 보면 북유럽 사람들의 행복 지수가 높은 것은 당연하다. 그들은 개인적인 성향이 유난할 정도로 강하기 때문이다.

생존을 위한 기본적인 물질을 확보하는 순간 행복의 조건은 구성된다. 어느 정도의 부를 이루어 경제적인 불편을 겪지 않는 사람들도 많이 있다. 그들은 대체로 스스로 만족하고 행복하다고 느끼기도 한다.

그런데 주변에서 자신이 갖지 못한 것을 가진 사람을 볼 때 혹은 자기보다 더 많이 가진 사람과 비교하는 순간, 질투가 밀려온다. 이 또한 행복이 개인적이고, 절대적인 성격을 가지는 것과 관련이 있다. 다른 사람과 자신을 비교한다는 것은 상대적인 행위다. 행복의 성격과 정반대되는 판단 기준을 적용하기 때문에 행복은 사라지고 만다.

세상에서 가장 독하고 이기적인 사람은 누구일까? 어쩌면 자신의 인생을 종교적 수행에 바치기로 한 수도자들이 아닐까 생각한다. 그들은 수준 높은 행복과 기쁨을 찾기 위해 인생 전부를 걸고 과감한 선택을 한 사람들이다. 부모, 자식을 포함해 다른 누구도 아닌 오직 자신의 지속적이고 완전한 행복을 위해 인생 전체를 걸었다. 죽어서까지 천당과 극락에서 영원한 행복을 누리겠다고 생각하는, 말하자면 포기를 모르는 사람들이다.

성철 스님은 큰 깨달음을 얻은 분으로 종교를 초월해 많은 존경을 받았다. 성철 스님의 딸이기도 한 불필 스님의 저서에 따르면 '큰 스님이 이영주라는 속명을 버리고 '성철'이라는 승려로 다시 태어났을 때 묵곡리 집은 초상집 분위기'였다고 한다. '할아버지는 답답함과 울분을 삭이지 못했고 할머니는 한쪽 눈을 잃는 고초까지 겪었다'고 했다. 심지어 배우자의 태중에는 새 생명이 잉태되어 자라고 있었다고 한다.

성철 스님이 출가한 이유는 영원한 행복을 찾기 위해서라고 하지만 그가 출가할 당시 부모나 배우자의 암담했던 상황이 절절히 느껴진다. 속세의 평범한 사람 입장에서 보면 한 개인의 영원한 행복을 위한 출가로 온 집안이 쑥대밭이 되었다. 석가모니 부처도 번뇌에서 벗어나 영원한 행복을 찾기 위해 출가했다. 물론 그들의 출가는 결과적으로 한 집안을 넘어서 국가와 인류 전체에게 귀한 가르침을 주었다.

하지만 그들도 출발은 역시 행복의 개인적이고 이기적인 성향을 따른 것이었다. 지속적이고 완전한 행복을 추구하는 것이 출가한 종교인들의 목적이다. 그런 행복은 다른 사람에게 나누어 줄 수도 없고, 깊은 수련을 한 자기 혼자만이 느낄 수 있는 것이다. 그 완전한 혼자만의 행복을 위해 자신을 둘러싼 모든 관계들을 과감히 정리하고 출가하는 것이다. 속세에 머무는 평범한 사람들도 마찬가지다.

모든 사람이 추구하는 행복은 오로지 자신만의 행복이다. 그것은 초기 인류가 열악한 자연환경에서 각자 생존을 도모한 처절한 몸부림에서 출발했기 때문이다.

자신만의 행복을 추구하는 것, 그것이 바로 인간의 본성이다.

본질적인 기쁨을 얻기 위해서는

　사람들은 다른 사람의 행복이 자신의 행복과 상반되는 상황에서는 자신의 행복을 우선하는 본능적인 선택을 한다. 부모나 자식, 사랑하는 사람과의 관계에서도 마찬가지다.
　사회를 구성하기 전에는 인간도 동물처럼 원하는 것을 얻었을 때 즉각적인 기쁨을 느꼈을 것이다. 사회가 구성되면서 사회 구성원들끼리 서로를 비교하게 되었다. 그래서 즉각적이고 순간적인 기쁨보다 여러 상황을 종합해 행복 또는 불행이라는 판단을 내리게 된다. 순간적인 감정이 아니라 종합적인 자기의 욕망과 비교해 행복을 저울질한다.

종합적인 자기 욕망에 포함되는 것이 부, 권력, 명예, 쾌락 등이다. 이런 것들을 얻기 위해서는 일정한 자원을 투입해야 한다. 투입 자원들의 운용 결과물이 행복으로 결실을 맺는다. 일반적으로 투자 자원은 동원하기도 쉽지 않고 투자 효율도 그렇게 높지 않다. 그래서 투자는 항상 실패라는 리스크를 갖는다. 만약 실패한다면 투자한 것을 고스란히 날리게 된다. 행복을 위해 많은 물질 자원을 투자했는데, 실패하면 행복은 큰 손실을 입게 된다. 그래서 행복을 추구할 때는 투자 효율을 생각하면서 선택해야 한다.

여기까지 동의했다면 행복에 다가가는 다른 방법이 있다는 것도 자각하게 될 것이다.

행복의 생산 효율을 높이려면

행복의 생산 효율을 높이려면 행복의 기준을 상대에 두고 끊임없이 비교하는 욕망에서 벗어나야 한다. 다른 사람과의 비교를 통해 행복을 판단하려고 하면 자기 능력보다 더 많은 물질 자원이 필요하다. 행복을 만들기 위한 자원을 동원하기 쉽지 않기 때문에 스트레스가 쌓이고 불만족스러울 수밖에 없다. 이 모든 것이 자기만 좋으면 되는 개인적인 행복의 성격과 배치된다. 행복의 성격에 가장 충실한 것이 출가자들의 행복이다. 그들은 남들과 비교하는 상대적 행복보다 인간 본질에 충실한 절대적 행복을 추구한다.

그렇다고 모든 사람들이 출가자처럼 모든 관계를 정리하고 소극적인 사회생활을 하며 자신만의 절대 행복을 추구해야 한다는 의미가 아니다. 중요한 것은 다른 사람과 비교하거나 다른 사람들의 눈을 의식하지 않고 독립적인 존재로 살아가고자 하는 의지다. 독립적인 존재라는 의미는 타인들과의 관계에서만이 아니라 물질 즉 돈으로부터의 독립, 사상적 자유, 관습이나 종교에 얽매이지 않는 자유 등 모든 관계로부터의 독립을 의미한다.

인간은 종속적인 존재가 아니라 주체적인 존재임을 자각하고 행동해야 한다. 주체적인 행동에는 자신감이 따르게 마련이다. 그러면 다양한 본질적인 기쁨이 눈에 띌 것이고, 발견하면 느낄 수도 있다.

 # 본질적인 기쁨을 얻기 위해서는 별도의 투자 자원이 필요하지 않다. 리스크도 없고, 무엇보다 공짜다.

두렵고 불안한 순간이 더 많은 이유

    삶이 항상 행복하고 재미있어서 인생이 즐겁다는 사람은 거의 본 적이 없다. 대부분 사람들은 사는 게 재미없고 힘들다는 말을 자주 한다. 부정적인 성향의 사람들은 힘들다, 피곤하다는 말을 입에 달고 산다.
    먹고사는 것이 왜 이렇게 힘든 것일까? 그 답은 질문하는 문장 안에 이미 들어 있다. 사는 데 필요한 먹을 것을 얻기가 쉽지 않기 때문이다. 가만히 있어도 어딘가로부터 사는 데 필요한 먹을 것이 무한정 제공된다면 사는 것이 전혀 힘들지 않을 것이다. 하지만 척박한 자연환경은 인간에게 그런 호사를 허락하지 않았다. 자연환경의 근원은 지구이고, 지구의 근원은 우주이다. 그러니 지구와 우주환경이 우리가 먹고사는 것 즉 행복과 연결되어 있다는 것이다.

　삶에서 느끼는 불안과 두려움, 삶으로부터 수반되는 고통과 힘겨움을 지구와 우주로까지 연결하는 것은 이론의 지나친 비약처럼 느껴질 수도 있다. 하지만 차근차근 따져보면 조금도 지나칠 것 없는 사실이다.

　지구와 우주는 인간의 힘으로 어쩔 수 없는 환경이다. 인간의 힘으로 제어하기 불가능한 것이라면 그대로 받아들여야 한다. 근원을 제대로 이해하게 된다면 살면서 닥치는 불가피한 시련을 겸허히 받아들임으로써 극복할 수 있게 된다. 어떤 경로를 통해서 지구와 우주환경이 우리 삶까지 개입하게 되는지 살펴보는 것도 의미가 있다. 나는 그 근원을 이해하고부터 마음 속에서 일어나는 온갖 걱정과 불안에서 좀 더 자유로울 수 있었다.

　영화 〈세시봉〉의 실제 주인공인 1947년생 가수 이장희 씨를 인터뷰한 TV 프로그램을 시청한 적이 있다. 그는 '인생을 살아보니 대부분은 고(苦)이고, 중간중간 짧은 시간에만 즐거움과 기쁨이 있었다'며 자신의 삶을 회고했다.

　법정 스님과 성철 스님도 이와 비슷한 언급을 했다. 『법정 스님과 성철 스님의 대화』라는 책에서 법정 스님의 질문에 대해 성철 스님은 다음과 같은 대답을 했다.

　'사람이란 살아있는 동안에 고생을 하게 되는 많은 조건이 있어서 사람이란 고(苦), 고생의 존재이지 낙(樂), 즐거움은 극히 일부분 뿐인

것입니다.'

 종교인들이나 철학자들도 인생을 즐겁고 기쁘다고 말하는 것은 들어본 적이 없다. 하나같이 삶은 고생스럽고 불안하고 두려움이 지배하고 있다고 한다. 거기에서 벗어나 영원한 행복을 얻기 위해 평생을 도전한다. 석가모니 부처도 두렵고 불안한 번뇌에서 벗어나서 영원한 행복을 얻기 위해 출가했다. 이것만 보더라도 두려움과 불안은 벗어나기 어려운 인간의 본질적인 문제라는 것을 알 수 있다. 그러나 아무리 힘들더라도 그 이유를 명확히 알면 힘든 상황을 참고 극복하는 데 도움이 될 것이다.

 생물에게 있어 가장 중요한 생존은 즐겁고 밝고 긍정적인 이미지가 절대 아니다. 치열함, 두려움, 불안 등 부정적인 이미지가 대부분이다. 모든 인간은 특별한 일이 없는 시간에도 자기 의지와 상관없이 어떤 생각이든 하게 된다. 이때 즐거운 기억과 희망적인 생각만 할 수 있다면 인간 세상은 지금보다 훨씬 더 행복한 곳이 되었을 것이다. 생존 경쟁은 덜 치열할 것이고, 모두의 삶은 훨씬 더 재미있었을 것이다. 하지만 인간의 머리는 미래에 대한 걱정과 불안, 과거에 대한 아쉬움을 더 많이 떠올리고, 부정적인 생각을 주로 한다.

 우리가 삶의 즐거움보다 두려움과 불안을 더 많이 느끼는 것도 같은 이유다. 종교나 철학에서는 명확한 설명은 없고 원래 그런 것이라고 한다. 석가모니 가라사대, 삶은 원래 고행이라는 것이다. 그리고 그 고행을 참고 견디고 극복하는 방법에 대해서만 말한다. 예기치 못한 미래 상황에 대비하기 위한 방편으로 해석할 수도 있겠지만, 근본적인 설명으로는 부족하다.

두려움이나 불안은 가끔씩 왔다 가는 단편적인 생각이 아니라 태어나서 죽을 때까지 우리 삶을 지배한다. 사람은 왜 즐거움보다 두렵고 불안한 감정이 많이 일어나도록 창조되거나 또는 진화되었을까?

오래 전에 방송되었던 다큐멘터리 방송 프로그램이 있다.『한반도 30억 년의 비밀』이라는 제목의 책으로도 발간된 바 있는데, 지구환경 변화에 의한 생물의 번성 및 멸종을 실감나게 보여주었다.

그 책에 의하면 지구의 나이는 46억 년쯤 되는데 초기 지구 온도는 1천℃가 넘어서 생물이 살 수 없었다고 한다. 온도가 내려가고 38억 년 전쯤 바다에 등장한 남조류의 광합성 작용으로 산소가 만들어졌다. 25억 년 전부터 산소가 대기로 방출되면서 생물이 살 수 있는 환경이 조성되기 시작한다. 지구 탄생 후 약 87%에 해당하는 40억 년 정도까지는 지구상에 생물이 생존할 수 있는 조건이 형성되지 않았다고 한다.

인류 생존의 메커니즘을 이해한다면

5.8억 년 전부터 시작된 고생대의 캄브리아기(Cambrian Period)에서 급격한 생물의 번성은 적절한 환경 덕분이었다. 지구상에 생물이 출현한 5.8억 년 이후에도 급격한 환경 변화가 있었다. 이로 인해 현재

까지 다섯 차례의 생물 대멸종이 있었다. 멸종 시기마다 생물의 70% 이상이 사라지면서 지구의 주인 자리는 계속 바뀌었다. 평균적으로 7천5백만 년마다 대멸종이 있었다. 멸종 기간이 가장 짧은 트라이아스기(Triassic Period)와 페름기(Permian Period)는 3천5백만 년 밖에 차이가 나지 않는다. 마지막인 공룡 멸종 후 6천5백만 년이 지난 지금, 다시 대멸종이 온다 해도 이상할 것이 없다. 6천5백만 년 전 공룡이 멸종하지 않았다면, 포유류가 지구의 주인이 되지 못했을 것이다. 그렇다면 영장류의 등장도, 인류의 출현도 불가능했다.

인간은 동물 및 영장류인 네안데르탈인(Neanderthal man)과의 생존 경쟁에서 승리하고 지구의 주인이 되었다. 부족한 먹을거리, 화산 폭발, 더위와 추위 등 치열한 환경과의 싸움에서 기적적으로 살아남았다. 지구환경의 급격한 변화는 수많은 생물의 생과 멸종을 결정하는 요인이 된다. 지구환경에는 여전히 인간을 포함한 모든 생물의 생명을 위협할 수 있는 요인들이 있다. 그래서 인간들은 살아있는 동안 내내 두려움과 불안을 느끼게 된다.

삶의 목적은 초기 인류들과 인간 이전부터 존재했던 지구상의 모든 생물들과 밀접한 관련 있다. 다만 지난 몇 십만 년 동안 안정적이었던 지구환경과 인간 스스로 구축한 여러 안전장치들 덕분에 느끼지 못할 뿐이다. 인간의 수명이 길지 않은 것도 지구환경으로 인한 것이지만 이를 체감하지는 못한다. 하지만 거친 자연환경에서 살아남겠다는 인간의 의지는 육체와 정신에 각인되어 있다. 그 각인이 유전되어 후손에게로 전달된 원초적 본능은 항상 긴장감을 가지고 주변을 살피게 한다. 그래야만 생존 확률을 높일 수 있기 때문이다.

우리 뇌는 생존을 위해 부정적인 환경 조건에 잘 반응하도록 설계되어 있다고 한다. 인간의 뇌는 새로운 구조로 처음 만들어진 것이 아니다. 환경에 적응하고 생존하기 위해 움직이는 어류에서부터 뇌가 출현했고, 이것이 진화한 것이다.

어류 - 양서류 - 조류 - 파충류 - 포유류로 갈수록 대뇌 부분이 잘 발달되어 있다. 인간의 뇌는 전두엽이 잘 발달되어 기획과 실행력이 뛰어나며 주변 환경에 잘 적응하고 반응한다. 생존에 긍정적인 요소는 행복으로, 불리한 것은 두려움으로 느끼도록 생화학 물질을 분비한다. 뇌를 적극적으로 활용하는 과정에서 평안과 행복보다는 두려움과 불안이 많이 느껴진다. 그래서 뇌는 죽음이 찾아오기 직전까지 쉬지 않고 환경을 분석하고 다음 행동을 할 준비를 한다.

만약 뇌가 정신적, 영적, 지적 활동만을 위한 것이었다면 정신적으로 피곤하고 지칠 때 인간은 스스로 뇌를 쉬게 할 수도 있을 것이다. 그렇지만 뇌는 생명을 보존하기 위한 도구이기 때문에 잠시도 쉴 수 없다. 생존을 위해 쉬지 않고 다음 행동을 하기 위한 정보를 처리해야 한다. 오감을 통해 들어오는 정보와 나의 의지를 반영하여 새로운 판단 결과를 내놓아야 한다. 모든 인간은 동일한 한 생명을 유지해야 하는 사명을 가진, 차이가 없이 평등한 존재이다.

현재의 인간은 과거 인류가 구축한 안전한 사회 시스템 덕분에 생존의 위협을 적게 느끼고 살아간다. 초기 인류는 열악한 지구환경이나 다른 동물 및 영장류들과 치열한 생존 경쟁을 했다. 또한 인간들끼리도 각자 살기 위한 경쟁을 해왔다. 이러한 과정의 끊임없는 스트레스는 평생에 걸쳐 누적되어 후손들에게 두려움과 불안으로 유전되었다. 현대에는 인간 사회 집단 내에서 살아남기 위해 치열한 생존 경쟁을 벌이고 있다. 모두 결국 안전하게 살아남기 위한 활동의 일환이다.

인간은 열악한 환경에 대한 두려움을 불안으로 연결시켜 위험을 극복하고 생존해왔다. 이로 인해 인간에게는 행복보다 불안하고 두려운 순간의 총량이 많다. 물론 개인에 따라 정도의 차이는 있다. 다만 현대의 인간은 주변 환경이 자신의 생존과 직결되어 있다는 것을 모르고 살 뿐이다.

 # 명상과 같은 정신적 활동만으로 두려움과 불안에서 근본적으로 벗어나는 것은 불가능하다.

욕망, 화, 분노와 생존의 뿌리

　화와 분노는 인간관계에 가장 많은 영향을 끼치는 감정이다. 원만한 사회생활이나 화목한 가정생활을 위해서는 화와 분노를 잘 다스리는 것이 필수 조건이다. 하지만 화와 분노를 절제하고 다스리는 것이 말처럼 쉽지 않으니 큰일이다.
　개인적으로도 화와 분노를 다스리는 것이 가장 어려웠고, 그래서 가장 늦게까지 결론을 내리지 못하고 붙잡고 있었던 주제였다. 대부분의 평범한 사람들이 그렇듯 나 역시 자주 화를 내면서 살아왔다. 인간의 본질과 삶에 대해 그리고 우주의 근원에 대해 다양한 고민을 했지만 정작 내 안의 화와 분노에 대해서는 깊이 생각을 한 적이 없었다. 화와 분노를 다스리는 것이 삶에서 중요하지 않다고 생각한 것은 아니었다. 그저 단순하게 내 스스로 수양이 부족해서 어떤 상황에서는 화를 내는 것이 불가피하다고 생각했다.

화와 분노가 인간 본질과 밀접한 관계가 있다는 것은 시간이 지나서야 알게 되었다.

화를 밖으로 표출하면 분노라는 감정이 된다. 즉 내 안에 있으면 화이고, 그것이 밖으로 드러나면 분노가 되는 것이다. 살면서 하게 되는 후회의 대부분은 이 화를 표출한 것에 대한 것이었다. 화를 내고 나면 반드시 후회를 하게 되는데도, 화를 내고 후회하고, 다시 화를 내는 행위를 반복한다. 이처럼 부정적인 이미지를 갖는 화와 분노에는 분명한 역할이 있다. 그 역할을 위해 후회하면서도 같은 행동을 반복하는 것이다.

화는 일상생활에서 외부로 표출되는 감정 가운데 가장 빈도가 많고, 그만큼 영향을 크게 미친다. 화와 분노는 모든 인간관계에서 발생하는데, 잘못 발산하면 악영향을 끼친다. 화를 내지 않으면 가장 좋겠지만 그럴 수 없다. 행복하지 않기 때문에 화를 내는지 화를 내기 때문에 행복하지 않는지도 혼란스럽다.

그만큼 일상에서 수시로 화를 내고 후회를 한다. 종교생활을 하거나 명상을 하더라도 화를 줄일 수는 있지만 근본적으로 화를 내지 않을 수는 없다. 분명한 것은 화를 내는 횟수를 줄이면 행복에 조금 더 가까이 다가갈 수 있다는 것이다.

화와 분노는 행복하고자 하는 마지막 노력이다

　내가 그랬듯 많은 사람들이 화와 분노는 불가피한 것으로 생각한다. 화는 목표를 실현하고 신념을 지키는 데 반드시 필요한 것으로 인식한다. 사람들은 평생 가정의 생계를 책임져야 한다는 절박한 책임을 가진다. 그것을 위해 사회에서 무조건 성과를 내야 한다는 강력한 목표가 설정된다. 시간이 지나면서 이 성과는 절대선이 된다. 성과를 절대선으로 규정한 자체와 달성 방향이 잘못되었다는 것을 인식하기는 쉽지 않다. 그만큼 생존을 위한 목표를 달성하고 신념을 준수해야 한다는 의지가 강하다. 목표와 신념은 자기 자신과 가족의 생존 수단과 연결되어 있기 때문이다. 화는 주로 이 목표나 신념에 방해가 된다고 판단하는 사건이나 사람으로 인해 생성된다.

　가정생활에서도 수시로 화가 발생한다. 생존을 좌우하는 이해관계가 없는 가정에서는 화가 발생할 이유가 없을 것 같지만 현실은 그렇지 않다. 사회생활과 가정생활에서 화의 뿌리는 자기 자신과 가족의 생존 자원과 관련 깊다. 생존 자원과 연관된 돈, 잘못된 습관과 신념 때문에 수시로 화를 표출한다.

　감정은 매우 다양하다. 기쁨, 즐거움, 슬픔, 우울, 절망, 짜증, 화, 분노, 질투, 불안, 두려움 등이 상황에 따라 나타난다. 이 중에서 기쁨, 즐거움, 슬픔, 우울, 절망, 질투, 두려움은 스스로 느끼는 선에서 끝난다. 하지만 화와 분노는 상대에게 자신의 감정을 전달하여 불만족스러운 결과를 바꾸려는 의도를 가진다. 그래서 좀 더 적극적으로 외부로 표출하게 되고, 상대방에게 부정적인 감정을 전달하게 된다. 화와 분노는 과하게 표출하면 반드시 후회가 따른다. 자신이 낸 화와 분노는 결국 자신에게도 부정적인 영향으로 돌아오기 때문이다.

행복하기 위해서는 기쁘고 즐거운 상황을 많이 경험해야 한다. 그러나 기쁘고 즐거운 일보다는 그렇지 않은 일들이 더 많다. 그만큼 세상 일은 자신의 의도대로 잘 전개되지 않고, 환경 자체가 녹록지 않다. 화와 분노는 원하는 결과를 얻지 못했다는 것이며, 행복하기 위한 적극적 의사 표현이며 노력이다. 일정한 부정적인 결과를 감수하더라도 상황을 자신에게 유리하게 반전시키려는 마지막 시도다.

즐거움과 기쁨을 위한 행위는 행복이라는 명확한 목표를 가진다. 즐거움과 기쁨은 원하는 긍정적인 결과물로부터 뇌에서 느끼는 감정이다. 즐거움과 기쁨은 그 자체가 최종 목적이기 때문에 그것을 느끼는 것으로 종결 처리된다. 반면 화와 분노는 불만족스러운 어떤 자극에 대한 대응의 일환으로 발생한다. 외부로 화와 분노를 표출하여 상대로부터 원하는 것을 얻으려는 것이 최종 목적이다. 화외 분노가 생성되었다는 표현을 함으로써 상대가 자신의 의도대로 움직여 주기를 바란다.

초기 인류는 동물이나 낯선 사람들의 공격을 받을 때 화와 분노를 통해 물리쳤을 것이다. 화와 분노는 생명과 생존을 위한 자원을 지키고 얻기 위한 의사 표현 수단이다. 그래서 인간뿐만 아니라 움직이는 모든 동물에게 존재하는 본능적 특성이다. 움직이지 못하는 식물에게는 화와 분노가 필요 없다. 외부의 위험을 감지하더라도 대응할 수 단이 없기 때문이다. 하지만 동물에게는 화와 분노를 동반한 힘과 빠른 움직임으로 자기 의사를 표현할 수단이 있다.

현대의 인간에게는 생명을 안전하게 지키기 위한 사회 시스템과 다양한 수단이 있지만, 영장류에서 분기되어 나온 초기 인류에게는 언어와 문자도 없었다. 인간들 간의 소통도 어려웠고 집단이 아닌 개인 스스로 생명을 보존해야 했다. 동물과 마찬가지로 화와 분노가 생명 보존을 위한 강력한 수단이었다. 생명, 생존 자원, 신념, 목표 등을 지키기 위한 마지막 수단이 화와 분노인 것이다.

종교, 사회, 민족, 국가의 강력한 목표와 신념이 영향을 끼치는 범위는 넓고 시대를 넘는다. 생존을 위한 인간 상호 간의 모든 행위들이 화와 분노의 원인으로 작동된다.

하지만 욕망, 화, 분노가 지나치면 역효과가 나타난다. 화와 분노는 목표를 달성하기 위해 외부의 상대를 향해 표현하는 거친 행위이기 때문이다. 부정적인 행위를 인지한 상대방은 그에 상응하는 새로운 화와 분노로 대응한다.

 # 화와 분노의 원초적인 목표는 상대방의 제압에 있다.

이 모든 것은 살아남으려는 안간힘이었다

이제 초기 인류 때와 같은 직접적인 생명의 위협은 사라졌다. 그리고 상대방을 설득해서 자신의 목적을 달성할 수 있는 다양한 수단이 존재한다. 되도록 화와 분노를 표출하지 않는 지혜가 필요하다. 자신의 행복을 위해서도 화와 분노의 절제와 관리는 필요하다. 그러나 화와 분노의 본질과 근원을 이해했다 하더라도 이를 완벽하게 절제하는 것은 쉽지 않다. 욕망과 마찬가지로 화와 분노를 100% 절제한다는 것은 어떤 위대한 깨달음에 도달하는 것보다 어렵다. 화, 분노, 욕망은 생존과 생존 자원을 얻기 위한 수단의 역할을 하는 것으로 생존과 그 근원이 같기 때문이다.

노벨상 후보자로 올랐던 태국의 틱낫한 스님은 『화』라는 책에서 이렇게 말한다.

'화는 평상시 우리 마음 속에 숨겨져 있다. 그러다 외부로부터 자극을 받으면 갑작스레 마음 한가득 퍼진다. 잔뜩 화가 나 있는 사람이 있다고 가정해보자. 그의 말은 아주 신랄하며, 상대방을 공격하는 말들로 이루어져 있다. 그가 쏟아내는 악담은 듣는 이를 거북하게 만든다. 그와 같은 행동은 그가 매우 고통받고 있다는 증거다. 마음 한가득 독이 퍼져 있기 때문이다.'

일반인과는 차원이 다른 깨달음을 얻은 사람들도 화와 분노를 느끼는 것은 우리와 크게 다르지 않다. 어떤 때는 우리와 똑같이 불같이 화를 냈다는 표현을 쓰기도 한다. 화를 낸다는 것은 인간의 본질적인 특성이기 때문이다. 화와 분노를 내지 않았다면 초기 인류 때 다른 영장류나 동물들과 경쟁에서 생존할 수 없었을 것이다. 화와 분노는 육체적으로 나약한 초기 인류의 생명을 지키는 수단이었지만 현대는 다르다. 생명을 지켜주는 다양한 수단들이 존재한다. 그렇지만 이미 우리의 몸으로 유전된 본능을 다스리기는 쉽지 않다.

화와 분노는 초기 인류가 생명을 보존하는 수단이었기 때문에 반드시 필요했고 선(善)이었다. 사람을 포함하는 모든 동물들도 화와 분노를 위험한 상황에 대한 본능적인 대응 행동으로 쓴다. 그러므로 화와 분노에는 많은 에너지가 결집되어 있다. 이 결집된 에너지를 이용해서 생명과 생존 자원을 지킬 수 있게 된다. 이러한 화와 분노의 근원은 인간 탄생과 동시에 나타난 것으로 뿌리가 깊고 넓다.

독일의 니콜라우스 뉘첼(Nikolaus Nutzel)과 위르겐 안드리히(Jurgen Andrich)는 『뇌과학』이라는 책에서 이렇게 말한다.

'우리 조상은 야생동물과 맞서 싸우며 스트레스를 받았다. 뇌와 몸이 스트레스에 대처하는 방법은 그때나 지금이나 그다지 달라지지 않았다. (중략) 심장이 빨리 뛰는 것은 온몸에 더 많은 혈액을 공급하기 위해서고, 호흡이 빨라지는 것은 더 많은 산소를 받아들이기 위해서이다. 근육 조직은 팔과 손가락이 떨리기까지 할 정도로 수축된다. 뇌는 몸에 저장되어 있는 탄수화물이 분해되도록 지시한다. 이로써 몸이 더 빠르고 더 강하게 반응하는 데 필요한 더 많은 에너지가 모인다. 스트레스를 받은 뇌는 이 에너지를 가지고 싸우거나 아니면 도망칠 만반의 준비를 갖추는 것이다.'

화와 분노는 자신의 생명이 위협을 받았을 때 극대화된다. 살인, 폭력, 배고픔 등은 두려움과 불안을 느끼게 한다. 이런 상황에 대한 대응으로 표출되는 감정이 화와 분노이다. 물질적 자원을 확보하는 데 방해가 되는 모든 요소도 화를 발생시킨다. 이것도 궁극적으로는 생존과 연관이 있다. 내 몫을 빼앗기거나 얻을 수 있는 기회를 상실하거나 방해를 받은 경우 화를 발생시킨다. 화와 분노가 치밀어 오를 때는 욕이 쉽게 나오는 것도 같은 원리이다. 화가 나는 상황에서는 생화학적인 물질이 분비되는데, 그 물질이 화를 더 키우는 작용을 한다. 초기 인류 때는 화를 더 내는 것이 생존에 유리했다.

초기 인류의 환경과 현재 인간을 둘러싼 환경은 많이 바뀌었다. 초기 인류 때는 자기 스스로 자신의 생명을 지켜 나가야 했다. 하지만 사회가 구성되고 발달하면서 직접적인 생존의 위험은 사라졌다. 반면 사회 내에서 생존하고 성공하기 위해 치열한 경쟁을 한다. 화와 분노를 낼 환경의 장이 변경된 것이다. 그렇다면 이제 화와 분노를 표출하는 방법을 변경할 필요가 있다. 물론 본능과 관련한 것이라 그리 간단한 일은 아니겠지만 말이다.

표출하는 방법을 변경하자

화와 분노를 절제하고 잘 다스려야 하는 이유는 간단하다. 화를 내고 나면 대부분 후회하고 오히려 스스로 상처를 받기 때문이다.

30대 시절 직장에서의 일이 너무 바빠 몸은 항상 지쳐서 피곤했고 미래는 온통 불안하기만 했다. 걱정은 꼬리에 꼬리를 물고 신경은 예민해져서 사소한 외부 자극에도 화와 분노가 치밀었다. 잠도 제대로 자지 못하는 날들이 지속되면서 결국 화병을 앓은 적이 있다. 화와 분노의 에너지가 내 몸 안에 항상 있다는 것이 느껴졌고, 온몸이 상하고 있다는 느낌을 받았다. 얼굴은 항상 상기되어 있었다. 안타깝게도 당시에는 내 안에 차곡차곡 쌓여가는 화와 분노에 적극적으로 대응할 생각을 못했다. 주어진 목표를 달성하기 위해서는 이 정도 부작용은 감수해야 한다는 생각을 했다.

당시 내 화와 분노는 특정 대상을 향한 것이 아니었다. 삶에 대한 두려움과 힘겨운 상황에 대한 저항이고 몸부림이었다. 나약한 한 인간이 살아남으려는 안간힘이었다. 또한 살아남기 위한 강력한 목표에 방해가 되는 것처럼 느껴지는 온갖 사회체제에 대한 반항이었다. 그 반항의 힘을 키우기 위해 화를 축적해서 발산한 것이다. 그 시절에는 살아남기 위한 목표에 방해가 되는 모든 사건이나 행위에 화가 나는 것은 당연하다고 느꼈다. 세월이 한참 흐른 지난 지금 그 시절을 되돌아보면 지혜롭게 대응할 수 있는 다양한 방법이 있는데, 그때는 아무것도 보이지 않았다. 생존 자원을 향한 주관적인 목표와 신념이 너무 강했고, 지혜는 턱없이 부족했던 것이다.

화는 되도록 발생하지 않도록 하는 방법이 최선이다. 물론 불가능한 일이지만 말이다. 하지만 화와 분노의 유발 원인을 정확히 이해한다면 화가 나는 것을 어느 정도 줄일 수는 있다.

화는 생명과 생존 자원을 지키거나 얻기 위한 목적을 가진다. 현대 사회에서는 생명과 생존 자원을 지키는 데 가장 결정적 역할을 하는 것이 돈이기 때문에 화와 분노의 가장 큰 원인 역시 돈이다. 우리는 돈의 목적과 삶의 목적 간의 관계를 명확하게 인식할 필요가 있다. 그래야만 돈이 원인이 되어 일어나는 화와 분노를 상당 부분 줄일 수 있게 된다.

많은 사람들이 생존을 위한 자원 확보 즉 돈을 삶의 목적이자 목표로 삼는다. 돈은 삶의 목적이 아니라 그저 생존을 확보하기 위한 하나의 수단이라는 점을 명확히 인식해야 한다. 과거에는 일부 지배 계층을 제외하고는 생존 자원을 확보하기가 매우 어려웠다. 현재도 평생의 생존 자원을 확보하기란 결코 쉽지 않다. 그것을 위해 많은 사람들이 회사를 다니고 사업을 한다. 어떤 희생을 치르더라도 생존 자원을 확보해야 한다는 생각이 내재되어 있다. 생존 자원 확보에 방해가 된다고 판단하는 순간 화가 일어난다.

생존을 위한 물질 자원을 확보하기 어려운 상황은 전 인류사에 걸쳐 공통으로 나타난다. 이를 위해 살인도 하고 전쟁도 했다. 현대에서 대표적인 생존 자원은 돈이다. 그런데 돈이 인생의 최대 목표가 되면 돈에 종속된 삶을 살게 되고 만족에는 상한선이 없어진다. 돈이 절대선이 되어 돈을 확보하는 데 방해되는 모든 것에 화가 난다. 돈이 안전한 생존과 기쁨을 위해 매우 중요하지만 적절한 선에서 만족할 수 있어야 한다. 돈은 삶의 목적이 아니라 생존을 확보하는 수단일 뿐이라는 점을 명확히 인식해야 한다.

돈으로부터 자유로워질 수 있는 특별한 방법은 없다. 돈의 한계를 명확히 인식하고 벗어나는 연습을 계속하다 보면 조금씩 돈으로부터 해방될 수 있다.

돈으로부터 해방된다는 것이 돈을 소홀히 여기고 금욕 생활을 한다는 의미는 아니다. 큰 깨달음을 얻은 종교인이나 선각자가 아닌 우리는 돈의 욕망에서 완전히 벗어날 수 없다. 하지만 돈이 삶의 기준이 되는 것에서 벗어나 자유로운 삶을 살아야 한다. 돈을 삶의 기준에서 내려놓으면 불안감과 사회에서 소외된 느낌이 들기도 한다. 모두가 그동안 돈에 너무 속박되고 종속된 삶을 살았다는 증거다. 돈의 지배에서 벗어나 자유의지를 가진 독립적인 존재로 살기 위해 우리는 돈의 얽매임에서 벗어나 이를 극복해야 한다. 돈에서만 기쁨을 찾던 것에서 벗어나 삶 자체에서 기쁨을 느끼려는 시도만 해도 화는 많이 줄어들 것이다.

 # 돈과 관련한 욕망에서 자유로워지면 인간과 우주의 다른 본질이 보이기 시작한다. 그 단계를 넘어서면 드디어 다른 삶에 관심을 느낄 수 있게 된다.

화를 만드는 습관을 바꾸는 가장 간단한 방법

과거에는 화가 생명과 자원을 지키기 위한 수단이었지만 현대에는 그 역할이 사라졌다. 유일한 역할은 화를 표출할 때 순간적으로 스트레스가 해소된다는 것 정도다. 하지만 그 뒤에 곧바로 몰려오는 후회와 상대방의 반응에서 오는 부정적인 영향이 스트레스 해소로 인한 장점보다 훨씬 더 크다. 화와 분노는 생명과 생존 자원을 지키기 위한 것이기 때문에 강력한 에너지가 결집되어 있다. 화를 내지 않는 것이 최선이지만 이미 화가 발생했다면 그 엄청난 에너지를 분산시켜야 한다. 화가 발생했다면 내부에 이미 결집된 에너지가 존재한다. 시간을 가지고 그 에너지를 다른 형식으로 조금씩 소진하지 못하면 몸과 마음을 상하게 한다. 화를 절제하는 것은 결집된 에너지를 다스리는 것이다. 이것이 화와 분노를 지혜롭게 관리하는 방법이다.

화를 잘 다스리기 위한 출발은 초기 인류와 현대 사회의 환경 차이를 이해하는 것이다. 이론적으로 봤을 때 현대인들에게는 화와 분노가 있어야 할 이유가 없다. 화의 탄생 시점이라고 할 수 있는 초기 인류 때는 갑자기 위협적인 대상을 만났을 때 이를 이해할 시간이나 특별한 방법이 없었다. 즉각적으로 화를 내고 분노를 표출함으로써 상대를 제압하거나 도망치는 것이 최선이었다. 생명이 자연에 그대로 노출되어 있었기 때문에 위험한 상황은 바로 생존 여부와 직결된다. 그럴 때는 화와 분노가 생존을 보존하기 위한 유일한 수단이다.

하지만 사회가 발달하고 관계가 복잡해지면서 화의 발생 원인은 오히려 매우 다양해졌다. 사회는 직접적인 생명의 위험에서부터 안전을 확보했다. 그러므로 화와 분노의 용도가 사라졌지만 오랫동안 축적된 화나 분노의 역할이 유전되어 여전히 일상으로 나타난다.

화를 유발하는 원인은 모든 생활이나 가까운 사람들에 있다. 생명의 안전과 생존 자원 확보는 과거 대비 획기적으로 용이해졌고, 그로 인해 현대 사회에서는 화와 분노의 기능이 많이 약해졌다. 화와 분노를 대체할 수 있는 언어와 사회 시스템 등 문제를 해결할 수단 또한 많아졌다. 무조건 화를 내지 않아도 되는 상황이 된 것이다.

이미 발생한 화와 분노의 에너지를 적절히 관리하고 다스리는 지혜가 필요하다. 상황별로 화의 원인과 관리 기준을 정해서 화를 다스리는 연습이 필요하다. 이미 발생한 화는 분산해서 관리하는 방법 외에는 처리 방법이 없다.

화의 씨앗 찾기

우리는 화의 원인을 외부에서 찾으려고 한다. 그러나 화의 원인은 내 안에 있다. 외부의 어떤 자극에 대해 생존이라는 목표를 실현하고자 하는 나의 반응으로 발생하는 것이기 때문이다. 다른 누구의 잘못 때문이 아니라 오로지 나의 생존 욕구가 반응하고 있을 뿐이다.

선문답 같지만 화는 '너 때문'이 아니라 '나 때문'이다.

그렇기 때문에 화와 분노를 줄이는 방법은 내 생각과 판단 기준을 바꾸는 것뿐이다. 화와 분노의 상황에 대한 판단 기준을 내가 아닌 제3자의 객관적 관점으로 전환할 수 있어야 한다. 판단 기준을 나의 관점이 아닌 상대방의 관점으로 바꾸어야 하기 때문에 습관과도 관련이 깊다.

상대에 대한 이해, 연민, 사랑, 화해, 용서가 화를 줄이는 데에 유효하다. 화는 스스로 만드는 것이기 때문에 그렇다. 화가 일어나는 모든 상황에 대응해 효과적으로 화를 없앨 수 있는 방법은 애석하게도 없다. 화의 근원이 자기 자신의 생존과 관련된 것이라 일상의 모든 상황에서 화가 일어날 가능성이 있기 때문이다. 쉽게 화를 내는 습관으로부터 벗어나는 연습만이 유효하다.

화는 익숙한 행동의 습관이다. 이전에 어떤 상황에 대응해 화를 표출하는 것으로 처리했다면 그런 해소 방법이 몸에 익숙한 습관으로 남는다. 그 습관에서 벗어나야 화를 다스릴 수 있다.

화를 유발한 눈앞의 상황에서 그 원인을 찾지 말고 근본 원인을 추적해보는 것도 좋은 방법이다. 근본 원인은 수 십 년 전 입은 마음의 상처일 수도 있다. 사랑받지 못한 것에 대한 불만이 쌓이면서 누적된 에너지가 한꺼번에 표출되는 것일 수도 있다. 화의 씨앗이 누적이 되면 사소한 외부 자극에도 생존 대응의 일환으로 쉽게 표출된다. 스스로 화의 씨앗을 제거하지 못하고 키우면 결국은 부정적인 에너지가 쌓여 몸밖으로 내보낼 수밖에 없다. 어떤 이유에서 생겨났든 그것을 무럭무럭 키우는 것은 결국 자기 자신이다. 그러므로 화의 주인은 자신이고 화를 다스리는 것도 나 자신밖에 할 수 없다.

화의 씨앗이 될 만한 요소를 하나씩 제거해 나가야 한다. 그것이 현대인에게는 오히려 생명과 생존 자원을 얻기 위한 가장 효과적인 방법임을 인지해야 한다.

 # 인간과 우주 본질에 대한 깨달음을 추구하는 데에 화의 에너지를 돌려야 한다.

4장

사회, 선, 죄, 돈, 그리고 욕망
— 어느 선에서 멈추고 조절할 것인가?

안전한 생존은 인간 세상이 작동되면서 지향하는 최종 목표이다. 이 목표를 달성하기 위해 사람들은 사회라는 장에서 선, 죄, 돈, 욕망 사이에서 갈등하며 선택을 하고 또한 선택을 요구받고 있다. 피하고 싶어도 피할 수 없는 선택의 상황에 직면하면서 살아가야 한다. 이들을 선택하는 결과치에 따라 우리의 행복은 큰 영향을 받게 된다.

중요한 것은 이 항목들을 선택해야 하는 정확한 기준이나 정해진 비중들이 정해져 있지 않다는 것이다. 정답이 없고 각자의 선택만이 존재할 뿐이다. 적절한 선택과 선택의 결과물인 행복한 삶을 위해서는 이들의 정확한 성격과 관계를 정확히 이해하는 것이 필요하다. 또한 선택한 결과물과 그로 인해 주어지는 행복의 분량을 받아들여야 한다.

그런데 이 선택의 문제는 이제 개인에 국한되지 않고 인류 전체로까지 확대되고 있다. 이 인류의 선택은 다시 개인의 안전한 생존과 행복에 영향을 미치는 사이클을 그린다. 인류가 그동안 축적한 과학기술의 발달로 인해 인류가 하나의 공동 운명체로 작동되는 시대가 되었기 때문이다. 앞으로 이런 현상은 더욱 심화되고 가속될 것이다.

인간의 삶에서 중요한 선과 죄, 욕망에 대해 고민을 하다보면 아무리 노력해도 풀리지 않는 의문에 봉착할 때가 있다. 그때 사회라는 기준을 적용해보면 모든 게 확실하게 정리가 될 때가 많다. 사회 유지와 사회집단 안에서 생존을 위한 최상의 결과를 얻으려는 요인들이 바로 선과 죄, 돈, 욕망이기 때문이다.

기독교에서는 선과 죄의 문제에 주목한다. 이것은 사회의 생존 및 유지와 관련된 것으로 인간의 원초적인 성질과는 거리가 있는 사회집단적인 성격을 가진다. 신이 아닌 사회가 절대적 위치를 차지하고 있기 때문에 착한 사람이 성공하고 죄를 지으면 반드시 벌을 받는 이상적인 방향으로만 작동되지 않는 것이다. 두려움과 불안이 가지는 본질적 성질과 대비된다.

개인의 생존과 행복이 가장 중요한 요소로 작동되기 때문에 개인들은 현재의 사회환경 내에서 최우선으로 적절한 선택을 해야 한다. 하지만 궁극적으로 이렇게 작동되는 흐름에 문제가 발견된다면 이를 이상적인 방향으로 유도하려는 인간의 노력이 필요하다. 인류의 지속적 안전한 생존을 위해서 필요한 사항이라 판단되기 때문이다.

미래 어느 시점에서 인간과 AI를 구분하게 될 기준

인간 본질에 대해 고민할 때 선과 죄의 기준, 욕망, 행복, 정의 등의 관계에서 혼란을 느끼게 된다. 우리는 세상이 항상 공정하기를 바라지만 현실은 그렇지 않다. 태어난 국가, 사회, 가정에 따라 출발에서부터 차별이 존재한다. 이 정도는 이해하고 감수하더라도 선과 죄의 기준조차 사회에 따라 다르다. '정의란 무엇인가?'는 차치하고 과연 정의가 있기는 한 것인지 의심스러울 정도로 그 정의 또한 사회나 시대에 따라 달라진다. 종교, 시대, 사회마다 선과 죄의 기준을 각기 다르게 설명한다. 그래서 뒤죽박죽 온통 혼란스럽다가도 이 모든 것을 생존과 사회라는 관점에서 보면 쉽게 이해되기도 한다. 생존과 사회라는 칼로 재단하면 모든 것이 어이없게 정리가 된다.

어떤 종교에서는 신의 이름을 빌어 상대 종교나 사회집단에 대한 폭력, 심지어 살인까지 행사하기도 한다. 사랑과 영원한 행복을 위해 존재한다는 종교가 이런 일을 벌이는 것이 영 이해되지 않는다. 하지만 이것도 사회집단적 관점에서 보면 설명이 가능해진다. 사회 탄생의 목적은 인간의 안전한 생존에 있다. 이 사회를 유지하기 위한 것이 선과 죄, 관습, 정의, 도덕, 법률 등이다. 사회는 종교, 지역, 혈연 등 여러 유형의 집단으로 존재한다. 각각 자기 집단 구성원의 생존과 사회집단의 생존과 유지를 위해 존재하는 것이다.

생존과 사회와의 관계를 이해하는 것은 인간의 본질을 이해하기 위한 필수적인 과정이다. 생존도 철저히 자기 사회집단만의 이기적 생존을 중요시한다.

신보다 우위의 위상을 가진 사회집단

인간 세상에서 가장 중요하게 취급되는 것은 사랑, 정의, 가족, 종교가 아니라 유감스럽게도 사회다. 그 이유는 생존 때문이다. 인간은 뇌를 활용해 자연환경을 극복하고 동물과 생존 경쟁을 하면서 인류사를 만들어 왔다. 모든 것의 출발은 살아남기 위한 활동이다. 그 중에서 인간이 살아남기 위해 행한 가장 중요한 활동은 협력이었다. 협력의 효율성을 높이기 위해 인간이 만든 최고의 작품이 바로 사회다. 사회는 사람들이 모여서 생활하는 집단으로 개인의 생존에 유리한 측면 때문에 만들어졌다. 그렇게 만들어진 사회의 힘을 동원해서 부족과 국가를 만들었다. 권력이 교체되어 국가는 해체되더라도 자연적으로 발생한 사회는 근본적으로 해체할 수 없다. 사회가 국가보다 더 원초적이고 생명력이 강하다.

인간 세상의 문제 중에 개인의 생존과 관련된 일부만 제외하면 나머지는 모두 사회집단 때문에 발생한다. 사회 변화에 적응하는 것은 안전한 생존을 위한 노력이다. 그리스 철학자 아리스토텔레스는 인간은 사회적 동물이라고 했다. 과욕, 권력, 명예, 선, 악, 도덕, 법률 등은 사회 때문에 등장했다. 사회가 형성되지 않았다면 이런 단어 자체가 존재할 수 없다. 인간과 관련된 것의 종착점은 사회다. 언어, 선, 죄, 도덕, 정의, 신의 명령, 법률은 사회의 생존과 유지를 위해서 정해진 규칙이다. 과욕, 명예, 권력, 비교 등은 사회 시스템을 활용해서 개인의 욕망을 실현하기 위한 것이다. 사회를 유지하기 위한 규칙은 신의 명령보다 더 강한 힘을 발휘한다. 사회가 그렇게 만들었다.

절대적 존재로 인식하고 있는 신도 집단 구성원의 생존을 위해서라면 얼마든지 변경할 수 있다. 전쟁에서 승리한 집단은 기존에 섬기던 신을 변경하게 하고, 패한 집단은 이를 받아들인다. 이러한 사례는 인류사를 통해 많이 찾아볼 수 있다. 신을 변경한 초기에는 많은 반발에 직면한다. 그러나 세월이 흐르면서 바뀐 종교에 의해 새로운 문화가 그 사회집단에도 자리를 잡는다. 그 문화는 사회의 생존을 유지하는 중요한 역할을 한다. 엄격한 신의 명령도 사회의 생존과 유지를 위해서라면 불가피한 경우 새로운 논리를 만들고 융통성을 발휘한다. 율법을 재해석하는 것이다.

인간들은 사회 시스템 안에서 치열하게 경쟁하면서 또 협력한다. 경쟁의 가장 극단적인 예는 전쟁이다. 사회 내에서 경쟁이 도를 넘는다면 사회 유지는 불가능하다. 그래서 적절한 선에서 서로 협력하는 방식을 취한다. 그것이 생존에 유리하기 때문이다. 서로 경쟁을 하되 선을 넘지 않도록 하는 시스템이 선과 죄, 정의, 도덕, 법률 등이다. 이런 사회 시스템과 협력이 인류사에서 찬란한 문명을 꽃피운 동력이었다. 과거 인류가 오랜 시간 축적한 노력의 혜택을 현재의 인간들이 누리고 있다.

사회에 소속된 개인들은 자신들의 안정적인 생존과 행복을 추구하는 존재들이다. 그렇기 때문에 누구도 다른 사람의 행복을 방해해서는 안 된다. 다른 사람이 곧 내가 될 수도 있기 때문이다. 그래서 부모들은 자식에게 이웃을 돕고 사랑하라고 강조하고, 학교에서도 집단적으로 교육한다. 인간은 교육을 통해 자기만의 욕망을 잘못 추구하면 자신에게도 나쁘게 작동한다는 것을 알고 있다. 그래서 기본적으로 경쟁하지만, 서로 협력하고 양보하고 배려한다. 이타적이고 헌신적인 것은 사회생활을 잘하기 위한 방식이며, 이러한 행동이 다른 사람들로부터 인정을 받는다. 이것이 인간의 또다른 중요한 특징이다.

동물들도 작은 집단의 사회를 구성하고 살아간다. 인간과 동물의 사회를 구분 짓는 가장 큰 차이가 바로 협력이다. 인간은 어느 선에서 경쟁을 멈추고 협력할 것인가를 판단할 수 있는 지혜를 가지고 있다. 이것은 미래 어느 시점에서 인간과 AI 인간을 구분하는 기준이 될 것이다. 정신적 활동을 하고, 감정을 느껴 표현할 수 있는 것이 인간의 유일한 특성이 아니다. 사회를 구성하고 서로 협력할 수 있다는 것이 인간임을 증명하는 가장 중요한 특징이다.

사회 시스템의 유지와 인간 생존을 위해서 모든 인간들이 협력해서 새로운 방법을 찾아야 한다. 현재까지 인간 활동은 동물들과의 경쟁, 자연환경의 극복, 생존 자원의 확보를 위한 과정이었다. 그것이 생존하기 위한 방법이었다.

인간들은 이번 세기 내 완전 자동화와 AI 로봇으로 인간이 필요 없는 세상을 만들 것이다. 그런 기막힌 세상에서도 인간이 생존하려면 개별 사회집단의 협력만으로 부족하다.

 # 인류 전체기 협력할 수 있는 방법을 찾아야 하는 초입에 현재의 인간이 살아가고 있다. 다음 세대를 위해 우리가 반드시 해결해야 할 숙제다.

선하고자 하는 그 마음과 의지만은

사회가 만들어진 이후 인류는 자연이나 동물의 위협에 안정적으로 대응할 수 있었다. 반면에 그로 인해 늘어난 인간들이 오히려 인간 개개인의 생존에 최대 위협으로 대두되었다. 이에 효과적인 대처를 위해 다양한 도덕, 규칙, 제도들을 만들고, 이를 지키도록 엄격하게 강제해왔다. 이러한 모든 것들은 자기 사회집단 내에서 적용되는 것이다. 다른 사회는 전쟁을 통해 죽이거나 노예로 삼아도 된다고 허용하고, 오히려 이를 선으로 포장했다.

선, 죄, 도덕, 제도 등 모든 것은 결국 자기 사회집단을 위한 것이었다. 선과 죄의 기준은 자기가 속한 사회를 기준으로 정해지고, 이로써 선과 죄의 이중적인 잣대가 형성된다.

이는 성경에서도 그대로 나타난다. 모세의 십계명 중 '살인하지 말라, 간음하지 말라, 도둑질 하지 말라, 네 이웃에 대하여 거짓 증언을 하지 말라, 네 이웃의 집을 탐내지 말라'는 사회 유지를 위한 선한 규칙들이다.

그렇지만 이 다섯 가지 규칙도 자기가 속한 사회에만 적용된다. 성경의 출애굽기 12장 29~30절을 보면 '밤중에 여호와께서 애굽 땅에서 모든 처음 난 것 곧 왕위에 앉은 바로의 장자로부터 옥에 갇힌 사람의 장자까지와 가축의 처음 난 것을 다 치시매, (중략) 그 나라에 죽임을 당하지 아니한 집이 하나도 없었음이었더라'라는 구절이 있다. 자기가 속한 사회의 안녕과 번성을 위해 상대의 모든 족속을 죽이는 것이 용인되었다는 것이다.

이것은 내가 속한 사회의 생존과 지속적인 유지를 위해 선, 악, 도덕, 법, 종교 등이 필요하다는 것이지 모든 인류 사회에 공통적으로 적용되는 것이 아니라는 말이다. 나를 둘러싼 사회집단의 생존과 번영을 위한 것이 선이고, 도덕이고, 법이다. 상대가 되는 다른 사회집단의 입장에서도, 마찬가지 논리가 성립한다.

서양 중세 시대의 기독교, 고려의 불교, 조선의 유교 등이 당시 사회집단을 지탱했다. 그것이 그 사회를 위해 신적인 절대자의 위치에 존재했다. 이런 원칙은 현대 사회에서도 동일하게 작동되고 있는 중이다.

인류 전체를 위한 보편적 선과 협력

하지만 이 유서 깊은 원칙들도 이제 변해야 할 시점이 다가오고 있다. 현재 자기가 속한 사회집단만의 생존이 인류 전체의 지속적인 생존을 보장하지 못하는 상황이 펼쳐지고 있기 때문이다. 대표적으로 기후 변화와 인간을 능가하는 AI의 등장이다. 이것을 극복하기 위해서는 자기 사회집단 내에서의 협력만으로는 부족하다. 자기 사회집단을 유지하기 위한 것이 선과 죄의 기준이 되는 이중성에서 벗어나야 한다. 인류 사회 전체를 위한 보편적 선과 협력이 필요하다. 이를 위해 사회 시스템의 변화와 인간들의 인식 전환이 요구된다. 그러기 위해 인간 본질과 사회와 생존에 대한 이해가 선행되어야 할 것이다.

어떻게 하면 죄를 짓지 않고 살 수 있을까?

젊은 시절 한때 진정한 선에 도달하고자 노력한 적이 있다. 스스로에게 임상 실험을 해 완벽한 선을 추구하려고 했던 순수한 시절이었다. 그 시절 나는 꿈 속에서도 티끌만한 죄조차 짓지 않으려고 노력했었다. 이런 선은 아주 짧은 순간은 달성할 수 있다. 하루 종일 조심하고 긴장하면서 머릿속 잡념까지 제어하기 위해 애를 쓰면서 말이다. 행동과 마음에 한 점의 죄도 들어서지 못하도록 긴장의 끈을 놓지 않고 계속 노력한다. 하지만 한순간 방심하면 질투와 시기, 욕심이 불쑥 올라온다. 모든 노력이 물거품이 되는 순간이다.

그런데 문제는 무엇이 죄인지 규정하는 것에서부터 발생했다. 어떤 종교나 사회집단에서는 죄라고 하던 것이 다른 시대로 넘어가거나 다른 사회집단에서는 죄가 아니라고 하는 경우가 있었다. 이럴 때는 어떻게 판단하고 행동해야 죄가 되지 않는가? 내 마음대로 판단할 수도 없고 생각하면 할수록 피곤하기만 했다. 이 문제를 교회 전도사에게 상의하고 도움을 요청해보기로 했다. 그는 죄들 사이에 있지 말고 멀리 도망을 가라고 했다. 죄 가운데 있으면서 죄를 짓지 않는 것은 불가능하다는 것이었다. 결국 완전한 선이 무엇인지 알 수도 없었고, 알 수 없으니 실천도 불가능했다.

선과 죄에 대한 고민을 한 지 몇 달이 지나면서 도대체 내가 왜 이러고 있나, 하는 생각이 들었다. 모든 행위에서 선과 죄를 구분하는 것은 어려운 일이었다. 할 수 있는 방법은 다 동원해보았지만 모두 실패했다. 그간의 과정을 돌이켜보니 나는 선하게 살기 위해 선이 무엇인지 알려고 했고 다양한 노력을 했다. 하지만 시대에 따라 그리고 사회집단 별로 선의 기준이 다 달랐기 때문에 절대적인 선을 정의하는 것은 도저히 불가능했다. 그럼에도 불구하고 한 가지 동일한 점이 있다는 사실을 발견했다.

선의 기준은 저마다 달라도 선하고자 마음은 모두 다 선하다고 할 수 있다는 것이다. 선하고자 하는 의지와 그 과정은 사회집단이나 시대에 상관없이 선한 것임을 부인할 수 없었다.

모든 것은 의심하더라도 생각하는 자신의 존재는 의심할 수 없다는 데카르트(René Descartes)의 말이 생각났다. 드디어 선하고자 하는 마음과 의지만은 부정할 수 없는 선이란 결론에 도달했다. 선과 죄에 대한 혼란에서 벗어나 해방되는 순간이었다. 생의 두 번째 깨달음에 엄청난 환희와 기쁨을 얻을 수 있었다. 진정한 선은 선하고자 하는 의지 그 자체이고, 그 외의 선은 사회집단이나 문화, 시대에 따라 변했다. 이러한 결론을 내리고 난 다음부터는 항상 죄를 짓고 살고 있다는 압박감에서 해방될 수 있었다. 마음 놓고 일상생활을 하게 되었고 죄를 짓고 살면 사후에 지옥불에 떨어질 것이라는 두려움에서도 벗어났다.

오랫동안 선과 죄의 문제로 혼란스러웠던 것은 선과 죄에 대한 정확한 정의를 몰랐기 때문이다. 누구도 정확하게 설명을 해주지 않았고, 그저 죄 짓지 말고 착하게 살라는 강제만 했다.

나중에 보니 300년 전에 임마누엘 칸트(Immanuel Kant)가 이미 '선이란 오로지 선에 대한 의지뿐'이라는 결론을 내려놓고 있었다. 그렇게 힘들게 도달한 결론인데 300년 전 이미 동일한 결론을 내린 사람이 있다고 생각하니 허탈하기도 했다. 하지만 나의 고민 방법과 방향이 틀리지 않았다는 확신도 갖게 했다.

'선이란 오로지 선에 대한 의지뿐이다.'

사회를 유지하는 데 기여하느냐 마느냐

    선과 죄는 시대에 따라 그리고 사회집단에 따라 그 기준이 지속적으로 변하면서 진화 과정을 거친다. 대표적인 것이 노예제도와 여성 차별, 동성애 등이다. 현대 사회의 관점에서는 엄청난 인권유린이고, 중대 범죄라 할 수 있는 일이 불과 몇 백 년 전까지 엄연한 사회제도로 존재한 것이 노예제도다. 여성 차별도 마찬가지다. 완벽한 민주주의를 실현하고 있다는 자부심을 갖는 서구 선진국가들도 여성들에게 참정권을 허용한 지 얼마 되지 않았다. 영국은 1918년, 미국은 1920년, 프랑스는 1946년부터 여성에게 참정권을 주고 있다. 심지어 지금 이 순간도 일부 국가에서는 여성 차별을 공공연히 제도화하고 있다.

중세 시대 일부 지역에서는 신에 대한 다른 견해를 가진다는 것은 상상조차 할 수 없는 일이었다. 그러나 지금은 지배층에 대해 반대하는 것이 죄로 분류되지 않는다. 선에 대한 기준은 시대별, 지역별, 집단별로 상대적이다. 선과 죄의 기준은 사회 구성원들의 공감과 합의로 결정되기 때문이다. 자기 집단의 생존과 유지를 위한 것이 선과 죄의 기준이 된다. 이익집단이나 종교집단 모두 마찬가지 논리가 적용된다.

얼마 전까지도 일부 종교에서는 동성애를 죄악시했다. 하지만 동성애자들의 권리를 법적으로 보장하는 국가가 늘면서 종교계도 입장 변화를 보이고 있다. 사회적 공감대를 형성하면서 편견에서 벗어나는 과정을 거치고 있다. 이런 현상은 인간 사회의 필요성 때문이다. 과거에는 당연했던 것들이 현재는 죄로, 과거의 죄가 현재는 당연한 권리로 인정되는 것들이 존재한다. 사회를 유지하는 데에 기여하느냐 마느냐가 그 기준을 정하기 때문이다.

죄가 되는 행동을 하지 않는 기술

그 가운데 변하는 것과 변하지 않는 것이 있다. 변하지 않는 것은 직접적 생존과 생존에 필요한 물질과 관련이 깊다. 살인이나 남의 것을 빼앗는 행위는 변하지 않는 죄다. 변하는 것은 선과 죄의 기준이다. 그것은 사회가 정하기 때문에 사회가 바뀌면 판단 기준도 달라진다.

사회가 발전하면 안전한 생존의 기회가 소수 지배층에서 집단 전체로 확산된다. 일부 소수에게만 주어졌던 안전한 생존의 기회가 대중들에게도 주어진다. 개인들의 존엄과 생존 안정성이 높아지면서 사람들의 생각과 관습도 변한다. 선의 기준이 바뀌는 토대가 형성된다. 노예제도, 여성 참정권도 같은 메커니즘이 작용되었다. 그래서 시대별, 사회별, 종교별로 선과 죄의 판단 기준이 달라진다.

선과 죄는 항상 연결되어 있고, 정반대되는 개념처럼 보이지만 선이 아니라고 해서 꼭 죄가 되는 것은 아니다. 어려운 사람을 돕는 것은 선한 행위이지만 돕지 않는다고 죄가 되는 것은 아니다. 선이란 사회를 이롭게 하는 모든 행위를 말한다. 죄는 사회의 유지와 생존을 해치는 행위를 말한다. 핵심은 인간을 이롭게 하거나 해치는 행위를 말하는 것이 아니다. 핍박 받는 자기 집단을 위해 적대 집단에 행하는 테러나 살인에 대해서는 다른 평가를 내린다. 의로운 행위라고 추켜세우기도 한다. 선과 죄의 기준은 인간이 아니라 사회의 유지다. 물론 그 사회는 인간의 생존을 위해 탄생한 것이다.

선과 죄의 기준이 인간이 아닌 사회를 위한 것이라는 점은 우리를 슬프게 한다. 죄는 시대, 민족, 국가, 종교별로 자기 집단의 생존과 유지에 방해가 되는 행위다. 그래서 죄는 해당 집단의 정해진 규칙에 대한 무지로도 저지를 수 있다. 지구에 나 혼자 산다면 내가 선과 죄를 행할 대상도 없고, 나에게 그러한 행위를 할 사람도 없다. 내가 살기 위한 행동만이 필요하다. 나의 생존에 필요한 것을 기준으로 좋고 나쁜 것을 구분하면 되기 때문에 선과 죄라는 개념은 필요하지 않다. 선과 죄는 사람이 모인 사회에서 탄생했고, 그 사회집단 안에서 작동된다. 사회는 나와 다른 사람이 공존하는 것이기 때문이다.

다른 사람의 것을 빼앗거나 살인하지 말라는 기준은 모든 사회에 공통적으로 존재하지만 그 적용은 자기가 속한 사회집단 내에서만 이루어진다. 선에 대한 배신감마저 느끼게 하는 대목이다. 선과 죄의 기준에 대해서 혼란스러움을 느끼게 되는 원인이다.

선이란 결국 내가 속한 사회집단을 이롭게 하는 행위이고, 죄는 그 사회의 유지와 생존을 해치는 행위를 말한다. 선과 죄의 기준은 인간이 아니라 사회의 유지에 있다. 여기에 더해 선은 선한 마음이 행위로 표출되고 타인이 인정해야만 성립된다. 선한 마음이 있더라도 그것을 실행하지 않는다면 아무도 선하다고 하지 않는다. 또한 자기 자신은 선하다고 생각하는 행위가 다른 기준을 가진 사람의 입장에서 볼 때는 선한 행위가 아닐 수도 있다. 선이란 나의 어떤 행위를 타인이 평가하는 것을 말한다.

죄는 선보다 범위가 넓은 개념이다. 죄는 자기 스스로 평가할 수도 있다. 일부 종교에서는 행위 뿐만 아니라 탐욕과 같은 생각만으로 죄가 성립한다고 보기도 한다. 외부로 드러나는 죄를 넘어 개인 내면의 죄까지 간섭하고 적극적인 선을 요구하기도 한다. 과거 왕조 시대나 중세 시대의 일부 지역에서는 역모나 신을 부정하는 것은 구체적으로 실행하지 않더라도 처벌할 수 있었다. 그런 마음을 갖는 것 자체만으로도 사회를 유지하는 데에 방해가 된다고 판단했기 때문이다. 선한 행동이 사회 유지에 미치는 긍정적 효과보다 죄가 미치는 부정적인 영향이 강하기 때문이다. 그래서 사회는 안전한 사회 유지를 위해 선보다 죄를 중점적으로 다루고 규칙과 법 등 안전장치를 마련한다.

죄의 기준은 비교적 명확하게 정의되지만 선에 대한 기준을 정확하게 제시하는 경우는 없다. 선은 개인적 선택으로 보는 경향이 많다. 이것 때문에 선이 인간을 인간답게 하는 특징이 되는 것이다. 죄는 사회가 정한 기준을 반드시 지켜야 하는 필수 사항으로, 위반할 경우 규칙에 따라 처벌한다. 이런 처벌 때문에 부모나 사회는 죄를 짓지 않도록 선보다 죄를 더 집중해서 교육한다. 사회와 개인의 생존을 위해서 타인에게 어떤 행위를 할 때는 선과 죄 사이에서 적절한 선택을 하도록 요구한다. 선과 죄가 가지는 이런 속성들 때문에 선과 죄 가운데서 혼란스러워 하는 경우도 있다.

이런 인간 본성과 관련된 요소가 AI 기술과도 연계된다. 전자제품 개발을 경험한 엔지니어로서 이런 상황을 기술과 연결해서 생각해보곤 했다. AI 기술을 개발할 때도 선한 행동보다는 죄가 되는 행동을 하지 않는 기술의 개발이 더 중요하다.

 # 미래에 등장할 AI 로봇이 죄를 행할 가능성이 많다면 절대 상업화까지 이어질 수 없을 것이다. 인간이 AI를 만드는 창조자가 맞다면 이를 정확하게 인지해야만 한다.

/

기준이 변하지 않는 선이 존재할까?

/

    욕과 관련한 개인적인 에피소드가 하나 있다. 친구가 어느 날 정색을 하고는 왜 자꾸 욕을 하느냐며 나를 쳐다보았다. 나는 무슨 말을 하는 거냐며 그런 적이 없다고 응수했다. 그러자 그 친구는 나에게 '너 그 말이 욕인지 모르지?' 하면서 내가 한 욕의 의미를 설명해주었다. 친구의 말을 듣는 순간 머리를 세게 한 대 맞은 느낌이었다.
    그날의 충격이 하도 커서 세월이 흐른 지금까지 정확히 기억한다. 그때까지 나는 그 말이 스트레스를 받을 때마다 사용하는 아무 뜻 없는 된소리 정도로 알았다. 욕인 줄도 모르고, 심지어 무슨 뜻인지도 모르고 있었던 것이다. 별 뜻도 없는 된소리가 스트레스 해소에 사용된다는 것이 좀 신기하다는 생각을 해보긴 했다. 아마 그때 친구가 그런 말을 해주지 않았더라면 나는 지금도 그 말을 습관처럼 내뱉고 있을 것이다. 무지(無知)로 인해 욕을 했다. 그 뜻을 아는 사람들이 그 말을 하는 나를 보았다면 심한 욕을 잘도 한다고 생각했을 것이다. 그러나 나는 스스로 욕을 하지 않는 사람이라고 생각하고 있었다.

왜 아는 것이 선이고, 모르는 것이 죄가 되는가?

철학에서 매우 긴 시간에 걸쳐 중요하게 다루는 것이 행복 그리고 선과 죄의 문제이다. 그리스의 위대한 철학자 소크라테스(Socrates)는 아는 것이 선의 출발이고, 무지를 죄라고 했다. 모르는 것이 죄의 원인이 된다는 것이다. 소크라테스는 왜 아는 것이 선이고, 무지를 죄라고 했을까?

규칙은 사회의 안정과 유지를 위한 것인데, 규칙을 알면 사회의 안정과 유지에 도움이 된다. 규칙을 모른다면 몰라서 죄를 지을 수 있고 사회의 안정과 유지에 방해가 되기 때문이다. 소크라테스는 수많은 사회의 불합리한 많은 사건들의 원인을 무지에서 찾은 것 같다. 그래서 그는 죽는 그 순간까지도 악법도 법이라고 주장했다.

현대인들은 교육과 오랜 경험의 축적을 통해 사회의 도덕, 정의, 에티켓을 잘 안다. 하지만 고대 그리스 시대만 하더라도 상식과 지식이 부족했다. 축적된 지식과 교육 체계가 없었기 때문이다. 다른 사람은 생각하지 않고 자기에게 유리한 기준으로만 판단하고 행동했다. 죄인지도 모르고 죄를 저지르는 행위도 많았을 것이다. 사회생활을 위한 기본적인 것을 아는 것과 모르는 것을 선과 죄를 행하는 원인으로 보았다. 무지를 죄라고 한 소크라테스의 말은 사회와 개인의 생존 및 지속성과 관련 있다. 아는 것이 선의 출발이고 무지를 죄라고 했던 배경이다.

플라톤(Plato)은 모든 사물은 형태는 다르지만 근원은 변하지 않는 원형 즉, 본질이 있다고 보았다. 이처럼 변하지 않는 본질을 이데아(Idea)라고 명명했다. 이데아 중에서 선의 이데아를 최고로 삼았다. 선이 삶과 역사의 완성을 가능하게 해주기 때문이라고 주장한다. 올바른 삶을 살기 위해 삶의 목적인 선의 이데아를 찾아야 한다고 본 것이다. 선의 이데아를 최고로 본 것도 소크라테스의 죽음과 관련 있다. 고대 그리스 사회의 무지가 소크라테스를 죽음까지 몰고 갔다고 생각했다. 그 사건에서 타락한 정치와 사회를 보고 이상적인 근원을 찾고자 했다. 여기서 선이란 좋은 것의 본질이지만 사회에서 말하는 착한 행위나 정의를 포함한다.

아리스토텔레스는 선이 궁극적으로 추구하는 것은 행복이라고 했다. 삶의 목적을 보이지 않는 이상적인 이데아 세계에서 현실의 세계인 행복으로 끌어내려왔다. 칸트는 변하지 않는 선의 기준을 찾았지만 시대별, 집단별로 공통으로 적용되는 선을 찾지는 못했다. 유일한 선은 선하고자 하는 의지 자체뿐이었던 것이다. 기준이 변하지 않는 선은 존재하지 않는다. 결국 진정한 선이란 선한 의지뿐이라는 결론에 도달하게 된다. 그래서 칸트는 절대적인 선을 포기하고 상대적인 선을 주장했다.

기독교 관점에서 보면 인간이 만들어지고 거의 동시에 죄가 인간 세상에 나타났다. 죄는 하나님의 명령을 거부한 것으로 정의한다. 이 때는 하나님이 제시한 명령이 선의 기준이 된다. 종교 특성상 결론을 먼저 제시하는 연역적 방법이다.

반면에 철학이나 깨달음의 측면에서 선에 대한 결론은 귀납적 방법이 많다. 이런 논리로 선악과를 따먹으면서 하나님의 명령을 거역한 원죄부터 죄가 인간 세상으로 들어온다. 성경의 야고보서 1장 15절에서는 '욕심이 잉태한즉 죄를 낳고 죄가 장성한즉 사망을 낳느니라'며 죄의 원인을 욕심이라고 정의한다. 여기서 죄의 사회적 속성이 나타난다. 죄의 원인이라고 지목한 욕심, 그 중에서 과욕은 사회가 형성된 이후에 나타났다.

이런 논리로 죄는 사회가 구성된 후 사회생활과 연관해서 나타난다. 앞에서 설명한 것처럼 나 혼자만 산다면 죄를 지을 대상이 없기 때문에 죄도 없다.

 # 선과 죄는 무지, 사회는 물론 신과도 서로 연결되어 있다. 그 밑바탕에는 사회의 생존과 유지 그리고 거기서 더 내려가면 인간 각자의 생존이 자리잡고 있다.

인류의 지속적 생존을 위한 선의 기준

　인간들은 안전한 생존을 확보하기 위해 사회를 만들었다. 개인별로는 생존 확보를 위해 욕망이 수단으로 활용되었다. 생존과 직접적인 의식주와 관련한 기본적인 욕망은 사회가 형성되기 훨씬 이전부터 있었다.

　그만큼 뿌리가 깊기 때문에 인간은 욕망에서 쉽게 벗어날 수 없다. 사회가 형성된 후에는 기본적인 욕망을 넘어서는 물질, 권력, 명예, 쾌락 등에서 과욕이 발생했다. 과거 농경사회에서의 부는 사회 시스템이 아닌 개인의 욕망으로 형성된 경우가 많았다. 그래서 많은 사람들의 관점에서 부자들의 부는 과욕의 결과물로 보였을 것이다.

부자들의 지나친 욕심은 다른 사람들의 행복을 빼앗는 결과로 나타났다. 이런 과욕은 사회의 불안 요소가 되었고 안전한 사회 유지에 방해가 되었다. 선을 사회 유지에 긍정적인 행위, 죄를 사회의 안정적 유지에 방해라고 정의한 것을 적용한다면, 지나친 욕심은 다른 사람들의 안전한 생존과 재산을 위협하는 죄로 분류된다. 그래서 종교에서는 욕심이 죄의 근원이라고 규정하고 욕망의 절제를 요구했다. 욕심이 죄의 원인이고 죄를 지으면 천국에 가지 못하고 지옥에 간다는 논리가 성립한다. 그래서 선을 행하고 죄를 짓지 말라고 가르치고 요구하게 되었다.

성경의 마태복음 19장 24절에서는 부자와 천국에 대해 다음과 같이 언급했다. '다시 너희에게 말하노니 낙타가 바늘귀로 들어가는 것이 부자가 하나님의 나라에 들어가는 것보다 쉬우니라 하시니.'

그렇지만 최근의 많은 상황은 이런 논리들이 작동하지 못하게 한다. 다른 사람들의 행복이 훼손되더라도 나의 욕망을 위해서라면 눈을 감는다. 죄로 느끼지도 않으니 오히려 당당하다. 자기 집단의 유지를 위해 신의 명령이라도 적당한 논리를 만들어 용납해주었다. 신의 명령을 어기면서 사회의 안정적 유지를 위한 악역을 담당한 것은 사회 자체였다.

그런데 최근 우리 사회는 그 악역을 개인 스스로 자처한다. 사회의 유지가 아니라 개인의 욕망을 채우기 위해서다. 그런 행위는 신보다 상위로 올라서는 행위와 같다. 결국 사회의 생존을 위협하게 된다.

인류 전체의 존엄을 지키기 위해서는

지금부터는 인류 전체의 보편적인 선을 찾고 실천하는 노력을 해야 할 필요가 있다. 이것은 인류 전체의 지속적 생존과 유지를 위해 우리에게 주어진 숙제이다. 사회집단의 존재 목적은 그 집단에 소속된 구성원들의 안전한 생존을 위한 것이다. 하지만 개별 사회집단만의 생존을 추구하는 방식으로는 더 이상 인류 전체의 생존과 존엄을 지킬 수 없다. 인류 전체 사회집단에게 공통으로 적용될 새로운 선의 기준을 찾아야 하는 이유다.

절대적 선의 기준은 정해져 있지 않으므로 선의 기준은 사회집단 구성원들이 정해야 하는 것은 당연하다. 인간 세상은 인간 스스로 만들고 지켜 나가야 하기 때문이다. 선과 죄의 기준에는 사회집단의 오랜 관습의 결과가 반영되지만, 그 결과는 미래 후손들에게 돌아가게 된다. 인류 집단 전체가 자신들의 생존을 책임지고 결과도 받아들여야 하는 구조다.

우리는 미래 인류의 지속적 생존을 위해 새로운 선의 기준을 신중히 정해야 할 의무가 있다. 탐욕이 기준과 목표가 되어서는 안 된다.

욕망은 어떻게 탄생하는가

 욕망은 인간의 탄생과 함께 시작되었다. 그런 의미에서 욕망은 곧 인간 그 자체라고 볼 수 있다. 이 욕망이 인류사와 개인 삶 전반에 영향을 미치는 것이다. 욕망은 생존을 위한 생존 자원의 확보 수단으로 활용되는데 물질적 욕망, 육체적 욕망 그리고 정신적 욕망이 있다.

 정신적인 것에는 관심이 없고 물질적, 육체적 욕망만 채운다면 문제가 되는가? 많은 돈을 벌어 가족, 친구들과 행복하게 사는 삶이 딱히 이상할 것이 없다. 타인에게 피해를 주지 않고 개인의 물질적, 육체적 즐거움만 추구하면서 살 수도 있다. 생존을 위해 돈을 버는 노력은 귀중한 행위다. 그러나 지나친 과욕은 사회 문제가 되고 결국 개인의 행복에도 악영향을 미친다. 물질적, 육체적 욕망만 추구하면 미래 인류의 안전한 생존을 보장할 수 없게 될 것이다.

현대인들의 욕망에서 가장 큰 이슈는 무엇일까? 과도하게 돈을 좇는 것과 이를 얻기 위한 치열한 경쟁이다. 다른 한편으로는 지속적 행복을 위해서는 욕망을 줄여야 된다고 한다. 또한 종교에서는 정신적인 욕망이 인간들이 추구해야 할 이상적인 것이라고 가르친다. 그렇지만 현실로 돌아오면 대부분 사람들이 돈을 향한 욕망만을 거침없이 가동시키는 데 주저함이 없다. 이상적 바람과 현실의 간극이 우리를 혼란스럽게 한다.

배가 고프지 않는데도 계속 먹는다면

이렇게 이상과 현실 사이에 차이가 나타나는 이유는 무엇일까? 그것은 삶의 목적을 행복이라고 단정하고 거기에 맞추어 해석하기 때문이다.

인간 자체라고 할 수 있는 욕망의 근원에 대해 좀 더 살펴보자. 인간의 욕망 중 가장 먼저 생겨난 것은 생존에 필요한 기본적인 의식주에 대한 욕망이다. 음식, 안전한 잠자리, 추위를 피할 옷이 생존을 위한 기본적인 욕망에 해당한다. 생존에 관련된 욕망에서 완전히 벗어나는 것은 불가능하다. 벗어날 수 있는 유일한 방법이 있다면 그것은 죽음이다.

사회가 구성된 후 나타난 것이 다양한 과욕이다. 과욕은 자기 자신의 노력으로 얻는 것보다 다른 사람을 활용해서 얻는 것에 집착한다. 그래서 과도한 물질욕, 성욕, 권력욕, 명예욕 등은 다양한 사회 문제를 일으킨다.

모든 욕망의 최종 목표는 생존과 행복이다. 뇌 과학자들은 욕망하는 것을 얻으면 뇌에서 신경전달 물질인 세로토닌(Serotonin)과 도파민(Dopamine)이 만들어지면서 행복감을 느끼게 된다고 한다. 행복하다는 감정을 느끼는 것은 이런 화학 물질이 분비될 때 나타나는 효과라는 것이다. 정신적 활동을 통해 영원한 행복에 도달하려는 것도 이러한 화학 물질을 지속적으로 만들어내려는 것이다. 종교적 믿음도, 깨달음도 모두 화학 물질을 압도적으로 많이 만들어내려는 바람에서 비롯된다.

생존을 위한 수단으로 작동되는 욕망이지만 지나친 욕심은 오히려 행복을 해치는 결과를 가져온다. 이렇게 애매하게 작동되는 것은 뇌의 역할 때문이다. 뇌는 안전한 생존을 위한 효율직인 판단을 하기 위해 생성되었다. 바라는 욕망이 지나치면 원하는 만큼의 욕망을 채우지 못해 스트레스를 받고 불행해진다. 이때 이성적 판단을 작동시켜서 과욕을 자제하도록 명령을 내린다. 과욕과 절제의 적절한 선을 설정하는 것은 매우 어렵다. 과욕과 절제가 경쟁하면 대부분 과욕이 승리하기 때문에 욕망을 자제하기는 매우 어렵다.

이성이 작동되지 않아서 뇌의 기능이 인간보다 떨어지는 동물은 오히려 과욕이 없다. 그들은 현재 배고프면 주변 동물들의 어떤 눈치도 보지 않고 먹이를 먹으려고 한다. 비이성적인 행동을 하지만 배부른 상태에서는 과도한 욕망을 계속 작동시키지 않는다. 이것을 이성적이라고 해야 할지 비이성적이라고 해야 할지 혼란스럽다.

지금 당장 배가 고프지 않은데도 먹이를 먹는 동물은 인간밖에 없다. 욕망의 상한선이 없는 인간들이 깊게 생각해 보아야 할 부분이다. 동물들이 뛰어난 지능을 가졌다면 미래를 알게 되었을 것이고 반드시 과욕이 나타났을 것이다. 이렇게 해석한다면, 과욕은 미래를 생각할 줄 아는 인간의 본능에 해당한다. 지나친 과욕의 자제를 위해서는 인간들의 지혜가 동원되어야 한다.

삶의 목적을 행복이라고 한다면

심리학자 아브라함 매슬로우(Abraham Harold Maslow)에 의하면 인간의 욕구는 생리적인 욕구, 안전의 욕구, 소속의 욕구, 인정의 욕구, 자아 실현의 욕구로 나뉜다. 그 유명한 매슬로우의 5단계 욕구이론이다. 매슬로우는 이중에서 자아 실현의 욕구를 가장 중요하게 생각했다. 이 이론 뿐만이 아니라 철학과 종교에서도 정신적 만족을 중요하게 다룬다. 하지만 현실에서는 돈에 대한 욕망이 압도적이다. 두 번째는 성적인 욕망이다. 정신적 만족에 해당하는 욕구들이 현실에서 차지하는 비중은 매우 작다. 그럼에도 불구하고 인간은 스스로 물질적인 존재가 아니라 정신적인 존재라고 불리기를 원한다. 정신적인 만족이 중요하다고 강조한다.

  우리는 왜 이런 이중적인 사고를 하는 것일까? 이것은 모두 삶의 목적을 행복이라고 정의했기 때문이다. 전통적으로 우리는 삶의 목적을 행복이라고 하고 모두 공감한다. 고대 그리스의 에피쿠로스 학파는 행복은 성취/욕망이라고 주장했다. 욕망의 크기를 최소한으로 줄여서 행복의 크기를 키워야 한다고 강조한다. 원하는 것은 얻기가 쉽지 않기 때문에 욕망의 크기를 줄여야 한다는 설명이 논리적으로는 맞다. 그런데 정신적인 욕망이 아닌 물질적, 육체적 욕망만 갖는 사람이 있다고 가정해보자.

  이런 사람들은 물질적, 육체적 욕망만 채우면 본인의 개인적 삶의 목적을 실현하는 것이 된다.

  행복이 삶의 목적이면 물질적, 육체적 욕망만 추구해도 삶의 목적 실현에는 아무런 문제가 없다. 그래서 현실에서 사람들은 물질적인 돈의 욕망을 주로 추구하는 경향이 있다. 어떤 경우는 돈을 전부라고 여기고 정신적, 지적인 것은 삶에서 부수적이고 선택적인 것으로 여긴다. 물질에서 느끼는 행복이 크기 때문에 행복의 공간에 지적, 정신적 즐거움이 들어갈 빈 자리가 없다. 그러나 사람들은 행복하지 않은 상황에서도 살아야 한다. 인간에게는 물질적인 것과 정신적인 것 모두가 중요하다. 행복을 삶의 목적이라고 하는 전통적인 관점으로 행복과 욕망과의 관계를 분석해보자.

행복을 최대화하는 방법은 원하는 것을 많이 얻거나, 욕망을 줄이는 것이다. 원하는 것을 모두 얻을 수 없기 때문에 욕망을 최소로 줄이는 것이 가장 효과적인 방법이라는 주장도 물론 맞는 말이다. 그러나 출가한 종교인이나 소수의 사람들을 제외하면 인간이 욕망을 최소화하는 것은 쉽지 않다. 더구나 현대인들의 수명이 과거보다 수 십 년 늘어났기 때문에 생존 자원 확보는 더 절박하다. 그래서 더 많은 것을 성취하고 가지고자 노력하는 과정에 과욕이 발생하고 경쟁은 치열해진다.

또 다른 한편에서는 인간은 물질적, 육체적 욕망보다 정신적 행복이 중요하다고 한다. 하지만 현실적으로 와닿지 않는데다가 정신적 욕망은 실체도 불분명하다. 이런 이유로 쉽게 눈에 띄고 효과가 즉각적인 물질적, 육체적 욕망을 먼저 추구하게 된다. 현실에서 많은 사람들은 물질적, 육체적 욕망만 채우더라도 충분한 행복을 느낀다.

그런 사람들에게 인간의 정신적, 영적 만족은 이차적인 부분이다. 그것이 꼭 잘못된 것이라고 할 수도 없다. 인간 삶의 목적을 행복이라고 정의했기 때문에 뭐가 되든 행복하기만 하면 되기 때문이다.

 # 정신적 만족은 물질적 자원 즉 돈을 충분히 확보할 수 없는 사람들의 대체 수단으로 여긴다. 이런 논리가 물질적 행복만 추구하는 사람들을 지배한다.

이제는 지혜로운 선택을 해야 할 때다

이 책의 마지막 부분이자 결론이라 할 수 있는 2부 6장에서 인류가 삶의 목적이라 여겨온 전통적 개념으로서의 행복을 세 가지로 나누어 재정의할 예정이다. 그 전에 간단히 언급하면 그 세 가지는 '고통 없는 생존', '지속적인 평안한 기쁨', '인간과 우주에 대한 깨달음'이다.

첫 번째 삶의 목적은 생존이다. 생존과 관련한 기본적인 것이 의식주다. 현대에서는 기본적인 의식주를 해결할 수 있는 돈이 곧 생존이다. 매슬로우의 5단계 욕구 중 대부분은 돈으로 해결할 수 있다. 생리적 욕구, 안전의 욕구, 소속의 욕구, 인정의 욕구 중 상당 부분을 해결할 수 있다. 자아 실현의 욕구 중 일부도 돈으로 실현 가능하다. 생리적 욕구인 물질적 욕구가 가장 크게 느껴지는 이유다.

두 번째 삶의 목적은 '지속적인 편안한 기쁨'과 관련한 욕망이다. 여기에도 돈 및 물질과 관련한 것이 매우 큰 영향을 미친다. 지속적이고 편안한 기쁨을 위해서는 안전한 생존 확보를 위한 물질이 반드시 필요하기 때문이다. 그러나 돈 이외에 추가적인 것이 더 필요하다. 취미, 우정, 사랑, 독서, 여행, 종교 등 일상생활과 밀접하게 관련된 것들이 많다. 물론 이런 것들을 위해서도 돈이 필요하겠지만 주된 사항이 아니다. 삶은 생존을 위한 물질만으로 구성되지 않는다. 다양한 희로애락이 존재한다. 고통, 불안, 번뇌는 벗어나기 어려운 인간의 기본 속성이다. 이것은 돈으로 해결할 수 없다. 돈 이외에 정신적인 요소가 필요한 이유 중 하나다.

세 번째 삶의 목적은 '인간과 우주의 본질에 대한 깨달음'과 관련한 욕구다. 여기에는 돈이 관여할 공간이 없다. 돈만이 욕망의 전부여서는 안 되는 이유가 드디어 나온다. 인간의 지적 호기심의 결과가 인류 문명의 꽃을 피운 원동력이었다. 모든 학문적, 철학적, 종교적 결과물들이 이 지적 호기심의 산물이다. 지적 호기심 충족을 위한 과정은 인류 문명의 역사다. 인간이라면 반드시 가져야 할 사명이기도 하다. 지혜를 가진 호모 사피엔스이기에 가지는 욕망이다.

삶의 목적이 행복이라고 규정하면서 물질적 행복만을 추구하는 것에 대해 어떤 의문도 제기하기 어렵다. 그러나 물질적인 행복과 정신적 행복의 경중을 따질 필요는 없다. 물질도 중요하고, 정신도 중요하다. 물질의 몫이 따로 있고, 정신의 몫이 따로 있다. 이 책에서 주장하는 것처럼 삶의 목적을 세 가지로 구분하면 물질과 정신적 욕망에 대한 것을 구분해서 이해할 수 있다. 삶의 첫 번째 목적인 생존을 위한 돈의 비중과 이를 얻기 위한 노력의 귀중함이 설명된다. 또한 지혜와 호기심을 가진 인간 특성상 세 번째 삶의 목적인 인간과 우주의 본질에 관심을 가질 수밖에 없다. 어떤 행복으로 자신의 삶을 채울 것인지는 개인적 선택의 문제다. 그것은 자유의지를 가진 인간의 권리이기도 하다.

과욕의 끝은 어디일까?

지적, 정신적 측면에 관심이 없는 사람에게는 물질적, 육체적 욕망이 더욱 강력하게 작동하는 것이 당연하다. 그들에게 정신적 행복은 이론적이고 교과서적이다. 현실의 돈이 최고인 것이다. 그런데 물질적, 육체적 욕망만을 추구한다고 행복하지 않다고 할 수 없다. 건강한 사람이 많은 돈을 가지고 충분한 만족을 느끼며 행복하게 사는 경우도 많다. 이런 상황에 있는 사람에게서 억지로 부족한 점을 찾아야 할까? 더욱이 그들이라고 해서 지적, 정신적 즐거움이 아주 없다고 단정할 수도 없다. 그렇다면 결국 돈이 많은 것이 최고라는 결론일까?

부자들은 멋진 분위기의 장소에서 환상적인 서비스와 함께 제공되는 맛있는 음식으로 최고의 행복을 느낄 수 있다. 평생 그런 것을 취할 수 있다는 만족감과 안정감을 가질 수 있다. 그들은 서민들에 비해 상대적으로 우월하다는 만족감까지 느낀다. 돈이 최고라는 주장에 무슨 잘못이 있을까? 잘못이 아니라 어떤 만족을 선택할 것인가의 문제다. 옳고 그름의 대상이 아니다. 생존과 관련한 물질적, 육체적 욕망을 추구하는 것은 본능이다. 물질, 성, 권력, 명예욕만 추구하더라도 큰 행복을 누릴 수 있다. 다만 자기와 가족 혹은 친구 몇 사람의 욕망만 채울 뿐 확장성이 없다. 생존과 관련한 물질적, 육체적 욕망은 동물의 본능적 욕망과 그 성격이 동일하다. 동물은 생존만 추구하기 때문이다.

반면 호기심이나 지적, 정신적 깨달음과 관련한 욕망은 선택 사항이다. 물질적, 육체적 행복만이 삶의 목적이라면 인간의 미래는 암담해진다. 물질적, 육체적 욕망의 즐거움만을 취하면 나와 가까운 몇 사람의 욕망은 채울 수 있다. 그 즐거움은 한 세대에서 끝나게 된다. 미래의 모든 지적 결과물들은 사라질 것이고, 인류의 지속적 발전과 생존을 보장할 수 없다. 인류의 미래가 없어지는 것과 마찬가지다.

우리는 동물과 구분되는 고귀한 정신을 가진 인간이라고 자부한다. 인간 및 만물의 근원과 관련한 지적 호기심에 대한 욕망이 인류 생존과 연결되어 있음을 인식해야 한다. 이러한 인류의 깨달음이 지속적으로 후손에게 전달되고 축적되어 인류 전체의 생존과 행복을 견인한다.

돈을 비롯한 성, 권력, 명예 등 다양한 욕망을 끊임없이 좇는 인간들의 종착지는 어디인가? 욕망을 채우기 위한 치열한 경쟁의 마지막은 한바탕 경기한 후 맞이하는 휴식과 같은 죽음이다.

미래에는 죽음을 받아들이지 않고 영생을 누리려고 하는 것으로까지 인간의 욕망이 확대될 것이다. 영생은 본연의 의도와 달리 인류의 종말을 당기는 불행의 씨앗이다. 현재 인류는 생물학적 본능인 욕망을 키우는 방향으로만 가고 있는 것이 현실이다. 행복과 인류 전체의 안전한 생존을 위해서는 욕망의 적절한 조절이 필수적이다. 기꺼이 영생을 포기하고 개인의 죽음을 받아들이는 결단까지 해야 한다. 이러한 욕망의 절제에 대해 모든 인간들의 동의를 얻기는 쉽지 않을 것이다. 최종 선택은 각자의 몫이고, 선택했다면 갈등 없이 살아가면 된다. 다만 타인의 생존과 욕망을 방해하면 안 된다.

AI 인간이 등장하고 영생에 도전하는 시대가 되면 교육만으로는 욕망을 조절할 수 없게 될 것이다. 그러면 인간이 생존하기 위한 도구로 활용했던 욕망이 인간들의 생존을 위협하게 된다. 이 상황을 막기 위해 미래 사회의 인간은 여러 가지 노력을 할 것이고, 해법을 찾아야 한다.

 # 나만이 아닌 전체 인류의 지속적 생존을 위해 인간은 지혜로운 선택을 해나가야 하며, 그렇게 될 것이다.

인간 욕망의 상한선과 하한선

　인기 유튜브 채널인 〈신사임당〉에 1935년생 이근후 박사가 출연해 '죽음을 앞둔 사람들이 공통적으로 후회하는 세 가지'라는 제목으로 이야기하는 것을 본 적이 있다. 죽음을 앞둔 노인들을 대상으로 설문조사한 것을 정리한 것이라고 했다.

　'다시 태어난다면 어떻게 살고 싶은가?'라는 질문에 대한 노인들의 답변 중 상위를 차지한 세 가지가 있다. 첫째는 내 마음대로 자유롭게 살고 싶다는 것이고, 둘째는 맺힌 걸 풀고 싶다는 것 그리고 마지막은 나누고 싶다는 것이었다. 다시 태어나면 내 마음대로 자유롭게 살고 싶다는 것은 지금까지는 다른 것에 속박되어 살았다고 해석할 수 있다. 다른 것이란 어떤 욕망을 말하는 것으로 해석할 수 있을 것 같다.

인생의 큰 목표와 과욕을 구분하는 것은 애매한 측면이 있다. 1980년대까지만 하더라도 초등학생들의 목표는 매우 컸다. 당시는 대통령 혹은 아인슈타인처럼 세계적인 과학자가 되겠다는 아이들이 많았다. 이는 과욕이라고 하지 않고 원대한 큰 꿈이라고 한다. 꿈을 달성하기 위해서 열심히 노력하고 도전하는 것은 가치 있는 삶이다. 하지만 사회적 규칙을 위반하거나 다른 사람의 기회를 가로채는 행위가 동원되면 과욕이 된다. 또한 스스로 자유롭지 못하고 물질, 권력, 명예, 인기 등에 속박되는 것도 과욕이라고 할 수 있다.

욕망을 절제하려는 노력을 게을리하면

생존을 위해 필요한 것을 얻기 위한 필수적인 수단이 욕망이다. 그렇기 때문에 다른 사람의 욕망에 방해를 주는 과욕은 사회적 부작용을 일으킨다. 우주 만물에는 절대 예외 없이 인과관계가 작동되기 때문에 욕망도 분명 존재 이유가 있다. 권력욕과 명예욕은 지속적이고 풍족한 생존을 위한 방편이다. 성욕은 후손을 얻기 위한 환상적인 수단이다. 음식과 돈을 포함한 물질에 대한 욕망은 생존을 위한 기본적인 요건이다. 이중에서도 음식은 세상에 혼자 있더라도 필요하므로, 물질에 대한 최소한의 욕망은 마지막까지 남을 것이다.

과욕은 사회적 안전 장치를 강구하더라도 상한선이 없기 때문에 지속적으로 사회 문제를 일으킨다. 나만의 미래를 위한 과욕이 다른 사람의 욕망을 제한하는 부작용으로 나타난다. 과욕은 욕망을 더 키우는 악순환이 반복되어 행복을 누릴 시간이 없어지는 문제도 가지고 있다. 그래서 욕망을 적절한 선에서 억제하여 행복이 극대화되는 지점을 찾아야 한다. 이 같은 관점에서 영국의 공리주의 철학자들은 사회 전체적인 행복이 극대화되는 지점을 고민했다. 최대 다수의 최대 행복이 보장되는 사회를 구현하는 것이 필요하다고 주장했다.

과욕을 일으키는 주된 요인은 비교다. 초기 인류는 상대와 비교해서 자신이 약자일 때 극단적으로는 생존에 위협을 받았다. 그래서 끊임없이 주변 사람들과 자신을 비교해서 자기의 대응 방향을 결정해야 했다. 비교는 주로 나와 가까운 사람들과의 사이에서 이루어진다. 명예나 권력 등의 속성도 마찬가지다. 미국 대통령 및 세계적 부호들과는 관계가 약하고 물리적 거리도 멀어 다가오는 느낌이 적다. 인간관계가 많을수록 욕망의 끈도 많아진다. 그래서 일부 종교인은 출가를 통해 세속의 인간관계를 최소화한다.

사회집단 안에서 밀접한 관계를 유지한 채 욕망을 멀리하기는 어렵다. 학생은 시험 점수, 사업가는 돈, 정치가는 권력, 종교가는 명예에 대한 욕망을 내려놓기가 가장 어렵다.

욕망은 바람이 큰 것 즉 관계의 밀접도에 비례하고, 물리적 거리에 반비례해서 영향을 미치는 구조이다.

가끔씩 사회적으로 존경받던 사람이 돈이나 이성 문제로 오랜 시간

쌓아온 신뢰를 한순간 무너뜨리게 되는 뉴스를 접하게 된다. 이것은 욕망이 행사하는 영향력의 범위를 잘 보여준다. 환자에게 약물 투여를 중단하면 병세가 도드라진다. 욕망을 절제하려는 노력을 게을리하면 순식간에 욕망의 지배를 받게 된다. 이것은 욕망의 바다 속에 인간이 놓여 있기 때문에 발생하는 현상이다. 욕망 그 자체인 인간이 욕망을 추구하는 것은 지극히 정상적인 것이며 나쁘다고 할 수 없다. 더욱이 모든 욕망을 다 내려놓는 것은 원천적으로 불가능하다.

현대인들의 욕망이 과거보다 더 커진 것은 두 가지 이유 때문이다. 현대인의 수명이 과거보다 수 십 년 증가해서 생존 자원을 더 확보해야 하는 것이 첫 번째 이유다. 두 번째는 욕망이 상한선을 두지 않고 계속 자라는 사회적 속성을 가지기 때문이다. 인터넷이 발달하면서 다양한 정보들이 실시간으로 쏟아지고 있다. 이로 인해 인간관계는 급격히 확대되었다. 세계적인 유명인과 자신을 직접 비교할 수 있게 되었다. 그들과의 비교 욕망이 과욕으로 발전하여 스트레스가 증가한다. 이것 때문에 욕망의 크기는 더 커지고, 욕망하는 만큼 갖지 못해 불행해지는 악순환이 발생하고 있다.

인간의 욕망에 상한선과 하한선이 있을까? 욕망의 크기를 고민하다 보면 우주의 크기를 생각할 때와 비슷하다는 느낌을 받는다. 우주의 크기는 빅뱅 후 138억 년이 지난 현재도 가속 팽창을 하면서 끊임없이 커지고 있다. 암흑 에너지 때문에 팽창 속도는 더 빨라지고 있다. 인간 욕망의 크기도 점점 커지고 있다. 수렵 채집을 하던 초기 인류는 몇 사람이 생존 가능한 자원을 확보한 순간부터 행복을 느꼈다. 약간의 음식물과 안전하게 잘 수 있는 공간이 욕망의 상한선이었을 것이다.

사회가 형성되고 농경사회로 넘어와 정착 생활을 하기 시작하면서 농산물을 보관할 수 있게 됨에 따라 인간의 욕망은 커지기 시작했다. 그후 화폐가 만들어지고 산업사회를 거치면서 욕망은 기하급수적으로 커졌다. 금융 및 자동화 시대를 거치면서 개별 인간의 욕망은 과거 대비 상상할 수 없을 만큼 커졌다. 앞으로 난치병이 정복되고 영생에 가까운 수명을 얻게 될 것이다. 그 시점부터 인간의 욕망은 현재와는 차원이 다른 상한선이 없는 시대로 접어들게 될 것이다. 빈부격차는 더욱 심해질 것이다.

인간 욕망의 하한선은 어떻게 규정할 수 있을까? 재물, 권력, 명예, 성욕 등 모든 가지고자 하는 것을 내려놓았다 하더라도 생존하기 위한 최소한의 음식은 필요하다. 삶의 목적이 고통 없는 생존과 지속적인 기쁨이라고 정의한 것을 적용하면 욕망의 최소 단위는 생존이다. 살아있는 것 자체가 기쁨의 출발이다. 욕망의 하한선은 생존하는 순간이고, 죽음 바로 직전이다. 생존하는 순간부터 모든 결과물들이 행복한 요소이기 때문에 행복의 최소 단위는 생존 자체이다. 그래서 고대 그리스의 철학자 디오게네스(Diogenes)는 알렉산드로스 대왕(Alexandros the Great)이 찾아와서 소원을 말해보라고 했을 때 햇볕을 가리고 있으니 좀 비켜 달라고 과감히 말할 수 있었다. 생존 자체에서 행복을 느낄 수 있었기 때문이다.

행복을 극대화하기 위한 욕망 줄이기의 마지막 하한선은 생존이다. 그래서 일부 사람들은 출가해서 극도의 절제와 기도로 수행한다. 결과적으로 생존을 위해 투입되는 자원 즉 재물이 적어도 생존은 가능하다. 그래서 가진 것이 없어도 행복하고 지속적인 기쁨도 느낄 수 있다. 비우고 또 비우더라도 행복을 느낄 수 있게 된다. 욕망에 대한 집착이 괴로움의 시작이기 때문에 이 집착에서 벗어나야 한다. 그런데 현실에서 일반인들이 실천한다는 것은 거의 불가능에 가깝다.

욕망은 대부분 사회적 성격을 가지기 때문에 자신의 욕망만 조절한다고 해결될 문제가 아니다. 배우자, 가족들의 욕망까지 연결되어 있다. 때문에 적절한 욕망의 기준은 각자의 주어진 조건 내에서 정할 수밖에 없다. 어느 정도 선에서 정할지 고민하는 것보다 욕망의 상한선을 정해야 한다는 생각이 중요하다. 비교 욕망을 철저히 배제할 수 있는 연습이 필요하다.

 # 욕망은 태어나서 숨을 쉬면서부터 죽을 때까지 계속해서 커지는 속성을 가지고 있다. 근원을 이해하고 적절한 선에서 브레이크를 걸어 조절하고 연습하는 것만이 최선이다.

5장

깨달음, 생각, 실체와 본질
― 나 하나로부터 인류 전체를 위한 첫 걸음을 내디딜 수 있을까?

인간의 자부심 중 하나는 정신 활동을 한다는 것이다. 정신, 기억, 영, 깨달음은 밀접한 연관을 가지며 종교와 철학으로 연결된다. 이 용어들은 일상생활에서 수시로 사용하지만 왠지 거리가 느껴지기도 한다. 정신, 깨달음을 기반으로 철학, 종교, 사회가 많은 발전을 이루었다. 정신과 관련한 이런 요소들은 우리 육체의 일부분인 뇌의 활동으로 이뤄진다. 정신도 과학의 발달과 연동될 수 있다. 인류의 지속적 지식의 축적과 과학기술의 발달은 인간 스스로 한계를 깨닫게 만들고 있다. 정신의 한계는 인간 육체의 한계와 밀접한 관련이 있다. 우리는 인류의 지속적 생존을 위해 정신, 생각, 깨달음이 지닌 한계를 극복하고 새로운 도약을 이루어야 하는 변곡점에 와있다.

젊은 시절에는 정신 활동을 통해 모든 것을 해결할 수 있다는 자신감으로 가득했다. 고민하는 시간은 재미가 있었고 흥분이 되기도 했다. 대학 시절에는 겨울방학 내내 산속 기도원에 들어가 다양한 주제들에 대한 고민을 하기도 했다. 고민의 시간은 충분했고 평안한 시간이었지만 의외로 진도가 잘나가지 않았다. 고민을 위해 입력한 정보들이 제한적이었기 때문이다. 물론 그런 경험도 소중한 과정이었지만 같은 생각이 계속 머릿속을 맴도는 것이 문제였다.

직장생활을 시작하면서 고민의 시간은 현격히 부족해졌지만 좀 더 다양한 정보에 접근할 기회가 주어졌다. 전자제품의 기술적 검토 과정에서 오랜 시간 정신과 기억의 형식과 크기에 대한 고민을 했다. 영상, 음성, 동영상과 정지영상의 분석과 처리, 데이터 크기 등을 검토하면서 정신과의 연결을 생각할 수 있었다. 그 과정에서 정신을 기술적 관점으로 해석하고 풀어낼 수 있는 가능성을 엿보았다.

정신을 물질이 지닌 기술적 영역으로 접근하면 오히려 본질에 대한 접근이 용이하다는 사실을 발견했다. 정신이 뇌의 활동이며 뇌의 활동에 전자기력이 관련되고 뇌도 물질로 구성된 것이기 때문일 것이다. 눈을 감고 과거 기억을 한 장면 떠올려 정보의 형식과 크기의 관점으로 분석해보면 많은 것을 알 수 있다. 정신과 기억이란 무엇이며 기억의 형식과 크기 그리고 자유의지와의 관계 등 많은 것을 정리하고 유추해볼 수 있다. 이것은 어떤 우주 만물이나 사건에도 인과관계가 적용된다는 원칙에 부합한다. 정신도 예외가 아니다.

인간의 본질과 우주 만물의 이치를 깨닫는다는 의미

깨달음은 무엇이며 AI 시대로 진입하려는 이 시점에 깨달음이 왜 필요한가? 한 가지 가정을 해보자. 30세의 나에게 연봉 10억 원에 70세까지 보장되는 일자리 제안이 들어왔다. 눈이 번쩍 뜨인다. 요즘 같이 일자리 구하기 힘든 때 무조건 계약서에 사인을 할 것 같다. 그런데 두 가지 조건이 있다. 하나는 만약 70세 이전에 퇴직한다면 그때까지 받은 임금을 모두 반납해야 한다. 또 하나의 조건은 다음 두 가지 중 하나를 꼭 택해야 한다는 것이다. 하나는 출가한 스님 신분으로 40년 동안 깨달음을 얻기 위한 공부를 하는 것이고, 다른 하나는 가톨릭 사제가 되는 것이다.

연봉이라는 조건을 제외하면 내가 젊은 시절 실제로 무엇을 선택할까 고민해보았던 일이기도 하다. 이 두 부류의 사람들이야말로 진리가 무엇인지 알고 있을 것 같았기 때문이다.

그러나 일반인들이라면 이야기가 달라질 것이다. 대부분 거절할 것 같다. 인생을 전부 투자할 자신이 없기 때문 아닐까.

하지만 어떤 보장도 없는 이런 세상에 뛰어든 사람들이 있다. 그들은 왜 한 번뿐인 자기 인생을 대부분의 사람들이 재미없어 하는 일에 거는 것일까? 아마도 그들 역시 한때의 나처럼 어떻게 살아야 하는지, 어떤 삶이 가치와 의미가 있는지 몰라 머리가 복잡했을 것이다. 진리를 알게 된다면 인생이 행복할 것이란 갈망이 컸을 것이다.

진리와 깨달음이 도대체 무엇이길래

바쁜 현대 사회에서도 깨달음이 필요한 이유가 있다. 학교와 사회로부터 많은 지식을 배우지만 지적 갈등은 여전하고 머리는 복잡하기만 하다. 깨달음을 통해 깊고 많은 지식을 얻을 수는 없다. 하지만 혼란스러운 마음에서 벗어나 사상적 자유를 얻을 수 있다. 그 자유는 인간과 세상을 제대로 볼 수 있는 혜안과 만물의 본질을 알고자 하는 강렬한 열망을 갖게 한다. 깨달음에 기반한 지식 습득은 인간과 우주 본질에 제대로 접근할 수 있도록 하는 방법이다. 또한 미래 인류가 가야 할 방향을 설정할 수 있도록 안내할 것이다.

사전적 의미의 진리는 '참된 이치 또는 참된 도리', '언제 어디서나 누구든지 승인할 수 있는 보편적인 법칙이나 사실'을 말한다. 깨달음은 '생각하고 궁리하다 알게 되는 것'이다. 종합하면 깨달음을 얻어 진리에 도달한다는 말의 의미는 '생각하고 고민해서 참된 이치를 아는 것'이 된다. 어떤 것을 알고 싶어하는 것은 인간의 본능적인 호기심 때문이다. 깨달음은 만물의 진리에 도달하고자 하는 동양적인 방법이다. 과거 동양에서 깨닫고자 하는 주요 주제는 인간과 관련한 것이었다.

불교에서는 번뇌에서 벗어나 해탈하고 열반에 도달해서 영원한 행복을 얻고자 했다. 유교에서는 인간의 도리에 관심을 집중했다. 자연에 대한 이해가 부족했기 때문에 정신 활동으로 가능한 영역만이 깨달음의 대상이었다. 자연과학의 지식이 전혀 없었던 시절의 당연하고도 어쩔 수 없는 선택이었다. 서양에서는 인간과 더불어 자연과 우주에 대한 관심이 동시에 발생했다. 이로 인해 오랜 시간을 거치면서 인간 본질에 대한 접근과 과학적 발전을 동시에 이룰 수 있었다.

학교에서 공부하는 국어와 영어는 인간들이 서로 의사소통을 하기 위한 것이다. 수학은 계산과 사물의 실체를 정확히 표현하기 위한 소통 방법이다. 언어로 표현할 수 없는 곡선 같은 것을 식으로 나타낼 수 있다. 미분과 적분도 마찬가지다. 도덕, 사회는 사회생활과 관련한 규칙을 알기 위함이다. 음악, 미술, 체육은 삶을 우아하고 멋지게 표현하고 즐기기 위한 수단이다. 철학은 인간과 인간 세상의 본질을 알고자 하는 분야다. 물리는 만물의 이치를 알기 위한 학문이다. 그래서 소립자와 원자, 우주의 탄생과 운행 질서까지 다룬다. 화학은 물리학에서 연구한 원자들을 기반으로 분자 단위의 현상을 연구하는 학문이다.

  우리가 학교에서 배우는 과목은 우선 인간 생활에 필요한 것을 알기 위한 것들이다. 그 다음은 인간 세상과 우주 만물의 본질을 알기 위한 것들로 구성되어 있다. 학교 성적을 잘 받아서 좋은 대학에 진학하고, 졸업 후 좋은 직장을 얻기 위한 것만이 아니다.

 # 사회는 좋은 성적, 대학, 직장, 멋진 배우자, 돈과 권력을 가지는 것이 배움의 목적이라고 말한다. 물론 이런 것도 살아가는 데 중요하지만 최종 목표와 인생의 전부가 되어서는 안 된다.

알고자 하는 강렬한 열망

깨달음도 지식의 일부분으로 볼 수 있지만 근본적인 차이가 있다. 지식은 책이나 다른 사람에게 배워서 알 수 있다. 하지만 깨달음은 다른 사람으로부터 배우거나 책을 읽어서 얻을 수 있는 것이 아니다. 같은 내용이라도 스스로 깨우쳐야 한다. 알고자 하는 주제를 오랫동안 고민해서 더 이상 고민이 필요 없는 단계까지 가야 한다. 고민의 마지막 단계에서 자기 내면에서 바로 이것이구나, 하는 결론을 느끼고 확신하는 것이다. 스스로 깨우쳐야 하는 것이기 때문에 깨달음의 성격은 지극히 개인적이다. 깨우침을 얻었다고 해서 다른 사람에게 영향을 주거나 가르쳐줄 수도 없다.

깨달음은 자기 자신한테만 의미가 있고 다른 사람한테는 의미가 없다. 자신의 깨달음과 다른 사람의 깨달음이 갖는 의미가 각기 다르기 때문이다. 우리는 살면서 많은 지식을 배운다. 지식은 많을수록 좋다. 그러나 깨달음은 많을 필요가 없다. 모든 걸 깨달음의 과정을 통해 알 필요도 없다. 스스로 깨닫는 것은 많은 시간이 필요하기 때문에 어떻게 보면 비효율적이다. 한 가지 또는 몇 가지 깨달음이면 되고, 나머지는 경험이나 책 또는 다른 사람으로부터 배운 지식으로 알면 된다. 깨달음도 지식의 일부분이기 때문이다. 다만 깨달음의 범위가 한계를 가진 인간을 기준으로 한 것에서는 벗어나야 하는 시기가 되었다.

깨달음을 통해 얻을 수 있는 것들

깨달음은 인간과 세상을 제대로 볼 수 있도록 시작점을 제공한다. 또한 추가적인 공부를 지속하도록 하는 강력한 열망과 동기를 제공한다. 깨달음을 얻으면 시야가 획기적으로 넓어진다. 지식은 아무리 많이 가져도 아는 수준에서 머물게 될 뿐 진리에 대한 갈증을 해결하지는 못한다. 깨달음에 도달하면 진리에 대한 갈증이나 지적 혼란에서 벗어날 수 있다. 그리고 인간과 세상을 제대로 볼 수 있는 자신감을 가질 수 있다. 그런 다음 추가적인 공부를 해야만 인간의 본질에 대한 제대로 된 이해가 가능하다. 공부의 범위에 인간을 넘어 우주의 구성과 운행에 대한 지식이 포함되어야 한다.

법륜 스님은 어느 강연에서 깨달음에 대해 다음과 같이 말했다.

'깨달음이란 답을 누구를 통하여 아는 것이 아니라 스스로 알아차리는 것이며, 옳고 그름, 주의, 주장을 말하는 것, 맞고 틀림을 말하는 것이 아니다. 의문이 있는 사람이 확연히 알아버리는 것이 깨달음이다. 그래서 그 질문에 대해서 다시 질문할 필요도 없어지고, 누가 그 질문에 대해서 이야기해도 본인이 흔들리지 않는 것이 깨달음이다.'

여기에 깨달음에 대한 모든 것이 포함되어 있다. 그러나 이 말의 진정한 의미를 깨닫지 않은 사람은 도저히 알 수 없다. 깨달음을 위한 첫 출발은 알고자 하는 간절한 열망이다.

이 책을 집필하게 된 결정적 동기도 깨달음이라는 주제에 있다. 스무 살 무렵 세상 사는 것이 힘들고, 미래가 불안해서 삶의 목적이 무엇인지 알기 위해 부단히 노력했다. 오로지 그 주제에만 매달려 고민하는 과정에서 1년이 지난 어느 날 엄청난 경험을 했다. 갑자기 '이것이다!' 하는 결론이 나는 순간 동시에 엄청난 기쁨이 몰려왔다. 또한 복잡하던 머리가 단순해지고 삶이 한없이 자유로워지는 것을 느꼈다. 그런 기쁨과 자유를 다시 경험하고 싶어서 새로운 주제의 화두를 던지며 수 십 년의 세월을 지내왔다.

 # 어떤 비용을 들이지 않더라도 기쁨을 누릴 수 있다면 관심을 가져볼 만하다. 그것이 깨달음이다.

인생에서 지속적 기쁨을 얻는 유일한 방법

　뇌의 반응에 대한 흥미로운 이야기를 들은 적이 있다. 어떤 연구 단체에서 LED 전등의 밝기를 연구하는 과정에서 흥미로운 실험을 하게 되었다. 기쁨, 평화, 사랑, 깨달음의 순간 뇌가 반응하는 정도를 실험한 것이다. 그 실험에 의하면 사랑, 기쁨, 평화, 깨달음의 순서로 뇌가 크게 반응했다고 한다. 뇌가 반응하는 크기와 기쁨의 크기가 비례하는 것인지는 모르겠지만, 경험에 의하면 100% 공감된다. 깨달음을 통해 머릿속이 온통 금빛으로 폭발하는 것 같은 희열을 맛볼 수 있다.
　깨달음에 도달했다는 것은 세 가지로 알 수 있다. 첫 번째는 어떤 결론에 도달하는 순간 엄청난 기쁨과 희열을 느낄 수 있다. 두 번째는 머리가 혼란에서 벗어나 흔들리지 않는 자유를 얻을 수 있다. 세 번째는 더 이상의 질문이 사라진다. 세 가지를 동시에 느꼈다면 그것이 깨달음이다. 누가 딱히 알려주지 않더라도 스스로 깨달음이구나, 하는 것을 본능적으로 알 수 있다.

첫 깨달음의 기쁨은 그 어떤 기쁨보다 강렬하고 압도적이다. 지속성이 수 십 년을 넘어 평생의 기쁨으로 각인되어 있다. 그 기쁨이 새로운 화두를 계속적으로 풀어나갈 수 있는 동기를 제공했다. 살면서 다양한 종류의 기쁨을 경험한다. 첫사랑, 결혼, 자식을 얻었을 때, 승진했을 때 등 입장에 따라 기쁨은 각기 다른 느낌으로 다가온다. 두 번째 깨달음부터는 첫 깨달음에 비해 기쁨이 약하게 느껴졌다. 그렇지만 일상의 다른 기쁨보다 양질의 강렬한 기쁨을 제공하며 지워지지 않는다. 그래서 누적되는 복리의 기쁨을 느낄 수 있다. 몇 차례 깨달음이 반복되면서 깨달음은 지식의 습득 단계로 넘어가게 된다.

깨달음에 대한 기쁨의 크기는 깨닫기 위해 고민하는 시간의 길이와 절박함의 양에 비례한다. 모든 사람들은 한순간도 쉬지 않고 평생 기쁨을 추구한다. 어떤 사람들은 큰 기쁨을 맛보기 위해 마약 같은 금지된 약물에 손을 대기도 한다. 깨달음은 부작용도 없고 지속성 측면에서 가장 효과가 큰 방법이다. 지속적 기쁨을 얻기 위한 수단이 된다. 알고자 하는 절박함이 크면 클수록 깨달았을 때의 기쁨이 커진다. 입력이 크면 출력이 큰 것과 같은 논리이다. 깨달고자 하는 주제에 인생 전체를 걸고 도전했다면 인생의 가장 큰 기쁨으로 다가오는 것은 당연하다.

깨달음을 통해 기쁨 다음으로 얻을 수 있는 것은 사상적 자유다. 인생의 고민과 갈등에서 벗어날 수 있다. 깨달음의 과정에서 많은 소재들에 대한 다양한 결론을 내렸기 때문이다. 그러한 결론들이 연결되면서 최종적인 깨달음에 도달했기 때문에 방황에서 벗어날 수 있게 된다. 깨달음을 얻었다고 엄청난 지식을 가질 수 있는 것은 아니다. 다만 인간 세상에 대한 흔들리지 않는 확고한 신념을 가질 수 있다. 우왕좌왕 하지 않고 여유를 가지고 방향성 있게 다른 공부를 할 수 있게 된다. 사상적 자유는 평안한 기쁨을 느낄 수 있는 바탕이 된다.

불교에서는 깨달음과 관련해 돈오돈수(頓悟頓修)와 돈오점수(頓悟漸修)에 대한 논쟁이 있다.

돈오돈수는 한 번의 큰 깨달음으로 충분하다는 주장이다. 돈오점수는 깨우친 후 깨달음의 완성을 위해 지속적으로 공부해야 한다는 논리다. 성철 스님처럼 큰 깨달음을 얻은 사람은 추가적인 깨달음이 필요 없는 돈오돈수를 주장했다. 하지만 일반 사람들은 한 번에 큰 깨우침이 어렵기 때문에 깨우치고 공부를 계속하는 돈오점수가 적절한 것 같다. 깨달음의 목적은 정확한 답을 얻기 위한 것이 아니다. 깨달음의 결과가 100% 진리도 아니다. 진리에 도달하기 위한 혜안을 얻을 수 있는 출발일 뿐이다. 깨달음의 완성을 위해서는 추가적인 배움이 더해져야 한다.

무엇을 깨닫고자 하는 사람들은 모두 같은 궁금증을 가지고 있었다. 삶과 인간의 본질이 무엇인가 하는 것이다. 또한 어떻게 살아야 하는지에 대해 알고자 하는 열망이 너무 강해서 고민을 시작한다. 이런 의문에 대해 오랫동안 고민해서 결론을 내리는 과정을 거쳐 깨달음을 얻는다. 그래서 자연스럽게 깨달은 후 그 부산물로 인생의 고민에 대한 사상적 해방과 자유를 얻을 수 있다.

성경의 요한복음 8장 32절에는 '진리를 알지니 진리가 너희를 자유케 하리라'는 구절이 있다. '자유케 한다'는 말은 진리를 알고, 궁금증으로 인한 속박에서 벗어날 수 있음을 의미한다. 기독교의 진리는 불교의 깨달음과 동일한 개념이다. 성경에서 말하는 깨달음의 출발은 믿음이다. 기독교의 믿음을 통해 자유케 되는 것과 불교의 깨달음을 통해 자유를 얻는 것은 결국 같은 것이다.

고민과 명상만으로는 깨달을 수 없다

인간에 대한 깨달음은 알고 싶은 욕망과 명상을 통해 얻을 수 있다. 하지만 인간을 넘어서 자연 만물로 가게 되면 고민과 명상만으로는 도저히 깨달을 수 없다. 인류의 축적된 과학지식의 힘을 빌어야 한다. 배워서 다시 정신적인 영역과 융합하고 새로운 해석을 해야 한다. 깨달음은 우주의 진리를 아는 출발점에 불과하다.

전통적인 깨달음은 두 가지 면에서 아쉬움과 한계를 갖는다. 깨달음 범위에 관한 것과 그 깨달음이 자기 자신에 국한되어 끝난다는 것이다.

깨달음이라고 하면 세상의 진리를 아는 경지에 도달하는 것으로 오해하는 경우가 있다. 깨달음이란 내가 알고 있는 범위 내에서 오랫동안 고민해서 스스로 결론을 내리는 것이다. 지식이 늘어나는 것이 아니라 특정한 주제에 대해 자신감을 가지게 되는 것이다. 또한 깨닫는 과정에서 내린 많은 결론들로 인해 세상을 바라보는 폭이 깊고 넓어지게 된다. 그렇지만 깨달음은 인간과 관련된 부분에 한정해서만 얻을 수 있다. 사물의 본질을 제대로 아는 것에는 한계가 있다.

정신적 활동을 통해 깨달음에 도달하기 때문이다. 불완전한 오감을 활용해 본질에 접근하는 것은 물리적으로 불가능하다. 본질은 물리적인 것과 정신적인 것을 융합해서 결론을 내려야 한다. 정신적인 활동에만 의지하면 안 된다.

명상을 통해서는 욕망, 감정, 인식 방법 등과 같은 인간과 관련한 것만 깨달을 수 있다. '색즉시공(色卽是空) 공즉시색(空卽是色)'이라는 결론도 마음의 인식과 관련된 깨달음이다. 색(色)은 물질 세계를 말하는데, 색즉시공이란 물질은 원래는 실체가 없는 공(空)이라는 뜻이다. 반대로 공즉시색은 실체가 없는 것이 곧 물질이다는 것이다. 물질과 실체가 없는 공은 원래 같다는 깨달음이다. 결론이 그렇다는 것이지 정확한 인과관계의 과정을 기반으로 얻은 결과물이 아니다. 오랜 고민의 결과물 중에 과정은 모르지만 그 답은 정확한 경우도 있다. 단지 정답일 뿐이다.

현대의 양자역학, 이론물리, 천문우주 분야의 연구 결과와 색즉시공 공즉시색은 동일한 결론을 내린다. 우주는 공간도 없는 무와 유사한 형태에서 시공이 열리면서 출발했다. '무와 유사한 형태'라고 한 것은 빅뱅 전도 무라고 단언할 수는 없기 때문이다. 현재의 진공에서도 측정할 수 없는 짧은 시간 내에 입자의 생성과 소멸을 반복한다. 또한 빈 공간에서 암흑 에너지가 생성되면서 우주는 빛의 속도보다 빠르게 팽창하고 있다. 무가 에너지의 원천이고 에너지는 물질이므로 색, 즉 물질이 공이고 공이 색인 것이다. 하지만 공도 진공도 무는 아니다.

불필 스님은 『영원에서 영원으로』에서 아버지인 성철 스님이 색즉시공 공즉시색에 대해 언급한 부분을 다음과 같이 기술하고 있다.

'큰 스님이 자주 예로 든 것은 질량과 에너지가 동일한 종류($E = mc^2$)의 존재라는 아인슈타인의 상대성이론이다. 질량이 에너지로 바뀌고 에너지가 질량으로 바뀐다. 이 이론은 불교에서 말하는 색즉시공 공즉시색, 즉 '모든 유형의 사물은 공허한 것이며 공허한 것은 유형의 사물과 다르지 않다'는 사실을 합리적으로 설명해 준다.'

물질이 공이고 공이 물질이라는 결론과 같은 맥락으로 정신과 물질 또한 같아야 한다. 본질을 깨닫기 위해 정신적인 것뿐만 아니라 물질의 본질도 과학의 도움을 통해 알아야 하는 이유다. 색즉시공이고 공즉시색이기 때문이다.

인류 전체의 깨달음으로 확장되지 않는다면

　깨달음으로 개인의 지속적 행복은 얻을 수 있을지 몰라도 인간의 본질은 알 수 없다. 물론 사물의 본질도 알 수 없다. 이런 깨달음이 어떤 의미가 있을까? 오로지 개인의 행복을 위해서만 의미를 지니게 된다. 인간의 본질은 물질들이 구성하는 육체가 기본이 된다. 정신 활동만으로 기본 물질들을 만들고 영향을 미치고 있는 우주를 알 수 없다. 그래서 우주를 모르고는 인간의 본질도 알 수 없다. 자연과학 지식을 배우고 인간과 관련한 깨달음을 조합하여 인간과 관련된 이해의 폭을 넓혀야 한다. 자연과학은 깨달음의 대상이 아니라 지식의 영역이다.

　한 개인의 깨달음과 영원한 행복은 매우 중요하다. 하지만 개인이 죽으면 그것으로 끝이다. 이런 깨달음이 인류 전체에게 어떤 의미가 있는가? 다른 각도에서 생각해보자. 만약 내가 없다면 나의 깨달음은 어떤 의미가 있는가? 지구에 인간이 한 명도 존재하지 않거나 아예 지구가 통째로 없다고 가정해보자. 그렇더라도 우주의 운행에는 아무런 문제도 발생하지 않는다. 그러면 인간들의 행복과 깨달음은 과연 무슨 의미가 있을까? 한 개인 중심에서 인류 전체의 깨달음과 진정한 본질을 알기 위한 것으로 범위가 확장되어야 하는 이유이다.

탐욕이 없는 유사 인간의 등장(?)

인간의 창의성은 인간이 기계보다 우위에 설 수 있는 마지막 영역이라고 생각하는 경향이 많다. 이러한 창의적인 활동을 가능케 하는 것은 인간이 자유의지를 가진 정신을 소유하고 있기 때문이라고 한다. 창의적 활동의 구체적 예는 문학, 음악, 미술, 영화 등의 예술적 창작물을 만들어내는 것이다. 하지만 곧 상황이 바뀔 것 같다. 2020년 하반기에 AI가 작곡한 곡을 어떤 가수가 불러 발표했다는 뉴스가 있었다. 그때 적용한 AI 기술은 몇 년 전 내가 직장에서 개발하던 스피커에 내장하기 위해 검토했던 것이다. 2020년 발표한 곡의 수준은 몇 년 전과 비교해 많이 발전했지만 아직 초보 단계다. 하지만 십 년이 지나지 않아 인간의 능력을 월등히 앞설 것이다. 바둑 두는 AI 알파고를 생각한다면 당연한 예측이다.

SF 영화에 우주와 같은 비현실적 장면은 컴퓨터 그래픽으로 만든다. 과거 영화의 컴퓨터 그래픽 수준은 관객이 금세 알아차릴 정도였지만 현재는 거의 인식하지 못할 만큼 발전했다. 미래는 등장 인물, 대사나 동작을 포함한 모든 것이 AI 기술로 만들어질 것이다. 이런 AI 영화가 성공한다면 그 영화의 주인공은 다른 AI 영화의 주인공이 될 수도 있다. 가상의 인기 배우들이 되는 것이다. 수 십 년이 지난 미래는 한 발 더 나아가 인기 있는 가상의 주인공과 동일한 실제 AI 인간을 만들 수도 있을 것이다. 영화 속 인물과 동일한 말투와 성격을 가진 AI 로봇으로 만들어 활동하게 할 수도 있다. 지금은 소설 같이 느껴지겠지만 충분히 실현 가능한 시대가 오고 있다.

　만약 AI 로봇이 사회생활에 참여하고 인간과 교류하면서 계속 업그레이드된다면 어떻게 될까? 이런 AI 로봇이 법을 전혀 위반하지 않고 죄를 짓지 않는다면 선과 죄라는 단어가 필요할까? 탐욕과 과욕이 발동되지 않지만 기쁨과 슬픔을 느끼고 타인을 도우는 AI 로봇이 있다고 가정하자. 탐욕과 과욕을 부리지 않고 사회생활을 하는 AI 로봇은 인간 세상에 어떤 영향을 미치게 될까?

　그렇다면 인간의 본질적인 부분을 설명하는 선, 죄, 정신, 욕망, 화, 분노를 어떻게 해석해야 할까?

　미래에는 AI 로봇이 인간보다 우월해질 것이라는 주장을 하려는 것이 아니다. 이를 통해 인간의 본질을 조금 더 객관적으로 이해할 수 있을 것이라는 생각 때문에 이런 상상을 전개하는 것이다. 감정을 가진 AI 기술이나 AI 로봇을 만들려면 선, 정신, 욕망, 화, 분노 등의 근원과 본질을 이해해야 한다. 어떤 것을 만들기 위해서는 만들려는 대상을 잘 알아야 한다. 인문학적, 철학적, 종교적 관점을 통해 인간과 삶에 대해 이해하는 것이 과거의 전통적 방법이다. 물론 출발은 이런 방식이 되겠지만 다른 방법 중의 하나가 유사 인간을 만들어 보는 것이다. 현재 이런 불경한 시도들이 광범위하게 진행되고 있다. 어쩔 수 없는 인류사의 과정이다. 제대로 된 AI 로봇을 만들기 위해, 그로 인한 부작용을 극복하기 위해 그리고 인간의 본질을 이해하기 위해서도 정신에 대한 고민이 필요하다.

100년도 남지 않은 다음 세기에 인류를 종말로 이끌 여러 요인들이 이미 보이고 있다. 지구 온난화, 화산 폭발, 핵 폭발, 영생에 근접한 인간, AI, 바이러스 등이 인류 종말의 후보 요인들이다. 특히 AI 인간 및 영생에 가까운 인간 수명 연장은 필연적으로 도래할 것이다. 이로 인해 대다수 인류가 불행에 빠지거나 지구의 주인 자리를 위협받을 수 있다. 인간 본질은 무엇이며 어떻게 살아야 하는가 같은 질문에 대한 의미도 달라질 것이다. 개인의 영원한 행복과 같은 것은 한가한 담론처럼 들릴 수도 있다. 개인 중심의 깨달음에서 인류 전체의 깨달음으로 대전환이 이루어지지 않는다면 말이다. 한 개인이 도달할 깨달음이 아닌 인류 전체의 깨달음만이 인류의 지속적 생존을 보장한다.

지금과 같이 개인의 힘으로 깨달음에 도달하는 것은 비효율적이다. 오랜 역사를 지닌 깨달음의 방향성에 대해 다시 생각해볼 시기가 된 것 같다. 무엇을, 왜 깨닫고자 하는지 인류는 스스로에게 자문을 해보아야 한다. 인간은 수 백만 년 전 초기 인류 때 살아남기 위해 뛰어다닐 때부터 혼자만의 힘으로는 모든 것이 버거웠다. 도움을 받고 도움을 주면서 인간들끼리 협력을 통해 겨우 생존할 수 있었다. 미래도 마찬가지다. 인류는 공동 운명체이다. 혼자만 좋은 행복 누리다 죽는 것도 중요하지만 인류 전체의 더 큰 깨달음으로 발전시켜야 한다.

현재는 늘어난 수명에 대응하기 위해 물질에 대한 욕망이 인류사에서 가장 크게 작동되고 있다. 자기 자신의 생존 확보와는 거리가 멀기만 한 인류의 미래 따위는 도저히 피부에 와닿지 않을 수도 있다. 그럼에도 불구하고 인류 전체의 생존을 보장할 사회적 대응이 필요하다는 사실에는 변함이 없다.

 # 개별 사회집단의 생존이 아닌 인류 전체의 생존에 대한 이해가 필요하다. 이것이 사회의 탄생 목적인 인간의 안전한 생존을 위한 최종적 방법이다.

기억을 만드는 과정에 추가된 인간의 자유의지

생각을 한다는 것은 스스로 어떤 의지를 가지고 현재의 상황을 제어하겠다는 의지다. 생각은 두 가지 유형으로 나뉜다. 첫째는 현 시점에서 행동을 즉각적으로 하기 위한 판단이고, 두 번째는 미래의 비슷한 상황에서 빠르고 효율적인 판단을 하기 위해 새로운 정보를 기억하는 것이다. 이 기억을 바탕으로 새로운 생각을 창조하는 과정이 상상 또는 영적 활동이다. 만약 우리에게 과거의 기억이 없다면 동물들처럼 현재의 정보만 가지고 다음 행동을 결정해야 한다.

인간을 제외한 동물에게는 과거, 미래라는 시간적 개념이 없고 오로지 현재만 존재한다. 과거의 기억을 저장할 뇌의 구조가 존재하지 않기 때문이다. 기억은 생존 확률을 높이기 위해서 미래에 최적의 판단과 행동을 하기 위한 참고용이다. 과거의 사건을 회상하기 위한 것이 아니다. 과거 기억을 바탕으로 새로운 기억과 행동을 위한 선택의 과정에 인간 고유의 창의적 행위인 자유의지가 추가된다. 이런 판단 시스템과 언어 기능, 감정 및 논리적 판단을 담당하는 뇌의 부분이 전두엽이다. 전두엽의 발달 정도와 역할의 크기가 인간과 동물을 구분하는 물리적 차이다.

인간은 입력되는 정보나 정신 활동으로 생성된 것 중 필요한 것은 스토리 형식의 언어로 기억한다. 우리가 말로 설명할 수 없는 것은 상상이나 명상도 할 수가 없다. 왜냐하면 언어가 없다면 머릿속에 저장할 방법이 없기 때문이다. 기억하고 있는 어떤 장면을 언어로 표현할 수 없다면 정신 활동을 위한 정보로 활용할 수 없다. 기도나 명상을 통해 얻은 깨달음과 도덕적 소양은 언어 구사 능력을 넘어서지 못한다. 언어로 구사하지 못하는 것은 망상이라고 볼 수 있다. 눈을 감고 상상하는 모든 것은 머릿속에서 스토리를 가진 언어로 변경된다. 그러므로 모든 정신 활동은 언어 활용 범위 내에서 일어난다.

명상과 묵언 수행을 할 때라도 눈을 감고 마음 속에서 자기 자신에게 말을 한다. 초기 인류 때부터 세상 만물에 이름을 붙이면서 의미가 부여되기 시작했기 때문이다. 이처럼 생각, 정신적 활동의 시작은 언어에서부터 출발되었다. 그래서 어떤 정신적 행위도 언어가 없이는 불가능하다. 만약 언어가 없어서 과거 사건을 동영상으로만 기억할 수 있다면 인류는 살아남을 수 없었을 것이다. 기억된 동영상만 가지고 체계화된 기억이나 판단이 힘들기 때문이다. 그리고 위급한 상황에서 기억을 빠르게 활용할 수 없어서 신속한 대응도 불가능했을 것이다. 기억의 용량 때문에 동영상으로는 많은 종류의 사건을 기억할 수도 없다.

기억을 기술적인 영역으로 전환하면

기억을 기술적인 영역으로 전환해보자. 우리는 과거의 즐겁고 그리운 한때는 떠올리고 싶어하지만 슬픈 기억은 잊으려고 노력한다. 어릴 적 친구들과 즐겁게 놀았던 기억이나 젊은 시절 행복했던 연애의 한 장면을 회상해보자. 자세한 것이 떠오르지 않고 몇 장의 사진 같은 흑백 이미지만 떠오른다. 또렷한 이미지의 컬러 동영상이 머릿속으로 재생된다면 얼마나 좋을까 싶지만 모든 기억은 흐릿한 윤곽만 남은 저해상도 흑백 사진 형식이다. 이것은 정신 활동의 결과인 생각과 기억의 목적과 관련이 있다.

초기 인류가 생존하기 위해서는 위험한 순간 즉시 대응하는 것이 필요했다. 머릿속에 저장된 기억의 형식이 정보량이 많은 것이라면 빠른 대응에 문제가 된다. 고해상도의 컬러 동영상은 정보 처리에 시간이 많이 소요되어 위급한 순간 빠른 대응이 어렵다. 위험한 자연환경, 동물이나 낯선 인간들의 공격이 나를 덮치는 순간, 매우 신속한 행동이 필요하다. 세밀한 털의 숫자, 발톱의 날카로움 정도, 이빨의 크기, 색깔 등을 정확하게 알 필요가 없다. 환경을 분석하는 머릿속이 복잡해 대응이 늦어진다면 생명의 위험에 직면하게 된다.

기억의 용량을 줄이기 위한 또 다른 방법으로 범주화 개념을 사용한다. 범주화란 비슷한 유형을 묶어서 한 개의 장면으로 처리하는 것을 말한다. 다양한 꽃들은 꽃으로, 여러 동물들은 동물로, 오랜 학교생활도 단 몇 장면으로 범주화하는 것이다. 러닝 타임이 두 시간이나 되는 재미있는 영화도 몇 장의 흑백 이미지로만 회상된다. 어떤 소재와 관련한 기억들이 대표성 있는 이미지로 기억된 것을 출력하기 때문이다. 이와 같은 기억의 범주화를 통해 장기 기억을 단순화하여 필요할 때 쉽게 출력될 수 있도록 한다.

자연과학 분야의 심층적 공부를 주도하고 있는 박문호 박사는 『뇌 생각의 출현』을 통해 에델만(Gerald Edelman)의 연구 결과를 참고하여 인간의 1차 의식 생성과 범주화에 대해 다음과 같이 정리한다.

'해마에서 형성된 기억과 전두엽, 두정엽, 측두엽과의 상호 연결을 통해 지각 범주화 과정 자체가 다시 범주화 되죠. 이것이 바로 '개념의 범주화'입니다. 여기서 중요한 점은 신경회로의 전체 순환 과정에서 언어가 배제되어 있다는 겁니다. 아직 언어가 출현하지 않은 상태죠. 상징 기호를 매개로 하는 언어가 출현하기 이전에 감각 - 운동 이미지에 의한 개념이 먼저 생긴다는 겁니다. 이 전체 과정을 가리켜 '1차 의식의 생성'이라고 합니다.'

또한 고차 의식에 관해서는 이렇게 설명한다.

'고차 의식으로 가며 언어를 매개로 기억이 생성되면서 하나의 장면이 담긴 스냅 사진들을 연결하여 드라마를 만든 결과, 우리의 과거, 현재, 미래가 형성되고 그 과정에서 셀프(Self)라는 자아의식이 생긴다.'

 # 생존을 위한 현재의 판단과 미래의 참고를 위한 기억이 정신 활동이다. 여기에 언어가 추가되어 고차원의 의식이 만들어지고 지적 활동 단계로 발전해 나갔다.

정신을 형이상학적 대상으로 접근하려는 오류

한 사람이 평생 동안 기억한 내용을 시간대별로 불러내 모니터로 볼 수 있다고 가정해보자. 아주 어릴 적 일에서부터 평생의 경험을 감상하는 것은 어떤 재미있는 영화보다 흥미진진할 것이다. 과학기술이 발전하면 언젠가는 가능할 것이다. 다만 불러낸 각 장면이 컬러 동영상이 아니라 흑백 사진처럼 저해상도 화면이라는 것이 아쉽다. 이런 기억들은 데이터 용량으로 따지면 매우 작은 크기다. 데이터 용량이 작은 것은 기억할 때 정보들을 단순화해서 대략적인 것만 기억하기 때문이다. 기억의 형식과 정보량을 기술적으로 접근하고 계산해보자. 인간의 정신을 형이상학적인 상상의 영역에서 현실로 끌어내릴 수 있는 작업이다.

일반적으로 인간이 기억할 수 있는 용량은 무한히 크다고 생각한다. 기억을 떠올리다보면 평소에는 생각하지도 않았던 어릴 적 사소한 사건들이 꼬리에 꼬리를 물고 떠오르기도 한다. 그래서 인간 기억의 능력은 무한하다는 잘못된 결론에 도달하기도 한다. 하지만 하루 내내 기억을 떠올려보라. 얼마나 많은 기억을 할 수 있을까? 결코 무한하지 않다. 기억의 정보량은 생각하는 시간 제약과 기억하는 한 개 장면에 대한 정보량의 크기에 의해 결정된다.

기억을 기술적으로 풀어보는 것도 정확도와 상관없이 흥미로운 일이다. 한 개인이 평생 동안 만들 수 있는 기억의 크기는 고화질 영화 십여 편 정도의 용량과 비슷할 것 같다. 그것은 기억의 형식 때문이다.

생각과 자유의지와 평생 생각의 시간

생각은 오감, 즉 눈(시각), 귀(청각), 코(후각), 혀(미각), 피부(촉각)를 통한 정보가 그 기반이다. 이를 선별하고 기존에 가지고 있던 과거 기억 정보와 조합하여 새로운 정보를 생성한다. 이러한 정신 활동이 생각이다.

새로운 생각을 기반으로 다음 행동을 실행하고 필요한 것은 장기 기억으로 저장하여 향후 정보로 활용한다. 기억된 정보는 필요한 시점에 저장된 기억을 검색하여 찾아낸다. 정보들을 활용하여 크기, 속도, 방향, 거리, 온도, 압력, 냄새, 소리, 시간 등의 정보를 추출한다. 이 것들은 인간이 움직이는 존재이기 때문에 필요한 특성들이다. 인간이 움직일 수 없다면 대부분은 필요 없는 정보들이다. 이 정보들을 처리하고 활용하는 목적은 생명을 보존하기 위해서다.

생각의 목적은 생존이며, 생존에 유리한 상황을 만들기 위해 우리의 뇌는 쉬지 않고 판단한다. 최종 처리 결과인 생각을 생성할 마지막 단계에서 나의 의지가 하나의 조건으로 추가된다. 이것이 인간의 자유의지 부분이다. 이와 같이 생각의 목적은 의외로 단순하지만 생각을 생성하기 위한 과정은 복잡하고 대단하다.

한 명의 개인이 정신 활동을 통해서 알 수 있는 범위는 과연 어디까지 일까? 오감을 통해서 입력되는 정보와 기존에 기억하고 있는 정보들을 조합하여 새로운 결과물을 생성할 수 있는 능력과 관련 있다.

사람들은 자기의 신념이나 종교적 믿음을 포함한 머릿속에 있는 기억들을 매우 신뢰한다. 인간의 기억들을 100% 신뢰할 수 있을까? 예를 들어보자. 길을 가다가 10년 만에 친구를 우연히 만났다면 가장 먼저 친구의 이름을 떠올리려고 노력한다. 이름이 기억나면 그것은 비교적 정확도가 높은 정보로 분류할 수 있다. 그 다음으로 관련된 기억이 떠오르거나 얼른 기억이 나지 않으면 옛 기억에서 찾으려고 노력한다. 그리고 그 사람과 관련된 흐릿한 기억을 찾아낸다.

옛 기억과 현재 만났을 때 모습 그리고 만나서 나눈 몇 마디 말을 통한 이미지를 조합한다. 이런 과정으로 그 친구와 관련한 새로운 기억을 만들어 새롭게 저장한다. 새로 만든 정보는 과거의 흐릿한 정보에 지금의 친구에 대한 나의 주관적 판단들이 더해진 것이다. 나의 선입견이나 잘못된 판단으로 새로운 기억이 부정확할지라도 내 기억 속에 남는다. 이처럼 가지고 있는 많은 기억들 중에는 정확하지 않은 것들도 많다. 이것을 다른 생각을 할 때 활용한다면 역시 잘못된 기억이 된다. 이런 생각의 활동으로 이루어지는 정신적, 영적 믿음이 100% 정확한 것은 아니다.

새로운 기억의 스토리를 만들 때 작용하는 자유의지는 중요한 의미를 가진다. 자기 자신을 나타내는 특징이 되기 때문이다.

자유의지를 가지고 본질에 대해 생각하는 생각의 양이 평생 몇 시간 정도 될까? 학업, 업무, 가정 등 현실의 생활에 바빠서 본질적 생각의 시간은 일주일에 1시간도 채 안 된다.

무엇의 본질에 대해 깊이 있게 알려면 최소 1만 시간 정도 축적된 시간이 필요하다고 한다. 경험상 일단 한 가지 결론을 내려도 제대로 자리잡기까지는 10년 이상 축적의 시간이 필요한 것 같다. 20대부터 100살까지 주당 1시간 정도 본질적인 고민을 한다면 5천 시간도 채우지 못한다. 어떤 주제에 대해 제대로 안다는 것이 영 쉽지 않은 이유다.

생각은 생존을 위한 방편이고, 인간답게 만드는 영적, 정신적 활동의 수단이다. 인간이 물질적 존재인지, 영적 존재인지 논쟁하기 전에 선행되어야 할 것이 있다. 인간의 본질적인 부분에 대해서 자유의지가 실린 생각의 양을 늘일 필요가 있다. 그러려면 하루 24시간 욕망만을 채우기 위한 생각에서 일단 벗어나야 한다. 비현실적이고 형이상학적인 생각과 근거 없는 상상만 반복하는 습관에서 벗어나야 한다. 그리고 다양한 욕망에 사로잡힌 복잡한 사고로부터 벗어나 좀 더 단순해져야 한다. 인간과 인간이 몸 담고 있는 우주에 대해 알고자 하는 것을 생각의 한 축이 되게 하는 것은 매우 의미 있는 일이다.

한 사람의 평생 기억 양을 정보의 크기로 표현하면 얼마나 될까? 몇 년 전 레이 커즈와일의 『특이점이 온다』는 세계적으로 큰 이슈가 되었다. 그는 이 책에서 인간의 기억 용량은 대략 10^{13}(10조) 비트가 된다고 주장한다. 인간이 평생 기억하는 전체 지식의 덩어리가 1천만(10^7)개쯤 되고, 덩어리당 용량은 10^6 비트 정도로 보았다. 여기서 언급한 지식의 덩어리가 기억에 범주화 개념을 적용한 결과물이다. 여기서 중요한 것은 평생 기억하는 기억의 덩어리를 1천만 개로 본 것과 1개의 지식 덩어리당 정보 크기를 1백만 비트로 가정한 것이다.

기억의 정보량 크기는 1개의 정보를 해석하는 관점에 따라 많은 차이가 난다. 머릿속에 떠오르는 1개의 기억 장면 크기가 1cm × 1cm 면적이라고 가정해보자. 이 면적 안에 3천 개의 흰색 점과 3천 개의 검은색 점 즉 합계 6천 개의 흑백점으로 그림을 그려보자. 한 점의 명암 레벨을 8단계로 구분할 수 있다. 이 정도 크기 면적에 6천 개의 흑백점을 배치하면 간단한 한 장면은 충분히 그릴 수 있다. 이 조건에서 한 장의 그림 용량 크기는 6천(점 갯수) × 8비트(명암 구분) = 4.8만 비트(6천 바이트)가 된다. 장면당 정보 크기는 레이 커즈와일이 10^6 비트로 본 것 대비 약 1/20 수준이다. 물론 뇌에서 일어나는 정확한 용량 크기는 상이 맺히는 크기 및 읽는 속도에 따라 결정된다. 실제 눈에서 상이 맺히는 크기는 매우 작다. 해석 방법에 따라 차이가 있겠지만 기억도 이런 방법을 통해 기술적 이해 대상으로 접근할 수 있을 것이다.

다음으로 사람들이 평생 몇 개의 기억을 만들 수 있을 것인지 생각해보자. 수명은 100년, 하루 수면을 위한 7시간을 제외하고 14시간을 1시간당 5장면으로 기억한다고 가정하자. 5개 × 17시간 × 365일 × 100년 = 3,102,500개이다. 평생 대략 300만 건 정도의 기억을 한다는 계산이 나온다. 레이 커즈와일이 평생 기억의 숫자를 약 1천만 개의 기억 덩어리로 본 것 대비 33% 수준이다. 물론 좀 더 다양한 경험을 하며 바쁘게 살았다면 기억의 숫자는 늘어날 것이다. 반대로 기도와 명상만 하면서 단조롭게 보냈다면 기억의 숫자는 300만 건보다 훨씬 작아진다. 이것을 기초로 평생 기억의 크기를 계산하면 48,000비트 × 300만 건 = 144,000,000,000비트다. 바이트로 변경하면 약 180억 바이트기 된다.

이것을 2기가(10^9) 바이트, HD급 해상도의 영화로 환산하면 9편 정도가 된다. 평생을 살면서 인간은 HD급 영화 9편 정도의 정보량을 기억한다.

인간이 하루 17시간 동안 계속 영화를 본다면 평생 30만 편 이상의 영화를 볼 수는 있다. 하지만 인간 기억의 형태는 저해상도 흑백 사진 형식이기 때문에 우리가 기억하는 실제 경험의 범위는 30만 편보다 훨씬 많을 수 있다. 앞에서 1시간에 5장면의 기억을 저장한다고 가정한 것을 기준으로 한 개 기억당 영화 한 편이 들어간다면 300만 편의 영화를 기억하는 셈이다.

이런 계산을 통해 정신이 형이상학적으로만 접근할 대상이 아니라는 것을 말하고 싶었다. 초기 인류부터 인간은 생존하기 위해 정신을 활용했다. 그후 사회가 형성되고 나서는 기본적인 생존과 관련한 상당 부분은 사회 시스템으로 해결했다. 하지만 사회집단 내에서 개별 인간들은 살아남기 위해 여전히 정신을 가동시키고 있다. 문명 사회로 진입한 후에는 정신의 활용 범위가 지적, 영적 활동으로 확장되었다. 일부 사람들은 자신의 안전한 생존을 확보한 후에도 욕망을 계속 확장하고 있다.

 # 미래 인류가 지속 생존하기 위해 정신의 목적을 제대로 알고 활용해 나가야 한다. 미래에는 정신을 상상의 영역에만 두지 말고 철저한 논리적 접근을 해야 할 시대가 올 것이다.

왜 지금 내가 인류 전체의 행복을 생각해야 하는가

우리 눈으로는 우리 몸의 전체 윤곽을 볼 수 있지만 뼈나 장기들을 볼 수는 없다. X-레이 촬영을 하면 뼈의 형태가 보이고, 열 감지 카메라로 촬영해보면 몸의 각 부위에 따른 온도 차이를 눈으로 확인할 수 있다. 신체 부위별 온도의 차이에 따라 몸의 미세한 반응이 달라진다. 초음파 장비로 보면 내부 장기의 움직임도 볼 수 있다. 그러나 그 어떤 것도 인간을 전체적으로 정확히 본 것은 없다. 각기 목적에 따라 필요한 만큼 가능한 형식으로 본 것이다. 그러면 인간의 본질적 모습은 어떻게 생겼을까?

우리는 각자의 관점에서 보이는 외관의 모습이나 느낌을 기준으로 정확히 보고 있다고 생각한다. 그러나 타인을 볼 때 내부 장기와 혈관 속 혈액의 흐름까지 볼 수 있어야 제대로 본 것이다. 더 세밀하게 들어가면 장기들 속에 있는 미생물까지 볼 수 있어야 한다. 다른 모든 사물에 대해서도 본질과는 다른 모습을 보고 있다. 제대로 볼 수 없는 것은 인간 오감의 한계 때문이다. 보이는 만큼만 보고 여기에 정확하지도 않은 자기 주관을 보태 본질이라고 믿고 있다.

실체를 볼 수 없다는 사실만 깨달아도

지구상에서 가장 낮은 주파수인 지표면 부근의 지구가 내는 소리인 수Hz의 떨림은 들을 수 없다. 인간이 소리로 들을 수 있는 것은 20Hz부터 20KHz까지 대역의 주파수이기 때문이다. 물체가 점, 가늘고 굵은 선, 면 등으로 나뉘는 것도 빛의 반사 주파수가 다르기 때문이다. 색깔이 빨강, 주황, 노랑, 초록, 파랑, 남색, 보라색 등으로 나뉘는 것도 약간의 주파수 차이 때문이다. 적외선, 자외선, X선, 감마선으로 구분되는 것도 진동 주파수 숫자가 다르기 때문이다.

지구에 존재하는 공기 덕분에 인간은 오감이라는 필터를 통해 맑은 공기를 들이마시며 숨 쉬고 있다. 그리고 조화로운 선율을 우아하게 듣고 감상하면서 행복을 느끼고 감사할 수 있다. 태양 빛 때문에 다양한 색상의 아름다움을 볼 수 있다. 이런 아름다운 음악과 자연을 볼 수 있는 것은 인간의 오감 덕분이다. 만약 인간이 오감을 가지지 않았다면 자연을 느낄 수 있는 방법은 없다. 모든 사물은 진동하는 주파수로 존재하고 있을 뿐이다. 사물의 실체적 본질과는 다르지만 인간은 우주를 가장 아름다운 형식으로 느끼고 있다. 그러나 우리는 이것이 본질이 아니라는 것을 알아야 한다. 실체를 제대로 볼 수 없고 인간이 보고 있는 것이 본질과는 거리가 멀다는 것만이라도 알아야 한다.

자연의 본질은 개인의 수행만으로는 알 수 없다. 자연과 인간 세상은 구분된 세계가 아니다. 인간 본질을 알기 위해서는 자연의 본질을 알아야 한다. 우주 만물의 본질은 100년도 살지 못하는 인간들이 명상만으로 접근할 수 있는 영역이 아니다. 인류 전체가 종말을 맞이할 때까지 계속 알아가야 한다.

인류사를 통해 본질을 제대로 알기 위한 인류의 도전이 계속되었고, 많은 지식이 축적되었다. 정신 활동만으로 본질에 접근하는 것은 불가능하다는 것도 인류는 깨달았다. 정신과 물질의 융합적 이해가 필요한 단계가 되었다.

사회집단, 인종, 지역, 종교와 문명 간 증오와 대립이 멈추지 않는다면 인류의 종말을 부를 수도 있다. 나의 생존을 뒷받침해주는 자기 사회집단의 그늘에서 안주하는 것에서 벗어나야 한다. 자기 집단만의 생존을 위한 선택과 무지로 인한 행동이 가져올 위험을 알아야 한다.

 # 인간과 사회집단의 정신적 무지의 한계를 넘어 본질을 볼 수 있어야 한다. 그것만이 인류의 지속적 생존을 보장할 것이다.

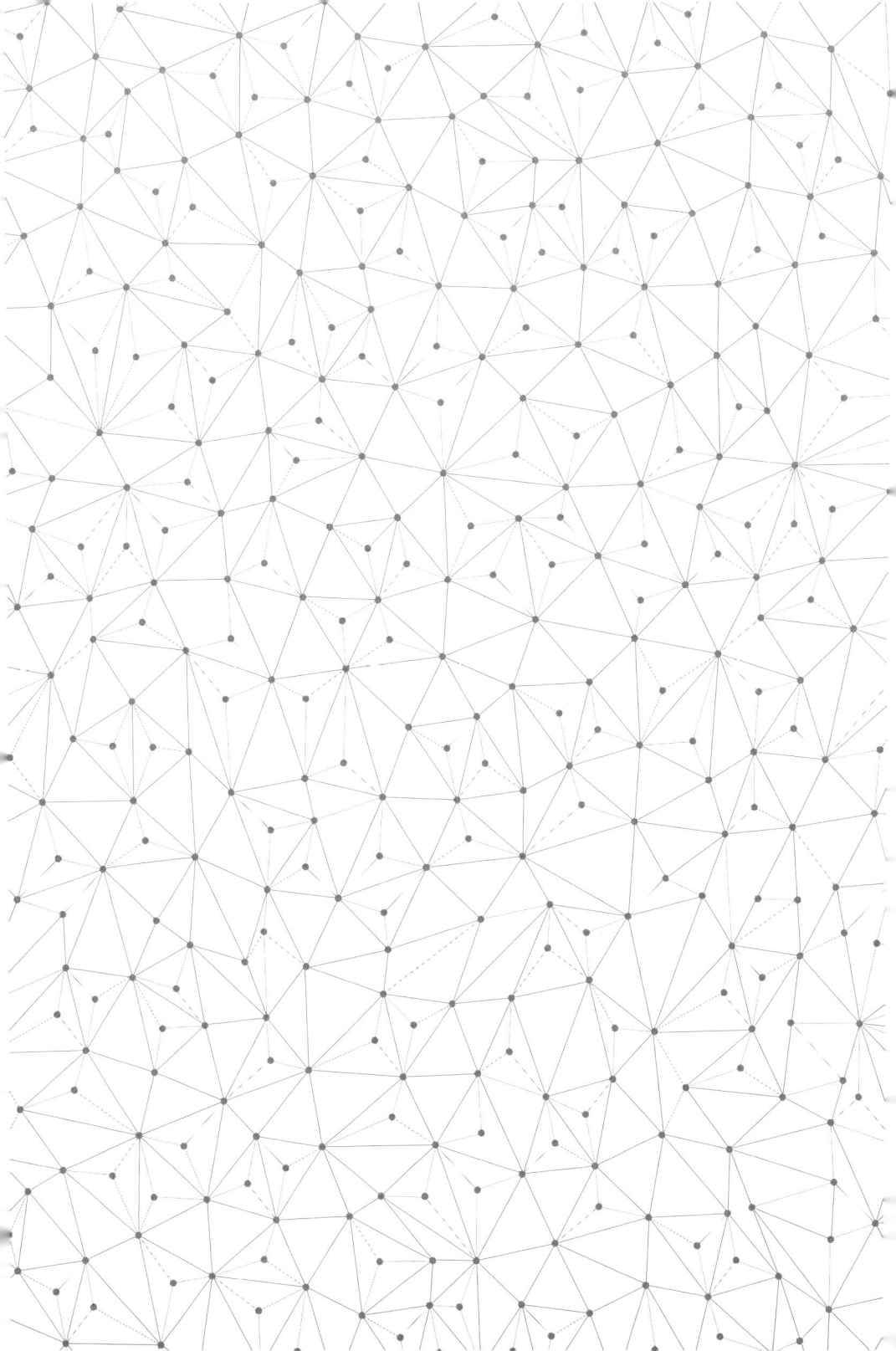

6장

삶의 목적과 의미
— 어차피 태어난 인생, 무엇을 추구하며 살 것인가?

지금까지 인간의 본질과 우주의 운행 질서에 관한 다양한 주제들을 살펴보았다. 이 주제들에 대해 고민하고 어떻게든 결론을 내리고 싶어했던 이유는 인간과 인간세상, 우주의 운행 질서에 대해 알고 싶다는 호기심 때문이었다. 그리고 이런 고민의 해결을 통해 삶의 목적을 실현하고 의미 있는 삶을 사는 방법을 찾고자 했다.

어떤 사람들은 아무런 삶의 목적이나 목표 없이 살고 있는 것처럼 보인다. 하지만 모든 인간은 예외 없이 '안전하고 평안한 생존과 지속적 기쁨을 얻으려는 본능적인 삶의 목적'을 가지고 살아간다. 이 삶의 목적은 개인에 따라 별도로 선택할 수 없다. 큰 부와 권력을 가진 사람들이나 평범한 우리나 삶의 목적은 이미 동일하게 정해져 있다. 그래서 모든 인간은 의식하든 의식하지 않든 평생에 걸쳐 본능적으로 이 삶의 목적을 추구한다.

인생 전반에 영향을 미치는 것은 삶의 목적과 목표이다. 설령 의식하지는 못할지라도 말이다. 현재까지 인류는 삶의 목적이 행복이라고 알고 왔다. 그런데 이 책을 마무리하는 시점에서 나는 인간의 삶의 목적은 행복이 될 수 없다는 반론을 제기할 것이다. 또한 행복을 대체할 인간의 삶의 목적에 대해서 재정의하고자 한다.

 여기서 재정의하고자 하는 삶의 목적, 그 핵심은 생존과 인간 및 우주의 본질에 대한 깨달음 그리고 이들을 통한 지속적이고 평안한 기쁨이다. 사회의 구성 목적은 사회에 속한 인간들의 안전한 생존이다. 개개인은 사회의 도움을 받아 삶의 목적을 실현해간다. 생존은 사회가 상당한 역할을 하지만 인간과 우주의 본질에 대한 접근은 오롯이 개인의 몫이다.

삶을 고귀하게 만드는 조건 같은 것은 없다

　행복한 삶이란 자기가 가진 범위 내에서 만족을 느끼며 지속적인 평안한 기쁨을 누리는 것이다. 이때 기쁨을 느끼는 최소한의 기준은 생존 확보다. 무엇을 가지고자 하는 물질적 욕망이 강력하게 자동하는 것도 안전한 생존을 위한 필요 때문이다.
　그러나 생존 확보를 위한 어느 정도의 물질적 욕망이 채워지면 추가적 물질에 대한 욕망은 조절할 수 있어야 한다. 이런 결단은 삶의 목적 실현을 위해 필요한 포트폴리오 구성 측면에서 필요하다. 삶의 목표를 달성하기 위한 욕망은 물질적인 것과 정신적인 것으로 구분된다. 물질적인 욕망은 생존과 관련된 원초적인 것으로 모든 인간이 공통적으로 가진다.

  생존을 위한 물질이 확보되면 물질로는 더 이상 행복을 키울 수 없는 임계점에 도달한다. 실체가 명확하지 않은 물질적 욕망에서 더 가치 있는 것을 찾는 데 시간 낭비하지 말아야 한다. 현재의 사소한 것에 가치를 부여하고 기쁨을 느끼는 것이 행복을 얻기 위한 최선의 방법이다. 그러기 위해서는 욕망을 적절한 선에서 조절하는 지혜가 필요하다. 욕망의 하한선은 생존이며 생존이 확보된 이상은 전부 기쁨의 조건이 된다.

  최소한 잠자고, 먹고, 입는 것이 해결된다면 행복을 느낄 수 있는 조건은 충족된 것이다. 이를 위해 필요한 자세는 상대적인 비교 욕망에서 벗어나 절대적인 행복을 추구하는 것이다.

  부, 권력, 명예를 얻는 것이 행복의 완성이라고 생각하는 사람들이 많다. 욕망의 달성으로 느끼는 행복은 강도 측면에서 강렬하며 시간적으로는 즉각적이다. 하지만 이들을 얻음으로써 행복을 느끼는 기간은 매우 일시적이다. 이 일시적인 행복을 계속 유지하기 위해 끊임없이 돈과 권력을 추구하면 결국 물질적 욕망의 지배를 받는다. 과욕에서 벗어나기 위해서는 무의식적으로 추구하는 물질적 부로 얻을 수 있는 행복의 한계를 이해해야 한다. 정신적, 의도적인 욕망은 사람들의 의지에 따라 추구하는 강도가 달라진다. 물질적 욕망과 정신적 욕망 중 어느 한 가지에 결핍을 느낀다면 행복의 총량은 줄어들게 될 것이다. 그래서 최종 행복의 크기는 각자가 달성한 물질적 욕망과 정신적 욕망의 벡터의 합의 성질을 갖는다. 행복의 크기를 극대화하면서 그것을 길게 지속하고 유지하려면 물질적 욕망과 정신적 욕망이 동시에 만족되어야 한다.

태어났기에 살고, 살기 위해 먹는다

일상의 모든 사소한 사건에서도 기쁨과 행복을 느낄 수 있는 방법이 있다. 인간의 모든 작은 행위들이 우주적 관점에서 가치 있고 귀한 행동이라는 점을 이해하는 것이다. 생존하는 순간부터 모든 나의 행위들이 기쁨을 느낄 수 있는 조건이 된다. 일상을 어떻게 보내는 것이 의미가 있는 것인가? 고귀하고 값진 하루에 스스로 만족해야 한다. 만족감을 느끼기 위해서는 내가 보낸 하루가 삶의 목적에 부합해야 한다. 그렇다면 삶의 목적을 명확하게 알 필요가 있다. 인간 삶의 목적은 단순한 '행복'이 아니라 '생존과 인간과 우주의 본질에 대한 깨달음을 통한 기쁜 마음을 지속적으로 유지하는 것'이다.

많은 사람들이 실체가 없는 형이상학적인 것에 삶의 목적이 있을 것이라 생각하고 그것을 찾아 나서기도 한다. 만약 생존하며 생활하는 자체가 삶의 목적이라면, 기쁘게 생활하는 그 자체에 귀한 가치가 있다. 그렇게 되면 우리의 모든 일상이 의미 있는 행위가 된다. 왜 사느냐고 물었을 때 태어났기 때문이라 대답하고, 살기 위해서 먹는다고 하는 것이 정답일 수 있다. 그 가운데 지혜로운 우리 인간은 삶의 의미와 가치를 알고자 하기 때문에 특별한 존재다. 인간의 본질적인 질문에 접근하는 방식이 너무 형이상학적이어서는 안 된다.

　태어났기 때문에 사는 것이고, 살기 위해 먹는다고 말하면 아무 의미 없이 사는 것 같이 보일 수 있다. 하지만 삶 자체가 엄청나게 귀하다면 아무 의미 없는 것 같은 일상과 사소한 행위가 귀한 것이 된다. 가족과 식사하고, 친구와 교제하는 나의 모든 행위가 우주의 귀한 행위로 거듭나는 순간이다. 삶을 고귀하게 만드는 조건 같은 것은 없다. 가까운 사람들과 기쁨을 느끼며 재미있게 생활하는 것 자체가 고귀하다. 그래서 선각자들은 과거를 후회하거나 미래를 걱정하는 데에 시간을 허비하지 말고, 현재에 감사하며 충실하게 살라고 한다. 현재를 충실하게 사는 것이 가장 가치가 있다는 말이다. 더 귀중한 것을 못 찾는 것이 아니라 원래 없다. 가장 중요한 것은 일상으로 항상 우리에게 있다.

　살아서 기쁘고 살아가는 것 이상 귀중한 것은 없다. 이것을 이해하는 순간 인생의 근본적인 고민으로부터 자유로울 수 있게 된다. 즐겁고 기쁘게 살고자 하는 삶의 행위 자체에 중요한 의미가 생긴다. 모든 사람들의 사소한 행위는 1/77억의 독특하고 창의적인 행위이다. 인간의 존재 목적과 의미 있는 삶은 멀리 있는 것이 아니다. 평안한 삶과, 일상에서 기쁨을 자주 경험하려는 모든 행위가 인간 존재의 목적을 실현하기 위한 것이다.

　종교나 철학도 전문적이고 어려운 무엇을 알고자 하는 것이 아니다. 평범한 사람들이 사는 목적이 무엇인지, 어떻게 사는 것이 바람직한지 알기 위한 단순한 분야이다. 인생은 반복되지 않고 단 한번으로 끝나기 때문에 모든 하루는 각자에게 처음이자 마지막이다. 인생의 가치의 총량을 크게 하려면 매시간의 가치를 늘이면 된다. 100년을 산다고 가정하면 하루는 1/36,500인 귀중한 시간이다. 아무 의미 없는 것 같은 평범한 일상이 오랜 시간 병상에 있는 사람이 간절히 경험해보고 싶은 날이라는 말을 새겨 들어야 한다. 삶의 값어치를 높이는 유일한 방법은 현재를 충실하게 사는 것이다.

인생은 인간, 신, 종교, 사회, 국가 어디에도 종속된 것이 아닌 내가 주체인 독립된 삶의 과정이다. 나는 이 거친 우주환경에서 수 백조 분의 1의 수 백조 분의 1보다 작은 확률을 가지고 존재하고 있다. 또한 물리적으로도 내가 우주의 중심이고 끝에 위치하고 있는, 우주적으로도 매우 귀한 존재이다. 하찮아 보이는 나의 일상적 행위는 기적 같은 창의적인 행위이다. 동시대를 살아가고 있는 인류 집단의 일원으로서 우주 문화를 만들어 나가고 있기 때문이다. 후손에게 미래를 물려줄 당당한 일원으로 동참하고 있다.

 # 얼마나 많은 것을 가졌느냐가 나의 가치가 결정하는 데 영향을 미치지는 않는다. 우주적 자신감으로 인생을 살아야 한다.

지속적 기쁨을 얻는 최상의 방법

　물질 중에서 가장 중요한 것은 생존을 위한 기본적인 의식주를 제공하는 것들이다. 집 앞에 몇 그루의 나무가 있다. 그 중 두 그루의 밤나무에 밤송이가 많이 달렸는데, 바닥에 수북이 떨어진 밤 껍질에서 밤을 단 한 톨도 발견할 수가 없었다. 어느 날 우연히 그 이유를 알게 되었다. 바람도 불지 않는데 유독 밤나무 나뭇가지가 흔들릴 때가 있다. 새, 청설모, 다람쥐들이 부지런히 움직이고 있었다. 밤송이를 까고 있는 것이다. 흔들리는 밤나무 가지를 타고 청설모가 부지런히 움직이면서 까칠한 밤송이를 까고 있었다. 다른 가지에는 새 몇 마리가 밤송이를 쪼고 있었다. 그들이 다 가져간 것이다.

이팝나무도 한 그루 있는데 줄기를 자세히 보니 아주 작은 열매들이 다닥다닥 붙어 있었다. 그 줄기에 새들이 수시로 앉았다 이팝나무 열매를 쪼아 먹고 있었다. 간혹 새들이 심하게 짹짹거리면서 다투고 있는 이유는 영역 다툼인 것 같다. 이렇게 모든 동물들이 아침부터 저녁까지 대부분 시간을 먹이 확보를 위해 움직인다. 사람들도 아침부터 저녁까지 생존을 위한 물질을 확보하기 위해 열심히 움직인다.

먹고살기 위해 이른 아침부터 늦은 저녁까지 일을 한다. 자기 자신과 가족들을 위해 인생의 가장 많은 시간을 먹고살 자원을 확보하기 위해 노력한다. 이러한 우리의 일과 먹고살기 위한 물질의 가치는 참으로 귀하고 가치가 있다. 그런 행위가 행복을 증대시키고 인생을 즐겁게 한다. 하지만 물질을 얻기 위한 욕망과 행위가 지나치면 행복보다 분노와 화를 불러올 가능성이 커진다. 생존을 위한 분량을 넘어서는 과도한 물질이 최고의 목표가 되는 순간 물질 자체가 목적이 된다.

그럼에도 많은 사람들이 돈 자체를 목적으로 가진다. 큰 부자들은 자신의 의도와 상관없이 돈을 지키고 활용하기 위해 에너지를 소모한다. 돈이 목적이 되면 돈을 위한 나의 성공과 행위에 방해가 되는 모든 것에 불만이 생기고 화가 난다. 남들이 가진 재물과 끊임없이 비교하면서 질투심이 스스로를 상하게 하고 판단을 흐리게 한다. 돈을 얻기 위한 나의 모든 행위를 용납하고, 아무리 지나쳐도 당당히 면죄부를 부여한다. 나 또한 오랫동안 수없이 거듭했던 실수들이다.

과욕은 다른 사람들의 안전한 생존과 행복을 방해할 수 있다. 물질은 생명을 지속하기 위한 수단이지 삶의 최종 목적이 아니다. 삶은 우주가 제공한 생명을 지속하고 지적 호기심 충족을 통한 기쁨을 누리는 과정이다. 물질에 대한 과욕은 스스로를 물질에 종속되도록 하기 때문에 결국 주체적인 삶을 살 수 없게 한다. 물질을 얻기 위한 생각에 지배되기 때문에 목표한 물질을 얻는 순간 다음 물질을 위한 목표를 설정하게 된다. 행복을 누릴 시간이 없다. 물질은 쉽게 얻을 수 없을 뿐더러 그만한 대가가 필요하다. 인간 세상에 공짜는 없다.

욕망을 버리는 연습

그러나 우리는 지혜로운 인간이기에 생존에 문제가 없는 적당한 선에서 욕망을 멈출 수 있어야 한다. 그것이 행복 극대화를 위한 최선의 방법이다. 행복을 극대화하기 위해서는 뇌를 세뇌시키는 것이 필요하다. 돈과 관련한 욕망을 버리는 연습을 지속하다보면 어느 순간 돈으로부터 상당 부분 자유로워질 수 있다. 자연 만물에서 기쁨을 느낄 수 있는 연습이 필요하다. 돈이 최종 목적이 되어서는 안 되고 많이 가질수록 좋다는 막연한 허상에서 벗어나야 한다. 우리는 지혜로운 인간이기 때문이다. 돈에서 최고의 행복을 느끼고 평생 돈만을 좇을 수도 있다. 하지만 그것은 먹이를 위해 온갖 분노를 표현하는 동물들과 다를 것이 없다.

기쁨과 행복은 자연과 인간 세상 그리고 우주 만물에 항상 존재한다. 영원한 행복은 죽어서 천당이나 극락에 가서 찾을 필요가 없다. 항상 우리 주변에 있기 때문이다. 살아있는 한 우주 만물을 통해 기쁨을 느낄 수 있다. 돈을 지불할 필요도 없고 무상으로 그저 느끼기만 하면 된다. 욕망의 절제가 가능하면 일정 양의 물질이 확보되는 순간 다른 행복의 소재들이 보인다. 이런 기쁨을 느끼기 위해 생존과 물질과 행복과의 관계, 물질적 욕망의 한계를 이해해야 한다. 그런 관계를 제대로 이해하기 위해서는 우주를 통한 인간의 본질을 이해할 필요가 있다.

우주는 생명이 살 수 있는 환경이 아니다. 수 십조 분의 1보다 작은, 거의 불가능한 확률로 지구에는 인간을 포함한 다른 많은 생물이 존재한다. 지혜를 가진 인간으로 존재하고 있음에 감사할 줄 알아야 한다. 인간이 가진 물질과 권력과 명예가 아니라 인간 자체에 대한 감사여야 한다. 인간 세상에 공짜는 없지만 우주 만물에서 인간의 의미와 기쁨을 느끼는 것만큼은 공짜다.

 # 과욕에서 벗어나 자연 만물을 최대한 느끼고 기쁨을 누리는 삶이 되어야 한다. 그것이 삶의 목적인 평안하고 지속적 기쁨을 얻을 수 있는 최상의 방법이다.

삶의 목적이 수정되어야 하는 이유

젊은 나이에 큰 사고를 당해 신체적으로나 경제적으로 큰 어려움을 겪는 경우가 있다. 방송에서 사고나 분쟁, 전쟁 등으로 고통을 겪는 사람들의 이야기도 전해 듣곤 한다.

초기 인류 당시 열악한 생존 환경에 처해 있거나 혹은 미래의 어느 시점 인류 종말을 앞둔 상황에 처한 사람들도 생각해볼 수 있다.

이런 상황에 처한 사람들에게 삶의 목적을 행복이라고 하면 고개를 갸우뚱할 수밖에 없다. 이런 상황에서 삶의 목적은 행복이 아닌 생존 그 자체일 것이다. 그렇다면 이 사람들의 삶은 목적 실현에 실패한 것이라고 단정할 수 있을까?

삶의 목적을 행복에 둔다면

삶의 목적을 행복이라고 가정하면 인간의 삶에서는 설명할 수 없는 것들이 너무나 많다. 나는 삶의 목적이 무엇인지 고민에 고민을 거듭하며 10여 년이 지난 시점에서 삶의 목적은 행복이 아니며, 수정되어야 한다는 결론에 도달했다. 그래서 다양한 경우를 고민해서 약 2300년 전 고대 그리스 철학자들이 주장한 삶의 목적을 재정의하게 되었다.

재정의하게 된 구체적 이유는 세 가지다. 첫째는 행복의 개념이 복잡하고 어려워서 실천적인 측면에서 추상적이었기 때문이다. 둘째는 어떤 위급한 상황 하에서는 삶의 목적이 행복이라고 하면 설명이 안 되고 공감할 수 없는 것들이 있었기 때문이다. 셋째는 과거나 미래의 인간 삶에서는 행복은 부차적인 문제이고 생존이 발등의 불이라는 생각이 들었기 때문이다. 나는 어떤 상황에서도 삶이 설명되는 3단계의 삶의 목적을 재정의하고자 한다.

3단계의 삶의 목적은 고통 없는 생존, 지속적인 평안한 기쁨, 인간과 우주의 본질에 대한 깨달음이다.

삶의 목적은 모든 인간에게 동일하지만 그 목적을 실현하기 위한 삶의 목표는 사람마다 다르다. 일부 사람들은 1단계 삶의 목적인 생존을 위한 물질적 부를 달성하면 큰 기쁨을 느낀다. 하지만 삶의 목적 3단계에 해당하는 인간과 우주에 대한 깨달음은 소홀히 하는 경향이 많다. 1단계 삶의 목적인 물질 확보를 위한 목표에 대부분 삶의 비중을 두기 때문이다. 삶의 목적에 대한 이해가 부족하다면 죽음을 앞둔 늦은 시점에 삶에 대한 질문을 할 수도 있다. 죽음이 임박한 시기의 삶에서는 돈이 할 수 있는 역할이 거의 없기 때문이다. 의미 있는 삶을 위한 출발은 삶의 목적을 제대로 아는 것이다.

지속적인 행복을 얻기 위해서 인간들은 부, 권력, 명예, 쾌락을 추구한다. 삶의 목적을 달성하기 위해 본능적으로 추구하는 것들이다. 삶의 목적 실현에 더 근접하기 위해서 추가적으로 필요한 것이 있다면 무엇일까?

부, 권력, 명예, 쾌락이 행복에 영향을 미치는 효과는 직접적이고 즉각적이지만 그 지속성은 의외로 길지 않다. 이들의 성격은 사회적이며 물질적이다. 삶의 목적 실현을 위해 추가적으로 필요한 것은 인간의 원초적 호기심과 관련한 것이다.

 # 인간과 우주의 본질을 아는 것은 개인적이고, 비물질적이다. 어떤 것이 더 의미가 있다고 단정할 수도 없다. 그렇기에 지혜로운 선택이 더더욱 필요하다.

인간 삶의 1단계 목적 : 고통 없는 생존

　인류의 역사를 과거, 현재, 미래로 구분해보자. 인류는 과거 몇 십만 년 전 초기 인류 때부터 인류의 멸종이 다가올 먼 미래까지의 인간들 전체를 말한다. 그러므로 초기 인류나 미래의 종말 직전의 인류나 삶의 목적은 동일해야 한다. 그 동일한 삶의 목적이 행복이라면 어느 시대든 그 목적이 작동되어야 한다.

　몇 백만 년 전 초기 인류에게는 어떤 도구나 행복, 삶, 목적과 같은 언어도 없었다. 죽지 않기 위해 먹을 것을 확보하는 것만이 가장 시급한 현안이었다. 추위와 더위를 피하고 위협적인 동물과의 경쟁에서 살아남아야 했다. 당시는 인간의 수가 많지 않았고, 사회집단도 형성되기 전이다. 이런 환경에서 인간은 살아남기 위해서 오로지 혼자 또는 몇 명 단위에서 온갖 방법을 강구했다. 초기 인류는 살아남는 것이 유일한 삶의 목적이었다. 이 시기 인간의 삶의 목적을 생존 이외에 다른 것에서 찾아보려 해도 떠오르는 것이 없다. 언어가 없던 때라 선, 죄, 도덕, 행복, 신, 종교, 신과 같은 단어를 선택할 수도 없다. 초기 인류 때는 삶의 목적을 행복이라고 한다면 너무 한가한 생각이다.

현대를 사는 인간들의 특수한 상황에서 예를 들어보자. 전쟁이나 대형 사고 등 생명이 위협받는 상황이 있다. 이 순간 모든 인간이 전력을 다해 몸부림치며 생각하는 것은 생존할 방법을 찾는 것이다. 불치병으로 생명이 얼마 남지 않은 안타까운 상황에서 모든 사람의 목적은 삶을 연장하기 위한 것에 집중된다. 인간 삶의 목적이 행복이라면 생명이 위급한 상황에서도 우리는 행복을 찾아야만 한다. 극단적인 상황에서 행복이 아닌 다른 것을 찾는다면, 삶의 목적이 행복이라고 한 정의를 의심해보아야 한다. 위급한 상황에서 살아남고자 하는 것은 인간 삶의 목적과 깊이 연관되어 있다.

다음으로 먼 미래, 종말에 즈음한 인간 삶의 목적을 생각해보자. 인류의 종말은 언젠가 반드시 온다. 인간의 멸종 원인이 될 후보는 여러 가지가 있다. 핵무기, 지진, 화산 폭발, 소행성 충돌, 초신성 폭발에 의한 감마선 등이다. 기적의 확률로 이 모든 것을 피해서 운 좋게 살아남았다 하더라도 바닷물이 끓어 증발하는 십 억 년 정도 뒤에는 멸종을 피할 수 없다. 다음으로 태양의 부피가 커져서 적색거성 단계로 접어드는 수 십억 년 뒤에는 지구는 더 이상 인간이 살 수 있는 환경이 아니다. 어쨌거나 먼 미래에 인간은 더 이상 지구에 살 수 없다.

인류의 멸종이 얼마 멀지 않았다면

인류의 멸종이 예견되는 시간이 얼마 남지 않았다고 할 때 인간 삶의 목적을 생각해보자. 물론 먼 미래에 일어날 일이긴 하지만 시간과 상관없이 삶의 목적은 동일하게 적용되어야 한다. 이 단계에 이르면 인간은 지구에서 살 수 없기 때문에 생존을 위해서는 무조건 지구를 떠나야 한다. 지구를 떠나 어디로 갈 것인지 인간은 살기 위해 큰 결단을 해야 한다. 이때의 인간 삶의 목적은 당연히 살아남는 것이다. 생존이 최고의 선이고 목적이다. 오래 전 초기 인류나 인간의 종말을 앞둔 미래 인류의 최대 목적은 결국 생존이다. 태어났으니 생존은 당연히 주어지는 것이라고 생각하면 안 된다. 생존을 위해 모든 것이 진행된다. 생존이 가장 귀한 것이기 때문이다.

현대 사회의 경쟁이 더 치열해지고, 현대인들의 스트레스 지수가 커진 것도 행복과는 상관이 없다. 현대 사회에 이르러 인간의 생존 기간이 늘어난 만큼 먹고살 것을 더 많이 확보해야 한다는 것이 그 이유다. 1980년대만 해도 70세를 넘기면 천수를 누렸다고 했지만, 지금은 아직 한창이라고 생각한다. 본격적인 100세 시대가 된다면 그때에 비해 30년 이상 생존 기간이 늘어난다. 무의식 중에 어떻게 먹고살 것인가를 걱정하게 된다. 생존을 위한 자원을 더 많이 확보해야 하는 것 때문에 삶이 더욱 치열해지고 스트레스는 배가 된다. 이런 환경 변화로 먹고사는 것 외에 다른 것에 관심 쏟을 시간이나 정신적 여유가 없다. 정신, 영적 가치 이전의 기저에 생존이 자리잡고 있다. 생존을 위해 먹고사는 것이 그 어떤 것보다 가장 중요한 위치에 있다.

의료 기술의 도움으로 병상에 누워 생명을 연장하는 고통을 겪는 것을 볼 수 있다. 이런 방식의 삶의 연장은 누구나 원하지 않는다. 그래서 '고통 없는 생존'이 요구된다.

이것이 이 책에서 새로 정의하려는 삶의 첫 번째 목적이다. 삶의 목적이 생존이기 때문에 어떤 상황에서도 자살하면 안 된다는 종교의 가르침은 설득력을 가진다. 생존하기 위해 먹고살 돈을 버는 것, 건강하기 위해 운동하는 것 자체가 귀중하다. 먹고살기 위한 수단으로 거리를 청소하는 것과 국가를 경영하는 것에는 가치의 차이가 있을 수 없다. 생명을 유지하고 살아가는 일상의 모든 행위 자체가 중요한 가치와 의미를 지니게 된다. 모든 것의 밑바닥에는 생존이라는 키워드가 존재하기 때문이다.

독일의 철학자인 클라우스 헬트(Klaus Held)는 자신의 저서 『지중해 철학기행』에서 니체가 했던 생존에 대한 주장을 다음과 같이 인용하고 있다.

'영원하고 지속적이라고 말하는 모든 것, 좋음과 아름다움 자체, 신, 도덕적 규범 같은 것들은 모두 자기 보존을 위하여 삶이 만들어낸 조

건일 따름이다.'

　헬트는 이 말을 통해 자기 보존 즉 생존이 모든 것의 상위에 있음을 말하고자 한다. 생존은 본능적인 것이고 정신적인 것과 영적인 것은 각자가 의지를 가지고 만들어 저장해둔 것이다. 그래서 근대 철학의 문을 연 철학자 니체는 살아남는 것이 모든 것의 근원임을 설파한 것이다. 삶의 목적 첫 번째는 '고통 없는 생존'이 되어야 한다.

　그래서 직장을 잃었을 때 행복에 대한 걱정보다 먹고사는 걱정이 앞선다. 불치병을 선고받는 순간에도 행복보다 생명을 연장할 방법을 먼저 생각하게 된다. 인간에게 가장 중요한 것은 '생존', 즉 '고통 없는 생존'이고, 그 다음에 행복이 필요하다. 행복은 생존에 유리한 조건이 될 때 부산물로 느낀다.

 # 생존은 단순히 살아남는 것이 아니다. 행복을 찾는 것을 훨씬 넘어서는 귀중한 가치가 있는 우주적 행위다.

인간 삶의 2단계 목적 : 지속적인 평안한 기쁨

　고통 없는 생존이 확보된 다음 단계에서 삶을 지배하는 것은 무엇일까? 사람들은 지속적인 행복을 위해 돈, 권력, 명예, 쾌락 등을 더 가지기를 원한다. 그러나 이 모든 것을 가진 사람들이 다 행복하다고 말하지 않는다.

　반대로 힘들고 고통스러운 상황에서도 행복하다고 하는 경우도 있다. 이것은 행복의 기준이 복잡하고 애매하기 때문이다. 행복 여부는 여러 가지 상황과 자기 자신의 주관을 포함해 판단한다.

　반면 기쁨은 사건이 일어나는 즉시 본능적으로 느낀다. 그래서 우리는 행복을 추구하기에 앞서 즐겁고 기쁜 상황을 만들기 위해 최선의 노력을 다한다. 이렇게 평생 '즐겁고 기쁜 경험이 지속되기를 바라는 것'이 두 번째 삶의 목적이다.

현대인들에게 영적 스승으로 인정받고 있는 달라이 라마(Dalai Lama)는 『조이(JOY), 기쁨의 발견』이라는 책에서 '모든 인간은 행복을 발견하고 고통을 피하고 싶어합니다. 문화나 교육, 종교가 다르다고 해서 다르지 않습니다. 태어나는 순간부터 우리는 단순하게 기쁨과 만족을 추구합니다. 하지만 이러한 감정들은 매우 순식간에 스쳐 지나가 찾기가 어렵습니다'라고 말한다.

삶의 목적은 거창한 성공이나 부가 아니라 '기쁨 자체를 간절히 원하는 것'이다. 우리의 모든 행위를 세밀하게 관찰해보면 그 모든 것이 기쁨을 얻기 위한 것임을 쉽게 알 수 있다. 누구나 좋은 직장을 얻고 사업에 성공해서 돈도 벌고 자신의 능력을 마음껏 발휘할 수 있기를 바란다. 그 돈으로 원하는 것을 할 수 있고 그것이 즐거움과 기쁨을 가져다 주기 때문이다. 최종 목적은 돈이나 부 그 자체가 아니라 즐거움과 기쁨에 있다. 그래서 모든 행위의 마지막은 기쁨으로 종결된다.

욕망으로부터 자유로운 사람들은

생존과 기쁨 자체의 가치를 느낄 수 있어야 부, 권력, 명예 같은 욕망으로부터 자유로울 수 있다. 그래서 명상하고 수도하는 사람들이 물질적인 부를 가지지 않더라도 온전한 기쁨을 누릴 수 있게 되는 것이다. 사람들은 아침에 일어나서 밥을 먹고, 일터나 학교를 가고, 동료들과 교제하는 등 다양한 활동을 한다. 이런 반복되는 행위에 어떤 의미나 목적을 발견할 수 있을까? 특별한 것 없는 사소한 일상이 반복되는 것 같다. 하지만 모든 인간은 한 순간도 쉬지 않고 어떤 목적을 가지고 생활한다. 그것은 즐거움이나 기쁨 그 자체다. 행복을 만들어 가기 위한 일상에서의 사전 준비가 바로 기쁜 상황이다.

인간은 기쁜 상황을 만들기 위해 전 인생을 쉬지 않고 프로젝트를 추진하고 있다. 우울할 때도 기쁜 상황으로 반전시키기 위해 노력한다. 아침에 일어나서 저녁에 잠들 때까지 꿈에서도 기쁜 상황을 희망한다. 어린아이부터 노인까지 설령 움직일 힘이 없더라도 기쁨과 즐거움을 본능적으로 추구한다. 이 본능은 죽음을 맞이하는 순간까지 계속된다. 인생 전체가 행복과 기쁨을 얻기 위한 과정이다. 행복은 삶을 분석해서 종합하여 주관적으로 내리는 결론이므로 실체가 없고 추상적이다. 그래서 행복의 판단 기준은 애매한 측면이 있다.

 # 인간 삶의 목적을 판단이 애매한 행복에서 '고통 없는 생존과 지속적인 평안한 기쁨'으로 변경해야 한다. 그러면 추상적인 행복이 실천 가능한 구체적인 것으로 다가올 것이다.

인간 삶의 3단계 목적 : 인간과 우주에 대한 깨달음

 2단계까지의 삶의 목적을 실현하더라도 뭔가 부족함이 느껴지는 것을 3단계 삶의 목적으로 보완할 수 있다. 3단계 삶의 목적은 인간과 우주에 대한 이해외 깨달음이다.

 삶의 목적은 생존이 한 축이고, 인간과 우주 본질에 대한 깨달음이 또 다른 한 축을 이룬다. 이 두 가지 삶의 목적이 실현되면 인간은 기쁨을 느낀다. 첫 번째 기쁨의 동력은 생존 자원을 얻기 위한 욕망의 충족과 관련 있는 물질, 권력, 명예, 쾌락 등이다. 두 번째 기쁨의 동력은 인간과 우주의 본질에 대한 깨달음이다. 두 축의 기쁨 중 어느 것을 선택하느냐 하는 것은 개인의 선택 영역이다. 지속적인 기쁨을 얻으려는 것 자체가 두 번째 삶의 목적이다.

자기 삶의 의미와 가치를 찾는 존재

삶의 목적으로 안정적 생존을 위한 물질적인 것에 대한 기쁨만을 선택할 수도 있다. 하지만 호기심을 가진 인간이기 때문에 물질적인 것을 충족한다고 삶의 목적을 완성했다고 생각하지 않는다. 지혜를 가진 인간은 자기 삶의 의미와 가치를 찾는 존재다. 생존을 확보하고 지속성 높은 기쁨을 누린다 하더라도 호기심 많은 인간이기 때문에 다시금 본질적 질문이 생긴다. '인간이란 무엇이며 어떻게 살아야 하는가? 자연 만물은 어떻게 구성되었고 운행되는가?'라는 의문이다.

개인은 단순히 생존하고 기쁨만 누려도 되지만 인류 전체의 측면에서는 달라야 한다. 인류 전체에게는 인간과 우주의 본질을 알기 위한 깨달음의 노력이 필요하다. 그렇지 않으면 인류의 발전된 미래를 기대할 수 없다. 인간과 우주의 본질을 알기 위한 노력은 인류 전체의 사명이다. 인간과 관련된 부분은 개인의 노력만으로도 상당 부분 접근할 수 있다. 하지만 우주의 구성과 운행 질서에 대한 것은 개인적 명상과 기도만으로 깨닫는 것은 불가능하다. 인류 전체가 오랜 세월 동안 구축해놓은 지식을 통해 접근 가능하다.

삶의 목적을 고통 없는 생존, 지속적인 평안한 기쁨, 인간과 우주의 본질에 대한 깨달음이라는 세 가지로 세분하면 삶의 최종 목적이 행복이라고 정의할 때 설명되지 않는 상황들이 명확해진다. 삶의 목적 실현을 위해 무엇을 목표로 하고, 무슨 선택을 해야 할지 명확히 판단할 수 있다. 그리고 생존을 위한 우리의 모든 평범한 일상에 삶의 목적을 실현한다는 귀한 의미를 부여할 수 있다.

1단계 삶의 목적이라고 정의한 생존은 돈, 권력, 명예, 쾌락을 끊임없이 추구하는 근원적 이유를 설명한다. 돈을 벌기 위한 치열한 노력은 비판 받을 일이 아니라 생존을 위한 귀한 행위다. 생존 자원을 얻기 위한 모든 인간의 행위는 경중 없이 동일하게 귀한 가치를 지닌다. 다만 타인의 지속적 생존에 방해가 되는 탐욕과 과욕이 배제된 행위여야 한다.

이것과 관련되는 것이 3단계 삶의 목적이라고 정의한 인간과 우주에 대한 깨달음이다. 이를 통해 인류가 추구해야 할 방향을 알 수 있게 된다. 새롭게 정의한 삶의 목적은 우리를 인간의 본질은 무엇이며, 우주는 어떻게 구성되었고 운행되는가에 대해 접근하도록 안내할 것이다.

 # 생명을 보존하고 인간과 우주의 본질을 깨닫는 과정에서 지속적 기쁨을 느끼는 것이 삶의 목적이다.

에필로그

삶을 의미 있게 만드는 최후의 보루

　내가 인간과 우주의 본질과 관련한 철학적 질문에 대한 책을 쓴다고 했을 때 주변에서는 의외라는 반응이었다. 하지만 나는 반드시 인간과 자연 만물(우주)의 본질과 관련한 주제로 나름대로의 결론을 정리해야 한다는 사명감 비슷한 생각을 가지고 있었다.
　책을 쓰기 시작 전 마음에 자리했던 생각은 세 가지이다.
　첫째, 젊은 시절 정한 삶의 목표와 방향이 맞았는지 인생에서 중간 점검을 해볼 필요가 있다는 생각이 들었다. 만약 스무 살 무렵 정한 삶의 목표가 잘못되었다고 판단되면, 지금이라도 궤도를 수정해야 할 것이기 때문이다.

둘째, 이때까지의 단편적 주제들에 대한 결론을 종합하면 어떤 모습이 될지 궁금했다. 그동안 나는 실체적 본질에 대한 접근을 시도할 때 특정 분야로 어떤 한계를 두지 않고 고민하고 나름대로 결론을 내려왔다. 물론 부족한 역량 때문에 잘못된 접근과 결론을 내린 경우도 있을 수 있다. 하지만 결론을 내린 부분을 전체적으로 정리하면서 잘못된 부분을 발견한다면, 이런 과정을 통하여 조금 더 배우는 계기가 될 수도 있을 것이라고 생각했다.

셋째, 젊은 시절에는 미래에 전개될 삶과 사회에 대한 두려움과 불안이 가장 큰 관심사였다. 그러나 어느 순간부터는 지속적으로 커져만 가는 우리의 탐욕과 과욕이 미래 인류 전체의 생존을 위협하게 될 것이라는 걱정과 안타까움이 늘기 시작했다. 이것이 나의 모습이고 평범한 우리의 모습, 더 나아가 인류 전체의 모습이라고 생각되었다. 그래서 인류의 지속적 생존을 위해 인류사가 전개되어온 과정에서 도출되는 문제들을 함께 고민하고 싶었다.

다시 스무 살 시절로 돌아간다 하더라도

다시 스무 살 시절로 돌아간다 하더라도 인간과 우주의 본질을 알아보고자 하는 것을 인생의 목표로 정할 것 같다. 지난 수 십 년 시간 동안 인간과 우주의 본질에 대해서 고민하고 질문한 시간이 즐거웠고, 또 그만큼 의미 있었기 때문이다. 지금 시점에서 보면 결과적으로 인간과 우주의 실체적 본질에 대한 의문과 궁금증에서 많이 자유로워졌다. 또한 돈을 많이 벌고자 하는 본능적 욕망으로부터 어느 정도 벗어나 일상에서 자연으로부터 주어지는 기쁨의 가치를 상당 부분 느낄 수 있게 되었다.

미래 세대에 닥칠지도 모르는 인간의 존엄에 대한 혼란, 인간 소외와 배제라는 문제는 우리 모두가 함께 해결해 나가야 할 숙제다. 하지만 인류는 늘 그랬듯이 지혜롭게 대처할 것으로 희망한다.

이런 거시적 시각에서 벗어나서 실생활로 돌아오면 여전히 우리의 욕망은 달콤하고 자극적인 돈, 권력, 성, 명예 등을 추구하고 있음을 발견한다. 그런 가운데에서도 일정 시간만이라도 인간과 우주의 실체적 본질에 접근하고자 하는 시도가 우리의 삶을 의미 있게 만드는 최후의 보루가 될 것이라고 믿는다. 개인적으로는 또 다른 미래의 40년 동안의 목표를 새롭게 설정하고 부족한 점을 공부하는 계기로 삼고자 한다.

이 책의 주제는 인간과 우주의 실체적 본질을 알아보고자 한 것이다. 하지만 나는 철학, 종교, 물리, 우주 분야의 전문가가 아니기에 지식이 부족한 상태에서 실체적 본질을 설명하기 위해 차용해온 여러 지식들이 잘못 언급되고, 주관적으로 해석하면서 오류가 있을 가능성 또한 있다. 일부 내용들은 객관적이지 않은 주관적 주장일 수 있지만, 여러 다양한 의견 중 하나로 받아들여 주기를 바란다. 또한 최대한 인용 출처를 밝히려고 노력했지만 여러 천문우주 관련 책에서 공통적으로 언급하고 있다고 판단되는 일부 수치들은 출처 없이 그대로 명기했다. 오랫동안 고민해서 스스로 먼저 결론을 내린 다양한 철학적 주제들에 대해서는 관련된 철학적 지식과의 관계를 설명했다. 이런 과정에서 만약 실수로 놓친 부분이 있고, 주관적으로 내린 결론이 다소 과장되거나 논리적 비약이 있다고 하더라도 옳고 그름보다는 그런 결론에 도달하고자 노력했던 한 인간의 치열했던 고민의 과정에 주목하여 너그러운 이해를 해주기를 바란다. 필요하다면 추후 바로 잡을 수 있는 기회를 갖도록 할 것이다.

마지막으로 부족한 원고이지만 출판을 결정하고 독자들에게 쉽게 다가갈 수 있도록 방향을 잡아준 도서출판 쏭북스 송미진 대표와 거친 원고를 정성스럽게 다듬어준 정연숙 작가에게 감사드린다. 그리고 원고를 쓰는 동안 다양한 의견으로 일깨워주고 언제나 지지해주는 사랑하는 아내에게 감사의 말을 전하고 싶다.

"신은 주사위 놀이를 하지 않는다.
신은 교묘하지만 심술궂지는 않다."

- 앨버트 아인슈타인

VS

"신이 어떻게 우주를 관장하는지를
규명하는 것은
우리의 일이 아니다."

- 닐스 보어

"탐욕과 과욕을 멈추고, 미래 인류를 위한 철학을 시작하라!
그것이 지금 우리가 할 일이다."

삼성이 철학하는 이유

초판 1쇄 발행 | 2021년 4월 26일
초판 2쇄 발행 | 2021년 4월 30일

지은이 | 채주락

펴낸이 | 송미진
뛰는이 | 임태환
알리는이 | 홍준의
다듬은이 | 정연숙
꾸민이 | 장정운

펴낸곳 | 도서출판 쏭북스
출판등록 | 제2016-000180호
주소 | 서울시 마포구 큰우물로 75 1308호(도화동, 성지빌딩)
전화 | (02)701-1700
팩스 | (02)701-9080
전자우편 | ssongbooks@naver.com
홈페이지 | www.ssongbooks.com
ISBN 979-11-89183-13-4(03320)

ⓒ채주락, 2021

값 17,000원

- 이 책은 저작권법에 따라 보호를 받는 저작물입니다. 무단 전재와 복제를 금합니다.
- 이 책 내용의 전부 또는 일부를 사용하려면 반드시 저작권자와 도서출판 쏭북스의 동의를 받아야 합니다.
- 잘못된 책은 구입하신 서점에서 교환해 드립니다.
- 도서출판 쏭북스는 주식회사 시그너처의 브랜드입니다.
- 도서출판 쏭북스의 문을 두드려 주세요. 그 어떤 생각이라도 환영합니다.